INA WEISSE

Die Töchter der Weber

Buch

Hundert Jahre war Lodz für die Familie Lange das »Gelobte Land«. 1844 gründeten die Langes ihre Webstuhl- und Maschinenfabrik und wurden in der Folge unvorstellbar reich. Ina Weisses Urgroßeltern stiegen im damaligen »Manchester des Ostens« in die höchsten Kreise der Gesellschaft auf. Das Buch beschwört eine Welt voller Glanz, voller exzentrischer Charaktere und Geschichten herauf. Doch das 20. Jahrhundert wird auch für die Langes zum Schicksal. Der Erste Weltkrieg verändert ihre Welt, im Zweiten Weltkrieg verlieren sie alles. Vertreibung und Flucht aus der Heimat werden zum traumatischen Erlebnis. Getrieben von einer unstillbaren Sehnsucht nach dem Verlorenen, dessen Schönheit nur noch in der Erinnerung weiterlebt, begibt sich Ina Weisse Schritt für Schritt auf die Suche nach der Vergangenheit.

Autorin

Ina Weisse wurde 1955 in Berlin geboren. Sie wuchs auf in der Lüneburger Heide und studierte Philosophie und Naturwissenschaft in München. Sie arbeitete zunächst als Buchhändlerin, Literaturkritikerin und Autorin für u.a. das »SZ-Magazin«, den »Tagesspiegel« und »Die Woche«. Heute ist Ina Weisse freie Journalistin. Sie lebt mit ihrem Sohn in Berlin.

Ina Weisse

Die Töchter der Weber

Geschichte einer glanzvollen Familie

GOLDMANN

FSC

Mix
Produktgruppe aus vorbildlich
bewirtschafteten Wäldern und
anderen kontrollierten Herkünften

Zert.-Nr. SGS-COC-001940
www.fsc.org
© 1996 Forest Stewardship Council

Verlagsgruppe Random House FSC-DEU-0100
Das FSC-zertifizierte Papier *München Super* für dieses Buch
liefert Arctic Paper Mochenwangen GmbH.

1. Auflage
Taschenbuchausgabe Oktober 2010
Wilhelm Goldmann Verlag, München,
in der Verlagsgruppe Random House GmbH
Copyright © der Originalausgabe 2009
by Wilhelm Goldmann Verlag, München,
in der Verlagsgruppe Random House GmbH
Umschlaggestaltung: UNO Werbeagentur, München
Umschlagfoto: FinePic, München
GJ · Herstellung: Str.
Druck und Bindung: GGP Media GmbH, Pößneck
Printed in Germany
ISBN: 978-3-442-15611-5

www.goldmann-verlag.de

Inhalt

Vorwort

Bei vielen Ereignissen in diesem Buch bin ich nicht selbst dabei gewesen. Sie spielen lange vor meiner Geburt im Osten Europas, vor und während der beiden Weltkriege mit ihren katastrophalen Folgen. Ich berichte von meinen eigenen Erinnerungen, aber vor allen Dingen von meinen Erinnerungen an die Erinnerungen anderer Leute. Dennoch stand am Ende alles so lebhaft vor meinen Augen, als hätte ich es selbst erlebt.

Meine Frage war, auf welche Weise erreicht uns die Vergangenheit? Denn auch Geschehnisse, die schon sehr lange zurückliegen, bestimmen immer noch unsere Gegenwart. Aber sie tun das sozusagen hinterrücks auf eine Weise, mit der wir am wenigsten rechnen. Überhaupt hat sich im Laufe der Nachforschungen über meine Familiengeschichte herausgestellt, dass es im Leben weniger darauf ankommt, wie es wirklich war, sondern dass die Wahrheit über das Gewesene im Wesentlichen darin besteht, was wir davon zu wissen glauben. Diesen Unterschied zu erkennen, darin bestand für mich eine gewisse Befreiung. Denn vieles, was ich für bare Münze genommen hatte, hat sich nicht als Tatsache, sondern als der Versuch meiner Großeltern und Eltern herausgestellt, mit Verlust und Vertreibung fertig zu werden.

Betroffene, die sich nicht richtig beschrieben fühlen, mögen es mir verzeihen. Diese Geschichte ist meine Version der Geschehnisse. Ich habe versucht, sie so genau wie möglich wiederzugeben. Das ist die Freiheit desjenigen, der berichtet. Die anderen mögen selbst Zeugnis davon geben, wie sie die Sache sehen.

Kurze Geschichte der Langes

1

Mein Großvater hinterließ mir einige Bindfäden. Mehr nicht. Jeden einzelnen hatte er zu einem kunstvollen Knoten gebunden und in seiner feinen Handschrift mit einem kleinen Etikett versehen. Er schickte sie mir als Bündel zusammen mit einem zärtlichen Brief. Ich war dreizehn Jahre alt.

Vielleicht fragen Sie sich, warum er eigentlich so viel Aufhebens um ein bisschen Schnur machte? Tatsächlich besaß Karl Lange außer einer Dünndruckbibel mit ausführlichen Bleistiftanmerkungen und einem Taschenmesser nichts, das er an seine Nachkommen vererben konnte. Davon einmal abgesehen, dass die Knotenkunde für ihn alles war, werden Sie besser verstehen, wenn Sie sich die Geschichte meiner Familie angehört haben.

»Die Kunst«, sagte mein Großvater, »besteht darin, einen Knoten so zu binden, dass er nicht aufgeht und trotzdem ganz leicht gelöst werden kann.« Ich weiß nicht, ob mir damals der Tiefsinn dieses Paradoxon aufging. Ich war viel zu jung und viel zu sehr damit beschäftigt, nach seiner Anweisung einen Webleinenstek korrekt zu knüpfen. Doch seine Worte habe ich mir gemerkt: Zweimal einen halben Schlag Schnur um einen Pflock gelegt und dann festgezurrt, hält dieser Knoten auch dem stärksten Zug stand. Ich brauchte nicht besonders lange, bis ich den Kniff raus hatte. Schon kitzliger sah die Sache bei der nächsten Lektion aus. Er versuchte, mir auch einen einfachen Kreuz- oder Weberknoten beizubringen. Ehrlich gesagt, erwies ich mich als nicht besonders anstellig. Aber er wurde niemals ungeduldig, während er mir wieder und wieder vorführte, dass die Enden erst rechts über links und anschließend links über rechts zu einer liegenden Acht gekreuzt werden – dem Zeichen für die Unendlichkeit. Er beherrschte den Schotstek, den Kreuzschlag, den Feuerwehrknoten, den Diebesknoten und den Palstek. Und während seine Finger kunstvoll Schlaufen wickelten und Schnüre umeinander schlangen, knotete er auch alle seine guten Wünsche für mich mit hinein. Solange die Knoten geknüpft waren, würde auch der Zauber anhalten und ihn wieder mit seiner glorreichen Vergangenheit verbinden, in der er ein reicher Fabrikantensohn in Lodz gewesen war. Er war der Letzte in einer Dynastie genialer Webstuhlbauer, die im »Manchester des Ostens« den Geldadel repräsentierten und auf eine glanzvolle Familientradition zurückschauten. Umso mehr bedeutete ihm diese ebenso simple wie vollkommene Alltagskunst. Generationen von Handwerkern hatten diese Fertigkeiten beim Weben und Teppichknüpfen angewendet, die von seinem eigenen, hoch verehrten Vater, meinem Urgroßvater Wilhelm Lange, auf ihn gekommen war. Sein Sohn, mein Großvater, konnte sich enthusiastisch über die Eleganz einer Bindetechnik auslassen, in der Gewissheit, dass technisch gute Lösungen auch schön aussehen. Keine unserer kurzweiligen Lehrstunden verging, ohne dass er mich nicht vor dem ihm verhassten Hausfrauenknoten gewarnt hätte, dem gebräuchlichsten aller Knoten, aber in seinen Augen total unbrauchbar. Hässlich anzuschauen, zu simpel, und trotzdem bedurfte es viel Pulerei, um ihn wieder aufzudröseln. An der Dummheit und dem Ungeschick in der Welt musste ein Karl Lange total verzweifeln.

Meine Familie kommt aus dem Osten, und das sagt eigentlich schon alles. Ich wuchs auf im Schatten des verlorenen Paradieses, das für immer hinter dem Eisernen Vorhang verschwunden war. Wir waren Deutsche, aber wir waren anders. Nach einer überlieferten Regel, die uns heute fremd vorkommt, war ich für meinen Großvater der Nachkomme, an den er sein Wissen weitergeben musste. Ich, die Erstgeborene seiner erstgeborenen Tochter Eva. In der Abfolge der Generationen war ich von Geburt an dazu bestimmt, die Erfahrungen seines Lebens zu erlernen und später selbst weiterzugeben. Hätte es etwas geändert, wenn wir von den Nornen gewusst hätten, den germanischen Schicksalsgöttinnen, die unter dem Weltenbaum sitzend unsere Schicksalsfäden spinnen, sie durch Knoten verbinden, verheddern und lösen, je nach Fügung? Aber rückwirkend kommt es mir schon seltsam vor, wenn ich feststelle, dass unsere Bestimmung tatsächlich in der Vergangenheit beschlossen liegt.

Ich sah es als Auszeichnung an, von ihm in seine Zaubertricks eingeweiht zu werden, die er wie eine kleine Wissenschaft betrieb. Aber er hatte sich in mir die falsche Person für sein Vermächtnis ausgewählt. Schon als ich den Brief öffnete und sein Geschenk in die Finger nahm, wurde mir das Herz schwer. Ich spürte die unausgesprochene Erwartung, die sich damit verband und seine zukünftige Enttäuschung über mich bereits mit einschloss. Die phänomenale Geschicklichkeit der Familie Lange hatte sich nicht auf mich vererbt. Wenn ich überhaupt einen Berufswunsch in mir verspürte, konnte ich mir sowieso nur »Abenteuerin« für mich vorstellen. Ich hielt überhaupt nichts vom Nähen und Stricken, diesen für mich weiblichen Disziplinen, in denen Karl Langes Töchter, meine Mutter und ihre Schwester Gisa, so Unglaubliches vollbrachten. Ich benutzte meine Freizeit hauptsächlich dazu, Romane zu lesen. Er war damals zweiundachtzig, ich dreizehn. Er sollte noch neun Jahre leben, aber nie wieder kamen wir uns so nahe wie im Spätsommer 1968. Ich selbst hatte ihn ja gebeten, mir seine Knoten zu zeigen. Ich wollte ihm damit einen Gefallen tun, mein Wunsch war nicht ehrlich gewesen. Wir Jüngeren können die Alten nicht retten. Mit diesem Schmerz fing mein Erwachsenwerden an. Unserer Zuneigung war von nun an mein Verrat beigemischt.

Er war im Sternzeichen der Jungfrau geboren. Ende August, wie jedes Jahr, hatten wir ihm mit einem Strauß Heide gratuliert. Wie gesagt, zu seinem Zweiundachtzigsten. Die rot glühende Blüte der Erika auf den Hügeln vor unserem Haus in 2111 Höckel leuchtete wie eigens für seinen Geburtstag bestellt. Vielleicht liebte er sie deswegen so sehr. An solchen Tagen trug das Zwanzig-Seelen-Kaff meiner Kindheit seinen Namen »Heideparadies« zu Recht. Eine Postkartenlandschaft, in drei Farben gemalt: rot, die Heide, grün, der Wacholder, und blau, der Himmel. Es war der Höhepunkt des kurzen, niedersächsischen Sommers, bald würde sich herbstliches Grau über alles legen. Der nahe Abschied gab den letzten Tagen der Sommerferien ihren bittersüßen Geschmack. Auch mein Großvater musste bald wieder abreisen.

Alle waren sich klar darüber, wie gerne er so wie früher bei uns in der Lüneburger Heide gelebt hätte, wo ihn Weite, Sandboden und Kiefernwälder auf Schritt und Tritt an Polen erinnerten. Aber eine Vielzahl für mich verworrener Umstände, die mit dem Versuch zu tun hatten, nach Flucht und Vertreibung wieder Fuß zu fassen, hatten ihn und seine Frau Gertrud ins Badische nach Wehr verschlagen. Eine Kleinstadt, deren nichtssagender Name bald in Gesprächen, in sonntäglichen Telefonaten und in Briefen zum Synonym für das schleichende Unglück meiner Großeltern wurde.

Laut seinem Personalausweis, 1960 von Frau Grund auf unserer Handeloher Gemeinde neu ausgestellt, maß mein Großvater nicht mehr als einen Meter achtundfünfzig. Sein ganzes Wesen passte zu seiner zarten Gestalt. Obwohl man seine Steherqualitäten nicht unterschätzen sollte. Er hatte während seines Ingenieurstudiums, das er vor dem Ersten Weltkrieg standesgemäß in der Schweiz absolvierte, im Bantamgewicht geboxt. Von den dreizehn mir bekannten Techniken meiner Familie, Problemen erfolgreich aus dem Weg zu gehen – es könnte sein, dass es weit mehr gegeben hat –, beherrschte mein Großvater sieben vollkommen und drei ausreichend genug, um den gewünschten Zweck zu erreichen. Die restlichen drei zu befolgen, war allein den weiblichen Familienmitgliedern vorbehalten. Es handelt sich um Methoden von ziemlich gewalttätiger Art: Flucht in die Sucht, Flucht in den Selbstmord, Flucht in die Geisteskrankheit. Lange schleppte ich dieses Wissen als eine geheime Angst mit mir herum, den Keim des Unheils ebenfalls in mir zu tragen.

Von meinem Großvater sind hingegen folgende Fertigkeiten überliefert: die Kunst, Krankheiten vorzutäuschen: »Kind, bedauere mich, ich bin krank!«, sagte er zu meiner Mutter, als sie ihn am helllichten Tag im Bett vorfand. Kurz vor der Währungsreform 1947 hatte er seinen Dolmetscherjob bei den Russen verloren. Dem Drängen der Familie, in seinen alten Beruf als Ingenieur zurückzukehren, fühlte er sich nicht gewachsen. Wie unschwer zu erkennen ist, hielt sich die Familie Lange nach der Flucht in der russischen Besatzungszone auf. Während seines Gastspiels als Dolmetscher – Karl Lange sprach perfekt Russisch, Polnisch, Französisch, Deutsch und mäßig Englisch – hatte er übrigens das erste und letzte Mal in seinem Leben ein eigenes Einkommen.

Die Kunst, kein Geld zu verdienen. »Ich bin die Bienenkönigin, wenn man mich nicht füttert, muss ich verhungern!«, forderte er von seinen Töchtern und seiner Frau, der Trudl. Meine Großmutter war siebzehn Jahre jünger als er.

Die Kunst, einen schwachen Magen vorzuschützen und mit Leidensmiene Haferschleimsuppe zu löffeln. Die Kunst, den ewigen Sohn zu spielen, stand ihm ebenfalls zu Gebote: »Jetzt bin ich Vollwaise!«, klagte er im Alter von siebenundsechzig, als 1953 seine eigene Mutter starb. Die Kunst, mit nichts auszukommen. Die Kunst, jedem Streit aus dem Weg zu gehen. Die Kunst, sich ganz und gar in Luft aufzulösen. Die Kunst, denen, die ihn liebten, Schmerzen zu bereiten. Die Kunst, gar nicht erst zuzuhören. »Lasst mich!« Dazu eine wegwerfende Handbewegung. Das tat mir weh. Ferner beherrschte er die Kunst, düster zu orakeln, dass aus seiner, nämlich Karl Langes Sicht, eine Sache, die man mit Freude angefangen hatte, sowieso nichts werde. Das ging so lange, bis er die sich selbst erfüllende Prophezeiung herbeigeredet hatte.

Bis zuletzt blieb er bei seiner Marotte, am liebsten gestopfte Pullover zu tragen, bevorzugt solche, die meine Mutter ihm gestrickt hatte. Er hasste alles Neue auf eine so überzeugende Art und Weise, die jede Anschaffung überflüssig machte. Das fremde Gefühl neuer Kleider auf seiner Haut erfüllte ihn mit tiefem Misstrauen. Das Ungewohnte ließ ihn seine Vergänglichkeit spüren und erinnerte ihn an den Tod. Niemals sah ich ihn ohne Hut und Krawatte das Haus verlassen.

Ich mochte meinen Großvater. Mir war es egal, ob er ein Heiliger oder ein Narr war. Sein Lieblingssong war, niemand wird sich wirklich darüber wundern, Bertolt Brechts »Lied von der Unzulänglichkeit des menschlichen Strebens«: »Ja, mach nur einen Plan! / Sei nur ein großes Licht! / Und mach dann noch 'nen zweiten Plan / Gehn tun sie beide nicht. / Denn für dieses Leben / Ist der Mensch nicht schlecht genug. /

Doch sein höhres Streben / Ist ein schöner Zug.« So sang einer, der alles hatte und der alles verloren hatte. Er konnte herrlich dazu pfeifen und imitierte auf meinem Unterarm die Flöte. Danach entließ er mich, indem er mir zum Abschied passend zu der Zeile: »Der Mensch ist gar nicht gut, drum hau ihm auf den Hut!« einen Klaps auf den Kopf gab. Das war mein Großvater Karl Lange.

2

Im November 2004 nehme ich den Faden zu ihm wieder auf. Ich wende mich an die amtliche Stelle, die die Kriegsfolgen in den Vertreibungsgebieten dokumentiert. Im Bayreuther Lastenausgleichsarchiv habe ich die Schadens-Akten von Lange, Karl, bestellt. Geboren am 31. August 1886 in Lodz. Dazu die seiner jüngeren Schwester Maria, geboren am 30. Januar 1891, ebenfalls in Lodz. An diesem Herbstmorgen verliere ich mich als einziger Besucher in den weitläufigen Räumen eines ehemaligen Krankenhauses. Die Arbeitsplätze an langen grauen Tischen sind mit Artemide-Leuchten bestückt. Ihr indirektes Licht dimmt die ohnehin schon gedämpfte Atmosphäre noch weiter herunter. Ein Archiv des schlechten Gewissens, so kommt es mir vor. 46000 laufende Meter Akten zu den verdrängten Schicksalen Millionen Vertriebener werden in einem Neubautrakt verwahrt. Nie habe ich das Leid der Flüchtlinge stärker empfunden. Zum ersten Mal blättere ich in hundertneunundfünfzig vom Alter gebräunten Seiten, die den zähen Kampf meines Großvaters um sein Recht dokumentieren. Er, der Fabrikantensohn aus Lodz, füllt über die Jahre getreulich Fragebogen um Fragebogen aus, sendet sie umgehend »zur gefälligen Bedienung« der Sachbearbeiter zurück und schließt untertänig: »Indem ich auf einen günstigen Bescheid warte, zeichne ich, hochachtungsvoll Karl Lange.« Auf dem Erstantrag vom 21. September 1961 erkenne ich deutlich die akkurate Handschrift meiner Mutter.

1979, ein Jahr nach Karl Langes Tod am 16. August 1978 und vierunddreißig Jahre nach seiner Flucht, ist die endgültige Feststellung der »Vertreibungsschäden« immer noch nicht abgeschlossen. Über die tatsächliche Höhe der Hauptentschädigung ist 2007 immer noch nicht entschieden. Die letzte Seite seiner Geschichte ist ein Formblatt mit seinen Daten für die Übernahme in den »Statistikbeleg Vermögensschäden« im Zweiten Weltkrieg durch das Ausgleichsamt Freiburg, abgelegt unter der Ordnungsnummer 20412118.

Nachweislich der von diversen Zeugen eidesstattlich beglaubigten Unterlagen des Lastenausgleichsamts bewohnten die Langes im Zentrum von Lodz, dem späteren Litzmannstadt, wie die Nazis die polnische Industriestadt umbenannt hatten, eine moderne Villa. Baujahr 1912, achtzehn Räume mit insgesamt neunhundert Quadratmetern Wohnfläche auf drei Stockwerken, je einer »Küche, Bad und anderen Bequemlichkeiten, Zentralheizung und zentral angelegter Staubabsauganlage, das Haus war voll unterkellert«. Die Luft in Lodz muss so rußig gewesen sein, dass von den Hausmädchen jeden Tag die Fensterbretter geputzt wurden. Meine Mutter spielte mit ihrer Schwester auf dem 1250 Quadratmeter großen Stadtgrundstück zwischen der Graugießerei und einem Schuppen Verstecken.

Nur einen Steinwurf von ihrem Stadthaus entfernt, lag die Fabrik. Seit 1844, ein Jahrhundert lang, hatte die »Webstuhl- und Maschinenfabrik Gebrüder Lange« bestanden. Genau sechzig Jahre nach dem Ende fange ich 2004 mit den Nachforschungen an. Besonders ihre bis nach Russland gefragten

Jaquardmaschinen verkauften sich in ganz Europa. Das Wort »Fabrik« hatte mit den Jahren, die seit der Vertreibung durch die Rote Armee vergangen waren, bei uns einen fast magischen Klang angenommen. Die »Fabrik« war die Beschwörungsformel für eine Welt, in der alles an seinem Platz gewesen war. In der »Fabrik« hatte kein Stück das Werk verlassen, für das keine Garantie übernommen worden wäre. In der »Fabrik« gab es eine eigene Gießerei, es gab eine Schweißerei, es gab eine Schmiede und eine Dreherei. Es gab ein eigenes Kraftwerk. Meine Mutter besaß einen Holzbaukasten mit über tausend Einzelteilen, die in der hauseigenen Modellschreinerei gefertigt worden waren.

In der »Fabrik« hatten einmal über achthundert polnische Arbeiter geschafft. Sie konnten und wollten meinen Großvater nicht retten, als die russische Front immer näher rückte. Später war bei uns oft genug davon die Rede, was die Lodzer Deutschen zu ertragen und zu erleiden hatten, die nicht rechtzeitig fliehen konnten. Nur der Kutscher, nach dessen liebreizender Tochter meine jüngere Schwester Toni getauft wurde, hätte am liebsten seine Herrschaft versteckt, durfte aber nur den heiß geliebten Langhaardackel Waldmann behalten. Er war das Einzige, um das meine Mutter beim Abschied auf Nimmerwiedersehen weinte. Sie musste das Tier zurücklassen – und behielt nur ein Foto.

Ich weiß nicht, ob Sehnsucht das treffende Wort ist, um die Gefühle zu beschreiben, die Karl Lange für diese untergegangene Welt empfand. Seit dem Krieg, glaube ich, hielt sich mein Großvater in einer Art Zwischenreich auf, in einem Wartezimmer, und zwar bis zu seinem Tod. Äußerlichkeiten – was einer aß, wie er sich kleidete, wo er wohnte – waren dort völlig unwichtig. Sein wirkliches Leben war im Alter von neunundfünfzig Jahren zu Ende gegangen, als er in einer eisigen Januarnacht 1945 nur mit dem, was er auf dem Leibe trug, seine Vaterstadt Lodz vor der anrückenden Roten Armee für immer verlassen musste. Von da an kannte Karl Lange nur eine echte Leidenschaft. Die Leidenschaft des Erinnerns.

Er erinnerte sich genau, dass ihr draußen vor der Stadt gelegener »Grundbesitz für Sommeraufenthalte« in Rogi dreißig polnische Morgen umfasst hatte (worunter ich mir nichts vorstellen konnte). Er wusste, an welchem Tag das kleine Lustschlösschen, das sein Vater Wilhelm Lange für seine Ehefrau Emilie gebaut hatte, von den Soldaten des Deutschen Kaiserreichs in Brand gesteckt worden war. Sie wollten ja bloß sehen, wie ein Schloss brennt. Es war im August 1914. Zu der Zeit, als meine Mutter und ihre Schwester Gisa die Ferien in Rogi verbrachten, waren von dem Prachtbau nur noch überwachsene Grundmauern zu sehen. Die Familie wich in ein hölzernes Sommerhaus aus, das ursprünglich für die Dienstboten gedacht war.

Mein Großvater behielt das Bild seiner Mutter im Kopf, die ihren sonst sorgsam verhüllten Körper langsam in den dunklen See im Park von Rogi tauchte. Sie hatte feine, weiße Glieder.

Emilie Lange schenkte fünf Kindern das Leben, was war aus ihnen geworden? Nur zwei von ihnen haben sie überlebt. Karl, ihr Erstgeborener, und die zweite Tochter, die derbe Manja. Lenchen, ihre Jüngste und Schönste, starb mit sieben Jahren an Masern, während meine Urgroßeltern auf Italienreise waren. Emilie konnte sich nie verzeihen, sie nicht mehr lebend gesehen zu haben. Meine Mutter, ihre Enkelin, beobachtete oft verstohlen, wie die sonst Kühle und Unnahbare heimlich das Bild ihrer toten Tochter küsste. Als Nächster starb Georg, ihr zweiter Sohn. Schon am ersten Tag, nachdem Kongresspolen in den Ersten Weltkrieg eingetreten war, wurde der Leutnant des Zaren im Kaukasus von der Kugel eines türkischen Soldaten niedergestreckt. Nach dem Wiener Kongress 1815 – daher der Name Kongresspolen – war das Königreich Polen der Herrschaft des Zaren unterstellt worden. Lange suchte Karl nach dem Grab seines Bruders, vergeblich. Und schließlich Hedwig, die Begabteste? Die hoffnungsvolle Pianistin stürzte sich in Helsinki aus dem Fenster, weil sie glaubte, ihr Mann habe sie mit Syphilis infiziert. Das alles erzählte mir mein Großvater.

Betrachtet man seine Lage in den Sechzigern, war es gut, dass Karl Lange ein Erfinder war. In sein Knotenbrevier hatte er die gleiche Sorgfalt, ja, Hingabe gelegt, mit der er auch sonst seine sogenannten »Verbesserungen« austüftelte. Erst Jahrzehnte später fand ich ausgerechnet bei dem französischen Strukturalisten Jacques Derrida genau den Typ eines Erfinders beschrieben, der auch mein Großvater war. Der Bastler, sagt Derrida, nimmt, was er eben so findet und erschafft sich daraus seine eigene Welt. (Sein Gegenpart ist der Ingenieur, der Beruf, den mein Großvater erlernte, aber nie ausübte. Dieser nämlich entwirft zuerst einen Plan und fertigt anschließend die Teile danach.) Die Vorgehensweise des Bastlers dagegen gleicht wohl am meisten dem Spiel eines Kindes. Und in der Tat, die Erwachsenen, allen voran mein Vater, hatten sich angewöhnt, Karl Lange als ein großes Kind zu betrachten, das man mit Nachsicht behandeln musste. Nur seine Enkel nahmen ihn ernst, wenn er aus Walnussschalen seine »Klappern« baute. Primitive Musikinstrumente, die ein Geräusch machten, das entfernt an das Zirpen von Grillen erinnert. Wir begleiteten ihn in den Wald, wenn er Astgabeln suchte, aus denen er für uns Katapulte baute. Noch mit achtzig konnte er auf einer Stelze hüpfen, ohne das Gleichgewicht zu verlieren. Die Stelzen hatte selbstverständlich er gebaut. Wir Kinder verstanden viel besser als die Großen, dass mein Großvater kein unnützes Spielzeug, sondern an Erinnerungen bastelte. Er kaschierte damit das Gefühl, eine entbehrliche Persönlichkeit zu sein. Denn mehr als Flickwerk hatte er seiner Meinung nach zum allgemeinen Lebensunterhalt nicht beizusteuern, nachdem sein Glück in Scherben lag. Ging beispielsweise der Deckel einer Teekanne entzwei, und er bekam die Chance, ihn zu reparieren, fügte er die Einzelteile mit Klebstoff zusammen und umwickelte das Ganze anschließend mit viel Zwirn, den er vorher in Klebstoff getränkt hatte. »Besser als wie von neu«, war sein beglückter Kommentar zu den verkleisterten Gebilden, die fortan unsere Küche bevölkerten. Man konnte ihm in solchen Momenten nichts abschlagen.

3

Bei meiner Mutter ist die besagte englische Teekanne mit dem schwarzen Deckel noch heute im Gebrauch. Eine Reliquie, gerettet durch eine Odyssee, die sie von Erfurt nach Berlin, in die Lüneburger Heide, nach Hamburg, nach München, ins Schwäbische, wieder nach München und zurück in das nunmehr wiedervereinte Berlin führte. Aber an welchem Ort auch immer, der Tee wurde auf russische Art zubereitet. In der kleinen Kanne wird ein starker Sud aufgegossen, der mit heißem Wasser verdünnt getrunken wird. Dabei wurde um Art und Qualität des Wassers ein regelrechter Kult getrieben. Flaschenweise nahm sich mein Opa das gute Heidewasser, das wir damals aus einem eigenen, sechzig Meter tiefen Brunnen nach oben pumpten, mit in die Stadt. Es war so kalt, dass einem die Zähne schmerzten, und nach seinen Worten war es fast so gut wie das Wasser in Rogi.

Teekanne

Am ersten Advent 1950, meine Mutter hatte gerade meinen Vater im Mathematischen Seminar der Freien Universität in Berlin-Dahlem (U-Bahnstation »Onkel Toms Hütte«) kennengelernt, stand das Kännchen der Marke »Popov Tea« als Überraschung auf dem Tischchen in ihrem Untermietzimmer in einer riesigen, unbeheizbaren Altbauwohnung: Pfalzburger Straße in Berlin-Charlottenburg. Ihre Vermieterin, Frau von Holleben, hatte sie ihr und ihrem angeblichen »Cousin«, meinem späteren Vater, zusammen mit zwei Tassen und etwas Tannengrün als Geschenk hingestellt. Dazu eine Weihnachtskarte mit einem selbst gebastelten Gedicht, in dem der Weihnachtsmann mit der Rute drohte, falls Eva weiterhin bis spät in die Nacht hinein mathematische Formeln büffelte.

Diskret tat die alte Dame so, als glaube sie an die neu entdeckte Verwandtschaftsbeziehung, übersah großzügig alle verräterischen Spuren wie die aufgelösten Locken meiner Mutter, die in der Hast schief geknöpfte Bluse, zerwühlte Laken und anderes. Sie war der jungen Frau von Herzen zugetan, nannte sie »meine Kleine«, später »Frau Evchen«, die ihr dafür zur Begrüßung kindlich die Hand küsste, so wie sie es früher bei ihrer Großmutter Lange in Lodz getan hatte. Überhaupt muss der adeligen Preußin mit ihrer untadeligen Frisur im Haarnetz das frisch verliebte Paar wie zwei verirrte Kinder vorgekommen sein, die sich im zerbombten Nachkriegsberlin aneinanderklammerten.

Mein Vater hatte mit gerade mal zwanzig, als unehelich geborener Halbjude aus Leipzig, mehr zu erleiden gehabt, als er eigentlich tragen konnte. Er, die ungewollte Frucht der verbotenen Liebe zwischen einem wohlhabenden jüdischen Hals-Nasen-Ohrenarzt und seiner jungen Sprechstundenhilfe, wurde von seinen Erzeugern vollkommen im Stich gelassen. Seine Mutter, Dora Weiße, steckte einfach ihren Kopf in den Backofen des Gasherds, als ihr Kind Christoph ein Jahr alt war. Es war auf dem Höhepunkt der Weltwirtschaftskrise. Sein Vater überließ 1936 den unehelichen Sohn den Nazis, als er sich mit Frau und zwei halberwachsenen Söhnen, Kurt und Rudolf, nach Brasilien absetzte. Immerhin hatte Christoph Oskar Wolfgang Weiße, mein Vater, überlebt. Man kann sich einige Gedanken darüber machen, was eine Mutter in höchster Not bewogen haben mag, ihrem ungewollten Sohn einen so bombastischen Namen zu geben. Wir Kinder fanden »Oskar« zum Kaputtlachen, aber die verzweifelte Dora stellte das Würmchen in ihrem Arm unter dreifachen Schutz. Sie nannte den kleinen Halbjuden Oskar, weil das frech und lustig klang, aber Althochdeutsch war und »unter Gottes Schutz stehend« bedeutet. Wolfgang, weil sich das so germanisch und kriegerisch anhörte und so viel hieß wie: »sich verteidigen wie ein Wolf«. Und schließlich Christoph, weil er der Christusträger war. Als ich 1955 geboren wurde, erging er sich, befeuert von seiner frischen Verantwortung als Vater, in den wildesten Phantasien, was er denjenigen antun werde, die seinem Kind etwas zuleide täten. »Wir werden«, sagte er, »einmal eine erwachsene Tochter haben.«

In der Familie gehört es zum festen Bestand der Anekdoten, wie sich Eva und Christoph kennengelernt haben. Meine Mutter, eingeschrieben an der FU für den Diplomstudiengang Mathematik, hatte eine Übung in Analysis versäumt, brauchte jemanden zur Nachhilfe und sprach ausgerechnet ihn an. Mein Vater, fixiert auf kleine, zarte Kindfrauen, war sofort hingerissen. Trotzdem hielt er sie zunächst für einen wie ihn unerreichbar, hatte hellsichtig sofort die höhere Tochter in ihr erkannt. Eva Lange kapierte die Matheaufgabe nicht, dafür rauchte das Dämchen »Aktive«, wie er neidvoll feststellen musste. Er selbst war so arm, dass er zur Zweitverwertung Ami-Kippen aufdröselte und mit ungeschickten Fingern aus dem Tabak Zigaretten drehte. Eine Tätigkeit, die ihm in Zukunft meine Mutter abnehmen würde. Ebenso wie ihr bald die Führung der gemeinsamen Haushaltskasse anvertraut wurde. Sie konnte schon immer am besten mit Geld umgehen. Selbstgedrehte, Schulspeisung, 80 Mark Stipendium, Mathematikerbälle, Kinobesuche im Ufa-Palast, das waren die Highlights im Schauspiel ihres Jungseins. Es spielte im freien Westen, am Ku'damm. Bald dichteten sie es zur Saga ihrer Aufbaujahre um.

Ein Schnappschuss aus der schwarz-weißen Nachkriegszeit: Christoph Weiße im zweireihigen Trenchcoat, den Gürtel fest um die Mitte geschnürt, wodurch er noch dürrer aussieht. Das dunkle Kassengestell seiner Brille verdeckt seine schönen grünen Augen, die Haartolle fällt ungebärdig in die Stirn. Schon damals hatte er die immer leicht gebeugte Haltung und das abwesende Lächeln eines Pastors. Seine Devise: Niemals auffallen und sich niemals abhängig machen. Meine ganze Kindheit hat er mir sein Überlebensprinzip gepredigt.

Mein Vater durfte sich sicher fühlen, weil man ihn gern unterschätzte. Oft genug die Masche von Harten. Dabei hat er Großes vor, will Professor für Mathematik und Physik werden und in die USA auswandern. Meine Mutter reicht ihm knapp bis zur Schulter, sie ist zwei Jahre älter als er. Über den unüblichen Altersunterschied wurden häufig Bemerkungen gemacht, so, als stelle er ihre Verbindung unter ein günstiges Vorzeichen. Sein schmächtiger Knabenkörper, die schmale Brust, für deren haarlose Blässe er sich schämt, als sie sich das erste Mal voreinander ausziehen, scheint ihr so ungefährlich, dass sie sich seiner Liebe ergibt. Wie weit ihre eigene Leidenschaft reichte, daraus wurde er auch in fünfundvierzig Ehejahren nie ganz schlau. Sie hatte ja durch Flucht und Vertreibung weit mehr erlebt, als eine junge Frau erleben sollte. Von dem frühen Leid seiner Kindheit erfährt sie zunächst nichts. Nur mein Großvater fragte leise, damit sein zukünftiger Schwiegersohn es nicht hörte: »Ist er gesund?« Er ahnte etwas, mein Vater ist nicht besonders alt geworden. Die nächsten Jahre trennen sich Eva und Christoph nie länger als zwei Tage.

Im Frühherbst 1969 führte mein Vater – inzwischen ganz der situierte Vorstand einer Versicherungsgesellschaft in Hamburg – seine Frau und ihre drei gemeinsamen Kinder zurück zu den Stätten seiner Anfänge. Dieser Aufenthalt in Berlin geriet zum Debakel. Wir waren in der Uhlandstraße in einer günstigen Pension mit durchgelegenen Betten und muffigen Möbeln untergebracht. Meine Eltern irrten auf den Charlottenburger Boulevards umher, auf der Suche nach der Vergangenheit. Die vertrockneten Blätter der Platanen knisterten unter unseren Schritten. Keiner konnte sich mehr vorstellen, dass meine Mutter tatsächlich dort mal den *Tagesspiegel* verkauft hatte. Auf ihre einstige Bekanntschaft mit irgendwelchen Huren, die an jeder Ecke gestanden haben sollten, war sie so wahnsinnig stolz, dass uns Kindern das auch schon wieder unglaubwürdig vorkam. In einem uns ungewohnten Anflug von Extravaganz, der aber der entschwundenen Jugend geschuldet war, trug sie ein selbstgestricktes Kleid aus Mohairwolle, das im Gegenlicht reichlich durchscheinend war. Es war September, und die Sonne stand schon ziemlich schräg. Ich genierte mich für sie, während so mancher Passant eine gepfefferte Bemerkung in ihre Richtung losließ, was sie überhaupt nicht zu stören schien.

Mein Vater dagegen verstand die Welt nicht mehr. Gerade ein Jahrzehnt war es her, dass er Berlin aufgegeben hatte. Fassungslos stellte er fest, wie sehr er in dieser kurzen Zeit gealtert war. Mit dem Protest der Hippies und Provos an der Gedächtniskirche konnte er überhaupt nichts anfangen. Die Freiheit, an die er so sehr glaubte, hatte er sich ganz anders vorgestellt. (Zwei Diktaturen habe er durchlitten, warf er mir vor, wenn wir uns mal wieder über meine linke Gesinnung stritten.) Resigniert gab er es endgültig auf, dazugehören zu wollen. Auch im Wirtschaftswunderland blieb der verlorene Junge aus Leipzig ein Außenseiter, der mit einer Teilnahmslosigkeit auf die Politik der BRD reagierte, die ich mir nicht erklären konnte. Abends stellte sich heraus, dass »Inge und ich«, die einzige Bar, in die sich meine Eltern je getraut hatten, um vielleicht einen Cuba Libre zu trinken, ebenfalls verschwunden war. Meine Mutter trollte sich enttäuscht in die Pension zu meinen kleineren Geschwistern, mein Vater und ich landeten in einer Keller-Disko. Ich im grünen Mini, er im Anzug. Vater und Tochter gaben ein ziemlich seltsames Bild ab, wie sie sich verlegen an der fast leeren Tanzfläche rumdrückten.

Warum hat meine Mutter eigentlich Mathematik studiert? Natürlich hörte es sich immer ziemlich lässig und genial an.

Sie hat eine Art, es so ganz nebenbei zu erwähnen. Trotzdem hatte ihr Entschluss von Anfang an den Makel einer Verlegenheitslösung. Ihrer technischen Begabung, besonders ihrer phänomenalen manuellen Geschicklichkeit, in die ihr Vater Karl Lange einmal so viele Hoffnungen für die Fabrik gesetzt hatte, hätten praktischere Fächer wie Physik oder Chemie viel mehr entsprochen. Aber direkt nach dem Krieg musste eine Frau froh sein, überhaupt einen Studienplatz zu erwischen. Die wenigen Laborplätze waren Ex-Soldaten und Spätheimkehrern vorbehalten. Damals konnte sie sich ein Leben als Hausfrau und Mutter überhaupt nicht vorstellen. Vielmehr schien sich Eva endgültig in die ihr von ihren Eltern zugedachte Rolle als »Blaustrumpf« zu fügen. Sie, die Kluge, ihre Schwester Gisa die Schöne. Dabei pfiff Eva auf ihre Intelligenz, sie wollte lieber attraktiv sein.

Erbittert stritten die ewig konkurrierenden Schwestern um die Gunst eines gut aussehenden Mathematikprofessors, aber niemand, am wenigsten das Objekt ihrer Begierden, durfte etwas davon bemerken. Dieser Grieche war zuerst die Eroberung meiner Mutter, er lud sie öfter zum Essen ein. Einmal bestellte sie sich, hungrig wie sie damals immer war und alle Anstandsregeln außer Acht lassend, eine halbe Ente. Er begnügte sich sparsam mit einer Schmalzstulle. Ihre Verschwendungssucht hielt ihr der Verehrer scherzhaft noch häufig vor, angeblich hatte diese kleine Szene aber nichts damit zu tun, dass er kurz darauf mit fliegenden Fahnen zur jüngeren Konkurrentin überlief. Meine Mutter verzieh ihrer Schwester diesen Verrat nie. Bis heute nicht. Ihr Studium, das sie ordnungsgemäß mit einem Diplom beendete, lässt sich vordergründig dem ebenso ambitionierten wie vergeblichen Bemühen der Langeschen Familie zuordnen, im Leben Fuß zu fassen und eigenes Geld zu verdienen. Eva strengte sich an, eine ordentliche Studentin zu sein, aber während sie sich mit algebraischen Gleichungen herumschlug und die Geometrien gekrümmter Räume untersuchte, war ihr sehr wohl bewusst, dass sie im Grunde auf der Suche nach etwas sehr viel Schwierigerem war: nämlich auf der Suche nach der Formel für das Glück. Nenn es Glück oder Schicksal oder Zufall. Diese Kraft war weiß Gott eine aussichtsreichere Option zum Erfolg zu kommen, als Fleiß, Tüchtigkeit und Ehrgeiz oder was die Leute sonst so im Allgemeinen für fruchtbringend halten. Glück war das magnetische Zentrum, in dessen Sog sich unsere Familiengeschichte abspielte. Glück war die Macht, die einen Menschen auszeichnete oder verwarf. Je mehr das Glück die Langes verließ, umso stärker klammerten sie sich daran.

4

Bedachten die aus Niedersachsen nach Mittelpolen eingewanderten Langes ihren beschwerlichen Weg von armen Hausierern für Webutensilien wie Haspeln, Litzen und Spulen zu sagenhaft reichen Webstuhlfabrikanten, mussten sie ihren unglaublichen Erfolg für ein Märchen halten. Die Legende vom »Gelobten Land«, wie die »Stadt Lodz« allenthalben genannt wurde, hatte sich für sie mehr als erfüllt. Dennoch unterlagen auch sie jenem zwingenden Dreisatz der Generationen, der da lautet: Aufgebaut in einer Generation, zur Blüte gebracht in der nächsten, die dritte aber vertut den Schatz. Die dritte Generation, das waren mein Großvater und seine Schwester.

Der polnische Nobelpreisträger Władysław Reymont dagegen meinte es ironisch, als er 1898 seine Saga über die polnische Industriemetropole mit dem Titel *Gelobtes Land* veröffentlichte und ihre sozialen Verwerfungen schilderte. Selbst als sie noch reich und bedeutend waren, fragten sich die Langes ständig: Kann man das Schicksal günstig stimmen? Wie getrieben von einer Ahnung über kommendes Unheil, gingen sie eine Art Kuhhandel mit der Vorsehung ein, um sie zu ihrem eigenen Vorteil zu bestechen. Damit auch wirklich alles gut ausging, musste zuerst ein Orakel befragt werden. Aus tatsächlichen und erfundenen Koinzidenzen konnte man sich Hilfe erwarten im ewigen Widerstreit zwischen Wunsch und Realität.

Niemand trat eine Reise an, ohne die »stille Minute« einzulegen, ein Kindern sehr lang erscheinender Moment der Sammlung vor dem Abschied, ohne den eine Fahrt mit Sicherheit einen schlechten Ausgang nähme. Als meiner Großmutter Gertrud Lange eine schwere Operation bevorstand, trat ihre Tochter Gisa Hand in Hand mit den drei Kindern, die Augen fest geschlossen, nach draußen unter den noch jungen Mond. Hätten sie die schmale Sichel zuerst durch eine Glasscheibe erspäht, wäre Gertrud erledigt gewesen. Aber die Sache ging – soll man sagen folgerichtig? – gut aus. Man kann Wohltaten, wie einem Bettler Geld zu spenden oder auf eine Lieblingsspeise zu verzichten, als einen allzu simplen Versuch ansehen, die ausgleichende Gerechtigkeit zum eigenen Gunsten zu manipulieren. Verloren Geglaubtes dagegen wiederzufinden, muss als günstiger Wink des unbestechlichen Zufalls gelten. Schon ganz früh spezialisierte sich die kleine Eva mit einer fast fanatischen Leidenschaft darauf, verlegte Eheringe, Schlüssel und Briefe aufzuspüren – und heimste mit mehreren spektakulären Funden auch einige Lorbeeren ein. Es war der leidenschaftliche Versuch eines sensiblen Kindes, den drohenden Untergang abzuwehren, indem es das Schicksal überlistete.

Die bedeutendste Art, die Zukunft zu schauen, waren aber

Träume. Von Hedwig, der Lieblingsschwester meines Großvaters, der früh vollendeten Pianistin, sind außer Schönheit
und Begabung auch ihre übersinnlichen Talente überliefert.
Sie wurde von Traumgesichten heimgesucht, unerklärlichen
Empfindungen, über die man mit der gleichen Selbstverständlichkeit berichtete wie über andere Wunder, die sich in der
Vergangenheit ereignet hatten.

In der Genealogie meiner Familie ist eine Anhäufung von
Typen, Exzentrikern und Sektierern zu verzeichnen, die ihre
Existenz mit dem Anspruch rechtfertigten, etwas ganz Besonderes zu sein. Und das umso stärker, je mehr es bergab
ging. Ich kenne die Qual nur allzu gut, die es mit sich bringt,
einer derart hohen Erwartung genügen zu müssen. Wegen der
Härte, mit der sich die Langes gewöhnlich beurteilten, war das
Glück der dialektische Sprung, durch den sich Sein und Sollen miteinander versöhnten.

In der Spannung zwischen Wunsch und tatsächlichen Aussichten kam der Mathematik eine Sonderrolle zu. Nur sie
konnte in einer Art Hyperrealismus Wunder und Wirklichkeit versöhnen. In der Familie Lange existierte daher eine fast
übermächtige Affinität zur abstrakten Schönheit der Zahlen.
In einem Meer von Unbegreiflichkeiten, in Krieg, Not und De-
klassierung gewährten einzig die Eigenschaften der Zahlen Einblick in die wahre Natur der Welt, hinter der man die
Absichten einer höheren Intelligenz vermuten konnte. Die
Begabung des Mathematikers schien einen Abglanz davon
widerzuspiegeln.

Dazu muss man wissen, dass der Webstuhl, dessen Produktion im 19. Jahrhundert die Familie Lange reich und groß
gemacht hatte, der mechanische Jacquardwebstuhl gewesen
ist. 1805 wurde von dem Franzosen Joseph-Marie Jacquard,
einem Tüftler und gelernten Buchbinder, der als Kind als

Zampeljunge am Zugwebstuhl schwerste Arbeit verrichten musste, ein lochkartengesteuerter Webautomat erfunden. Die Kettfäden des Gewebes mussten nicht mehr von Hand mit dem Lätzezug oder dem Zampel angehoben werden, um ein Muster zu erzeugen. Die Steuerung erfolgte nun durch ein endloses Lochkartenband, das von waagerechten Nadeln abgetastet wird. Man kann sich nicht mehr vorstellen, wie so ein Webstuhl funktionierte, nicht mehr heute, wo solche Maschinen fast lautlos und computergesteuert laufen. Der wahnsinnige Krach, den die Webstühle machten, seitdem sie erst mit Dampf und anschließend mit Elektrizität betrieben wurden, kommt uns vollkommen überholt vor, aber auch die Kurven des schweren, schwarz lackierten Eisengussgestänges, die Zahnräder, die glänzenden Messinghebel, der ganze verschnörkelte Zierrat. Und erst recht erfüllen uns die von vielem Gebrauch glänzend gewordenen Holzteile mit einer Art Ehrfurcht vor der menschlichen Arbeit. Ein Gefühl, welches das digitale Zeitalter nicht kennt und uns vergessen lässt, dass es ja Jacquard war, der die erste Programmiersprache erfunden hatte, mit der er Tausende von Webern um ihr Brot brachte. Dieses System der binären Codes für die Praxis zu vereinfachen und immer neue und schönere Stoffmuster herauszubringen, das war die Großtat meines Urgroßvaters Wilhelm Lange gewesen.

Am Ende aber konnte nicht die eigene Leistung, sondern nur der Strahl der Vorsehung die Dunkelheit des durch Kriege und Wirtschaftskrise verdüsterten Kosmos erleuchten. In einer Referenz an die Vergangenheit studierte Eva an der FU, der Freien Universität in Berlin, Gisa wurde schon 1952 Ehefrau eines Mathematikgenies, das sich nach wenigen Semestern habilitierte. Der junge Professor war gleichermaßen berühmt für sein großes Talent wie seine Launen, die er der Umwelt mit einem gewaltigen Flunsch seines vollen Mundes mitteilte. Ohne es sich damals leisten zu können, hatte Karl Lange seiner begabten Tochter Eva noch in Lodz einen Privatlehrer für Mathematik organisiert. Nach der Flucht nahmen die beiden in Berlin den Kontakt wieder auf. Bei einer gemeinsamen Umrundung des Schlachtensees versuchte er sich zu erklären, Eva schreckte vor seiner steifen Art zurück, tat naiv, als verstünde sie ihn nicht, und heiratete lieber meinen Vater.

Meine Familie hatte nichts, aber eine großartige Vergangenheit, und daran hielt sie sich eben fest. Später erschien es mehr und mehr wie ein Märchen, was mit ihnen geschehen war. Auch als sie längst schon vergessen hatten, welche Farben das Fensterglas ihres Stadthauses gehabt hatte, wie groß die Orangerie meines Urgroßvaters war und wo genau der Schulweg zum Deutschen Gymnasium verlief, hörten sie niemals auf, davon zu berichten.

Aus vierundvierzig Feuerstellen für einhundertneunzig Seelen – neunundachtzig Männer, neunzig Frauen und elf Juden – stieg um 1800 Herdrauch zum Himmel über dem Dorf Lodzi. Ein halbes Jahrhundert später zählt das nach Ende der Napoleonischen Kriege Kongresspolen zugeschlagene Nest schon an die 20 000 Menschen. Zu 75 Prozent sind es jetzt Deutsche, die unter der Regierung des russischen Kaisers Alexanders I. dem Ruf der Werber des Warschauer Dichters und Sejmmarschall Rajmund Rembieliński gefolgt waren und in die Region einwanderten. Noch mein Großvater Karl Lange hatte sich nie als Deutscher, sondern stets als Russe gefühlt. Es lockten großzügige staatliche Förderungen – und ein fast unermesslicher Absatzmarkt in Russland. Wasser und Wald waren in Hülle und Fülle vorhanden.

Lodz war die erste Sonderwirtschaftszone Osteuropas. Abermals fünfzig Jahre später ist die Zahl der Bewohner von Lodz um das Zwanzigfache angestiegen, und zwar auf 321 000 Einwohner – vergleichbar wahrscheinlich nur mit der Bevölkerungsexplosion in den Slums der Dritten Welt im 20. Jahrhundert. 1904 verpesteten fünfhundertsechsundvierzig Fabriken mit einem Wald von Schloten die Luft mit Ruß, der in schwarzen Flocken zur Erde segelte. Eine Stadt vom Reißbrett, eigentlich ein riesiges Straßendorf, das sich längs der Prachtstraße Piotrkowska, der Petrikauer, kilometerlang hinzieht. Mitten darin auch der hohe Schornstein der Webstuhl- und Maschinenfabrik der »Gebrüder Lange«. Rund um die Uhr fütterten Heizer die Öfen des Kraftwerks mit Koks zur Erzeugung eigenen Stroms. Der Betrieb lag zwar nicht direkt an der Petrikauer Prachtstraße, aber dennoch sehr zentral an der parallel gelegenen Andrezeja, Ecke Gainska. In jeder Nebenstraße, in jedem Gebäude wurde irgendetwas anderes hergestellt. Webutensilien, Stoffe, Maschinen. In der Mehrzahl sind die Besitzer der Unternehmen deutsche Industrielle, sie wohnen im Zentrum in Stadtpalästen neben ihren Fabriken. Ein vom Fremdenverkehrsamt Lodz herausgegebener »Historischer Stadtplan« nennt die Besitzer der berühmtesten Palais, die Namen sind zu 80 Prozent deutsch. Die polnischen Arbeiter besiedelten die Peripherie.

Der kometenhafte Aufstieg von Lodz hat auch Rosa Luxemburg beschäftigt. Ihre Dissertation »Die Industrielle Entwicklung Polens« analysiert den Kapitalismus Lodzer Ausprägung. Im Zeitraffer holt eine der rückständigsten Regionen Europas in nur wenigen Generationen die Industrialisierung nach. Gleichsam unter Laborbedingungen vollzieht sich mit Einführung des mechanischen Webstuhls, was Karl Marx für England beschrieb, das Wunder der technischen Revolution. In diesem Treibhausklima gedieh unter fast idealen Bedingungen der sogenannte Lodzer Mensch. Eine ganz besondere Spezies, sie wurde als eiskalt, geldgierig und skrupellos geschmäht, keiner Moral verpflichtet, keiner Nation, keinem Staat, nur dem Profit. Mein Urgroßvater Wilhelm Lange hätte sich in dieser Charakterisierung niemals wiedererkannt. Sah er doch die menschliche Leistung als das größte Kapital: Fleiß, Geschäftssinn und vor allem Erfindungsreichtum. »Wenn du ihn nur gekannt hättest«, sagte mein Großvater immer zu mir. Er, der ewige Sohn, hielt seinen Vater für ein Genie. Nicht deutsch, nicht jüdisch, nicht polnisch oder russisch, die Viervölkerstadt erschuf in eigener Initiative, was der Staat nicht leistete, ein soziales Netzwerk von Krankenhäusern, Schulen, Bildungsvereinen und Arbeitersiedlungen. Eine viel zu kurze Zeitspanne, um nachhaltig in das kollektive Gedächtnis einzugehen, durfte Lodz als die modernste unter den europäischen Großstädten gelten. Auf einer Reise in den Osten glaubte Alfred Döblin allerdings, niemals eine hässlichere Stadt gesehen zu haben.

Als Andrzej Wajda 1974 Władysław Reymonts Lodz-Saga *Das Gelobte Land* verfilmte, wusste im sozialistischen Einerlei schon niemand mehr, ob es diese gesegnete Stadt, die geographisch genau im Mittelpunkt Polens lag, überhaupt jemals gegeben hatte. Terra incognita. Sie existiert nur noch in der Erinnerung. Nicht nur im Kino muss aber »das Manchester des Ostens« von Konflikten und Gegensätzen geprägt gewesen sein. Während die Fabrikanten einem beispiellosen Luxus frönten, konnten ihre Arbeiter – Polen Deutsche, Juden – vom ungeheuren Reichtum der Bourgeoisie nicht profitieren.

Jetzt habe ich sie schon länger nicht mehr gehört, aber eine der Lieblingsgeschichten meiner Mutter war, uns beim Essen (sie kochte äußerst ungern) von den armen, aber gesunden polnischen Arbeitern zu erzählen. Voller Unschuld schwärmte sie von den Vorzügen der einfachen Ernährung.

Ihr Lieblingsbeispiel waren die Polen, die alle schlank gewesen seien, weil sie ausschließlich von Sauerteigsuppe mit Pilzen und Kartoffeln lebten. Es war eine dieser mir unheimlichen Storys, an deren Kern man besser nicht rührt, die aber, weil sie so oft erzählt werden, trotzdem unsere Vergangenheit beglaubigen.

Niemals aber ist der Mythos von Lodz besser beschrieben worden als durch die Meisterschaft eines Joseph Roth. In seinem Roman *Hotel Savoy* fand er mit dem vergeblichen Warten auf Mr. Bloomfield, einem reichen Gönner aus Amerika, eine Metapher für die leeren Hoffnungen der Lodzer, für die lähmende Passivität, mit der sie ihren Niedergang, der mit der Russischen Revolution eingesetzt hatte, hinnahmen. Nicht nur meiner Familie ist diese defensive Haltung zum Verhängnis geworden. »Es wird ja doch nichts, alles nur Gerede.« Mit dem Bannstrahl ihrer Enttäuschung konnte auch meine Mutter in ein, zwei Sätzen jede Illusion zerstören.

Dennoch gab es überall Zeichen dafür, dass sie sich für ein Medium halten durfte. Einmal in den Ferien, auf der Wiese vor dem Sommerhaus in Rogi. Unermüdlich übt sie biegsam wie eine Zirkusprinzessin mit ihrer maulenden Schwester Gisa den Kopfstand. Die Jüngere und Ungeschicktere kann ihre Beine nicht mal einen Augenblick lang in der Luft halten. Aber was war das? Eva spürt an ihrem Herzklopfen, dass etwas Außergewöhnliches passieren wird. Sie hat im Gras mindestens fünf vierblättrige Kleepflanzen gesichtet. Alles wird gut, bloß Gisa darf nichts von ihrer Entdeckung merken und ihr den Triumph streitig machen. Es ist eine winzige Abweichung im Muster der Grasnarbe, die aber ihrem überscharfen Blick nicht entgeht. Zwischen den Seiten ihrer Schulbücher trocknet und presst sie die Pflanzen gewissenhaft zu blassgrünem Pergament. Herbarium des Glücks. Sie wollte unbedingt ein Glückskind sein. Aber irgendwo in einer Fuge ihres Verstandes nistete schon der Verdacht, dass sie betrogen worden war.

Jeden Morgen begann meine Mutter den Tag mit der festen Absicht, heute ein glücklicher Mensch zu werden. Sie war durchdrungen von diesem Plan, und optimistisch fühlte sie sich bereit, allen Schwierigkeiten zu trotzen. Sie zählt das Besteck im Abwasch, es sind dreiundzwanzig Teile. Das ist ihre Glückszahl. Denn neunzehn, ihr Geburtstag, und vier, ihr Geburtsmonat April, ergeben zusammen dreiundzwanzig. Es könnte also ein guter Tag werden. Sie fährt zum Einkaufen und muss 46 Mark bezahlen. Das Doppelte von dreiundzwanzig. Es sah nach einem perfekten Tag aus. Mittags stellt sie fest, dass sie die Spiegeleier versalzen hat, und ihr Jüngster, mein Bruder Peter, kommt mit Beulen und Schrammen nach Hause. Er hat sich mal wieder geprügelt. Aber er leugnet und behauptet, vom Rad gefallen zu sein. Im Lauf eines Tages sank ihr Herz immer tiefer. Zuletzt war sie von dem Gefühl beherrscht, dass nichts richtig sei. Stunden, in denen sie an der Banalität des Lebens fast verzweifelte. Diese Stimmungen konnten sich zu einem wirren, dunklen Wüten steigern. Sie erschien mir wie ein gefangener Vogel, der in Panik gegen die Fensterscheiben flattert. »Rappel«, nannte es mein Vater, wenn es über sie kam und sie sich weinend, von allen höheren Mächten im Stich gelassen sah, die sie doch eigentlich für etwas Besonderes ausgewählt hatten. Ein Schmerz, für den es keinen Trost gab. Die Rolle von uns Kindern war es, mit verlegenen Gesichtern das Publikum für ihre Ausbrüche abzugeben, die meine Eltern beschönigend ihr »Temperament« nannten. Ein Verhalten, das auf irgendeine Weise etwas damit zu tun hatte, dass wir aus dem Osten, also eigentlich aus dem Ausland stammten. Nur das Glück konnte ihren Ansprüchen standhalten.

Jahrzehnte später meldet sich die höhere Macht zurück. Meine Mutter findet am Strand von Elba einen Stein, dreht ihn um; »*Luck*« (Glück) stand da draufgeschrieben. Der Fund war ein neuerlicher Beweis, dass sie tatsächlich erwählt war. In den Wirren des Umzugs von ihrem geliebten Gautinger Haus bei München in das verhasste Talheim im Schwäbischen kam der Talisman abhanden. Und mit ihm auch ihr Glück. Lange Zeit quälten sie schwerste Depressionen. Nicht einmal das Strandgut eines anderen Urlaubs konnte sie davor retten. Eine Kette mit grünroten Steinen – als sie die Perlen zählte, waren es genau dreiundzwanzig.

Manchmal frage ich mich, ob es meine Großmutter war, die diesen nervösen und extravaganten Zug an ihrer ältesten Tochter gefördert hat oder ob sie ihn bekämpfte. Besonders rätselhaft war meiner Mutter ihr Körper. Ängstlich beobachtete sie sich selbst. Eva flüchtete sich zu ihrem Vater, weil sie fürchtete, blind zu werden. Sie wurde in der Schule ohnmächtig, weil ein Krümel auf ihre Zunge fiel und sie glaubte, ein Stück Zahn sei abgebrochen. Sogar das Straßenbahnfahren wurde zur Qual, so leicht übel wurde es der Schülerin des Deutschen Gymnasiums zu Lodz. Die Schülermütze über der bleichen Stirn, verbringt sie die Fahrten zur Schule an der frischen Luft, eine einsame Gestalt auf dem Perron, den die Tram damals noch hatte. Ihre vier Kinder gebiert Eva dagegen klaglos, anscheinend ohne große Mühe. Ebenso leicht überwindet sie einen schweren Reiterunfall, bei dem sie sich zwei Wirbel bricht.

5

Aus verschiedenen Gründen fällt es mir ziemlich schwer, über meine Großmutter Gertrud Lange zu sprechen. Sie war siebzehn Jahre jünger als mein Großvater, aber sie ist trotzdem vor ihm gegangen. Sie starb 1975 als Patientin der Freiburger Psychiatrie an einer Lungenembolie. Gertrud Lange, die älteste Tochter eines pedantischen Kaufmanns und einer streng evangelischen Hausfrau, blieb eine Fremde in der großbürgerlichen Familie, und fremd sind auch wir uns geblieben. Auf irgendeine Weise wiederholte unser Verhältnis, worunter sie schon immer gelitten hatte.

Von Natur aus herzensgut, galt ihre Stimme dennoch wenig. In der komplizierten Rangfolge der Familie stand sie in ihrer tiefen Verlassenheit weit unten, und man durfte auf sie herabsehen. Sogar im Haushalt war sie ungeschickt, zum Teil aus echter Abneigung gegen Tätigkeiten, die früher das Personal besorgt hatte, zum Teil, weil sie wieder auf Tabletten war. Sie konnte nicht mal Socken stopfen. Heimlich drückte mein Großvater seiner Eva seine Strümpfe in die Hand. In einer zu ihrer Krankheit gehörenden Autoaggression verbrannte sich meine Großmutter regelmäßig beim Bügeln, ihre Arme waren übersät mit Narben. Mit der Herzlosigkeit von Kindern nutzte ich ihre Schwäche aus, taufte sie »Besorgtes Lieschen« und quälte sie mit meinen Reden, meinen Plänen und meinen kritischen Bemerkungen. Während ich deutliche Erinnerungen an meinen Großvater habe, blieb sie ein schwerer Schatten im Hintergrund. Zunächst glich die Suche nach meiner Großmutter der Suche nach einer geheimen Verletzung, die zwar verheilt ist, aber immer noch schmerzt. Nicht sie hatte uns verletzt, sondern es ist die Schuld an ihr, die immer noch wehtut.

Im Muster der Desoxyribonukleinsäure-Verbindungen, der DNS, die durch die Kette der Generationen an mich weitergegeben wurden, schien ihr Anteil immer der problematischste zu sein. Beim Arzt, nach Krankheiten in der Familie gefragt, gab ich zögernd Embolie und Depressionen an. Ihren Genen konnte man zuschieben, was einem an sich selbst nicht gefiel. Runde Waden, Niedergeschlagenheit, kindliche Fressattacken. Dabei vergaß man all das Strahlende, Leidenschaftliche und Künstlerische, das ein falsches Leben ihr genommen hatte.

Die Langes waren klein und hager und hüteten sich ängstlich vor fettem Essen und drohendem Völlegefühl. Meine Großmutter war als junge Frau eine blühende Schönheit, später neigte sie zur Fülle, bekämpfte ihren Appetit mit zahlreichen Kuren. Obsttag, Reistag, Fastenwochen, ohne sichtbaren Erfolg. Sie liebte Braten und Sahnetörtchen, mein Großvater nahm allenfalls gekochtes Kalbfleisch und Huhn zu sich. Besorgt überwachte Gertrud die Figur ihrer Töchter, registrierte streng – »Du wirst etwas mollig um die Oberschenkel« – die weiblicher werdenden Formen meiner Mutter, nachdem sie das erste Mal Mutter geworden war. Es gehörte zu den schönsten Entdeckungen bei der Spurensuche nach unserer Familiengeschichte, als ich bei meiner Tante Gisa auf ein mir bis dahin unbekanntes Foto meiner Großmutter stieß. Braungebrannt, gerade der Ostsee des Badeortes Sopot entstiegen, wo die Familie ihre Sommerfrische verbrachte, hält sie ihre beiden kleinen Töchter im Arm. Links die strohblonde Gisa, rechts meine dunklere Mutter. Ein Bild der Kraft und Lebenslust, Wassertropfen perlen ihr von der Haut. Meine Großmutter liebte es, stundenlang zu schwimmen, weit hinaus, bis sie den Strand nicht mehr erkennen konnte. Die Kühle des Wassers machte ihr überhaupt nichts

Meine Großmutter mit Gisa und Eva
in Sopot, ca. 1932

aus, im Gegenteil, in der Weite des Meeres fühlte sie sich frei. Sie konnte einen Überschwang in sich fühlen, der ihr sonst versagt war. Manchmal ruderte Karl in einem Boot nebenher. Wenn mir meine Großeltern davon erzählten, konnte ich das nicht zusammenbringen mit der gebrochenen Frau, die ich vor mir hatte.

Ich bin es auch gewesen, die als Fünfjährige beim Spielen auf die blauen Metallröhrchen für Thomapyrin-Tabletten stieß, die meine Großmutter in einer Ecke unseres Grundstücks vergraben hatte. Ganz durchdrungen von meiner Wichtigkeit, eilte ich zu den Erwachsenen und berichtete von meinem Fund. Die Arme hatte die Beweise ihrer Tablettensucht zu flüchtig versteckt und nicht mit meiner kindlichen Neugier gerechnet. Eine beschämende Erinnerung. Vielleicht war es unbewusst auch die Rache für die Strafe, die ich wegen meines ersten und größten Sündenfalls erhalten hatte. (Es war die Vertreibung eines Kindes aus dem Stand der Unschuld.) Im Frühsommer desselben Jahres war ich von meinem Großvater dabei beobachtet worden, wie ich mich mit meinen gleichaltrigen Freunden bei Doktorspielen vergnügte. Meine Mutter stellte mich zur Rede und bezichtigte mich der Sünde. »Es war keine Sünde, es war Spiel«, wehrte sich das kleine Mädchen, das ich damals war. Meine Großeltern waren die Geschworenen bei der anschließenden Gerichtsverhandlung im elterlichen Wohnzimmer. Mir wurden die Freiheitsrechte aberkannt, und man verurteilte mich zu wochenlangem Grundstücksarrest. Eine schwere Strafe, die mich für alle Zeit zum Delinquenten stempelte. Wer ermessen möchte, wie stark Kinder Trauer empfinden, sollte sich einmal die graue Gefängniszelle anschauen, die ich anschließend mit Bleistift auf ein Blatt Papier zeichnete.

Ein Sommer der Katastrophen. Auf der Terrasse war der Tisch für viele gedeckt, aber plötzlich lag meine Großmutter auf der Erde und schrie. Auf Anraten der Ärzte wurde eine Schlafkur beschlossen. Für eine Depressive und Tablettensüchtige eine höchst zweifelhafte Therapie. Vielleicht war Karl Lange deshalb so unkonzentriert, dass er mit mir und meiner jüngeren Schwester Toni beinahe in den Tod fuhr. Wir Kinder überlebten den Unfall, bei dem er ohne nach links und rechts zu gucken auf die Bundesstraße 3 eingebogen war, einfach nur deswegen, weil wir Kleinen so gern hinten im Kofferfach des VW-Käfers saßen. Wir kamen vom Einkaufen, es gab einen gewaltigen Knall, Glasscherben prasselten auf uns nieder, Eigelb spritzte uns um die Ohren. Der »Silberpfeil« mit geteilter Heckscheibe war Schrott und die Karriere meines Großvaters als stolzer Autofahrer endgültig beendet. Sie hatte mit einem der ersten Fords in Polen begonnen – er chauffierte das offene Cabrio im Mantel und Lederkappe –, nun gab er mit vierundsiebzig seinen Führerschein freiwillig ab.

Manchmal, wenn ich nachts nicht schlafen kann, kehre ich wieder in die Lüneburger Heide zurück. Zurück zum versunkenen Ort meiner Kindheit, von der ich mir lange einredete, dass sie besonders schön gewesen war. Im Traum öffne ich wieder das blau gestrichene Eisentor, das zu unserem Grundstück führte. Ich hielt mich für bevorzugt, weil draußen am Zaun nur ein weißer Sandweg und keine Asphaltstraße vorbeiführte. Meine Mutter erachtete Sonntagskleidung als unnötig, weshalb wir in unseren meistens ziemlich verdreckten Spielhosen auf die Stadtkinder herabsahen. Am Sonntag pilgerten sie auf ihrem Familienspaziergang in weißen Kniestrümpfen und steifem Schuhwerk langsam und schlecht gelaunt an uns vorüber. Bei schwerem Regen verwandelte sich der im Familienjargon »Broadway« genannte Sandweg in ein unwegsames Schlammloch, das auch geübte Autofahrer vor Herausforderungen stellte, uns aber phantastische Spielmöglichkeiten bot. Als Kinder wissen wir viel über den Boden, weil wir der Erde noch nahe sind. Die schwarz-weißen Fußbodenfliesen in der Küche, die Abfolge der Striche zwischen den Steinplatten der Bürgersteige, auf die man im Spiel nicht treten darf, die samtenen Mooskissen im Wald. In der Heide waren die Wege mit hellem Sand bestreut, lag er lose, sagte man »Mullersand« dazu, auf dem Rad musste man mit rasender Geschwindigkeit unter fortwährendem Treten einfach

durchfahren, um nicht ins Schwanken zu kommen und um-
zukippen.

Schlaf ist keinesfalls in Aussicht. In Gedanken mache ich einen Gang über unser Grundstück. Zehntausend Quadratmeter
groß, eine Wildnis, von zwei gewaltigen Gräben durchzogen.
Mein Großvater behauptete begeistert, es seien bestimmt Rö-
mergräben, was mich zu ausgedehnten archäologischen Gra-
bungen nach Waffen und Münzen veranlasste. Natürlich ohne
dass ich jemals fündig wurde. Schmale, von Wurzeln durch-
zogene Pfade schlängelten sich durch Farne und Heidekraut.
Nie mehr wieder sah ich Eidechsen schlüpfen. Die Zeit blieb
stehen, wenn ich mich beim Pilzesuchen im Wald verlor. Ich
war neun, zwischen den weißen Birken waren wir unsterblich.
Mein Großvater schlug eine Kreuzotter tot und legte sie in Spi-
ritus ein, später überließ er den Glaszylinder der Zwergschule
in Handeloh. Zusammen mit elf anderen Kindern wurde ich
1961 dort eingeschult. Außer mir waren nur noch zwei weitere
Mädchen in der Klasse, ich trug als Einzige ein Matrosenkleid,
die Schuluniform meiner Mutter am Deutschen Gymnasium in
Lodz, mein Haar war zum obligatorischen Pagenkopf gestutzt.

Keine Illusion wiegt schwerer als die Illusion von Glück.
Um uns war nichts als Heide und Wald. Der nächste Nachbar
fast einen Kilometer entfernt. Nachts leuchteten in der Ferne
vereinzelte Lichter, gleichsam Positionslampen von Schiffen
im Dunklen. Angst vor der Einsamkeit lernte ich erst später
kennen. Als Kind begleitete ich meine Freunde nach Hause
und radelte furchtlos alleine zurück durch die Nacht; in klaren kalten Oktobernächten war der Himmel über mir ein Sternenmeer. In unserem Kinderzimmer gab es Berge von Papier
und Buntstiften, die mein Vater aus dem Büro mitbrachte.
Eine besondere Attraktion war die Anspitzmaschine. Wir hatten angefangen, die Tapeten voll zu malen, alle beteiligten sich

an dem Gemeinschaftswerk, das hoch bis zur Decke wuchs und Besuchern stolz vorgeführt wurde. Horden von Kindern tobten durch unser kleines Haus und auf dem Grundstück herum. Damals lebten meine Großeltern noch bei uns. Nachmittags strich meine Großmutter Unmengen von Marmeladebroten, bis der vertraute Ruf ertönte: »Vesper!« Johlend machten wir uns über die Schnitten her. Heute staune ich über die Großzügigkeit meiner Eltern.

Es war die Idylle über dem Abgrund. Der Abgrund hieß Lodz – oder vielmehr Rogi. Der Landsitz vor der Stadt war für Eva Lange der liebste Platz auf der Welt gewesen. »In Wirklichkeit«, klagte sie einmal in einem Anfall von Klarsicht, »bin ich als Elfjährige auf einem der Wege im Park von Rogi stehen geblieben.« Wie in dem Zwang, alles noch einmal zu wiederholen, hatte sich meine Mutter ihre heile Vorkriegswelt in der Heide nachgebaut. Das war die Kulisse, in der wir unser Stück aufführten, aber wir wussten es nicht. Trotzdem spielte jeder seine Rolle. Der Ort hieß zwar »Heideparadies«, meine Großmutter nannte ihn aber in ihren jammervollen Briefen an ihre Schwestern »die grüne Hölle«. Nach ihrer Schlafkur, aus der sie nie mehr aufwachen wollte, wurde das Arrangement geändert. Sie zog in eine eigene Wohnung und kehrte nur noch besuchsweise zu uns zurück.

Für meine Mutter war es der endgültige Abschied eines Traums von Heimat und Großfamilie, von dem sich mein Großvater schon 1945 bei der überstürzten Flucht aus »Litzmannstadt« in einer eisigen Januarnacht verabschiedet hatte: »Gott sei Dank bin ich den ganzen Krempel los.« Nur das soll er gesagt und zum Abschied seinen Hut in Richtung der Fabrik gelüftet haben. Er trat ins Freie, um dann doch ziemlich entsetzt festzustellen, dass die Stallungen aufgebrochen und die letzte Kutsche gestohlen worden war.

Zweites Kapitel

Das Gelobte Land

1

Ich weiß nicht, was in anderen Familien so los ist, aber wir verglichen uns ständig untereinander und ständig andere Leute mit uns. Dabei ging es weniger darum, wie viel Geld die anderen verdienten oder was sie sonst so Tolles besaßen, sondern wie die anderen waren. Meine Mutter hatte eine Art, ihre Mitmenschen anzustarren, die häufig als irritierend empfunden wurde. Dabei war es nicht dieser schnelle abschätzende Blick, mit dem Frauen einander innerhalb einer Sekunde vernichten können. Die Menschen mochten es nicht, von einer erwachsenen Frau mit der gleichen selbstvergessenen Intensität beobachtet zu werden, die man höchstens kleinen Kindern zugesteht. Aber sie konnte sich einfach nicht beherrschen. Selbst wenn man sie in die Rippen stieß, löste sie sich nur mühsam aus ihrer Versenkung. »Guck doch nicht so!«, zischte ihr mein Vater zu, aber es half nichts. Sie erfasste ihre Mitmenschen in ihrer Schönheit, aber noch mehr in ihrer ganzen Kläglichkeit und Schwäche. Und wie um diese starken Eindrücke wieder loszuwerden, konnte sie sich hinterher darin verlieren, dicke Beine, unvorteilhafte Kleidung oder schlechte Zähne in allen Einzelheiten auszumalen. Es ist sicher kein Zufall, dass den Händen dabei eine ganz besondere Aufmerksamkeit geschenkt wurde. Zwar hieß es immer: »Hände begucken bringt Streit«, aber trotzdem war andauernd von ihnen die Rede. »Wie umständlich, sie stellen sich so ungeschickt an«, jammerte meine Mutter über ihre Kinder. Eines ihrer Lieblingsbücher war eine kleine physiognomische Studie, sie hieß: *Hände und was sie sagen*. In ihren Augen gab es unbedeutende, schwache, aber auch regelrecht unintelligente Hände.

Gewisse Markierungen und Konturen kehren innerhalb von Familien immer wieder. Die »Webers«, aus der Familie meiner Großmutter, waren eher rosig und von rundlicher, aber biegsamer Gestalt; die »Langes«, mit bräunlicher Haut, waren hart, aber zäh gebaut. Die beiden Clans unterscheiden sich nicht nur im Äußeren, auch ihr Charakter hätte gegensätzlicher nicht sein können. Gisa schlug der Linie der »Webers« nach, sie hatte weiche Hände und runde Nägel. Meine Mutter dagegen, mit den Händen meines Großvaters, ist eine »Lange«. Sie hat einen breiten Daumen mit einem großen Gelenkknochen und gerade, kräftige Fingernägel. Die Form habe ich von ihr geerbt, nicht aber ihre talentierten Feenhände. Ohne zu zittern, zieht sie Spreißel aus Wunden. Mit sicherem Griff entfernte sie einmal meinem kleinen Bruder einen stecken gebliebenen Bonbon aus der Kehle und rettete ihn vor dem Erstickungstod. Als sie noch ein Kind war, knieten die Erwachsenen vor ihr, wenn sie eine Fliege im Auge hatten. Alle ihre Angewohnheiten kommen mir jetzt wieder in den Sinn. Wenn sie einen Faden einfädeln wollte, sagte sie immer: »Schau mir nicht auf die Hände!« Wie sie zupackte, ohne jemals diese zu schonen, sodass sie Schrammen, Kratzer und Schlimmeres davontrugen. Es wäre ihr niemals eingefallen, sich die Nägel zu lackieren. Trotzdem fühlten sich ihre Handflächen weich wie bei einem Kind an, wenn sie mir, was manchmal vorkam, sanft über die Wangen strich. Mein Vater dagegen hatte zarte Finger, fast wie die einer Frau. Beim Sprechen versteckte er den Daumen in der Handfläche, was sehr vornehm aussah, behauptet meine Mutter. Versuchte er irgendetwas Praktisches zu tun, nahm sie es ihm nach kurzer Zeit entnervt aus der Hand.

Wenn ich es heute recht bedenke, war eine Lesung von Karl Schlögel im Berliner Literaturhaus der entscheidende Anstoß, mit einem Buch über die Geschichte meiner Familie zu beginnen. Schlögel, ein Historiker, spricht von den zahllosen »*mental maps*«, den Landkarten der Seele, die in uns gespeichert sind. Sie geben die Vergangenheit genauer wieder, als ein Foto es je könnte oder eine Erzählung. Ich wunderte mich, dass es mir zuvor noch nie aufgefallen war, dass die textile Genialität von Gisa und Eva keine zufällige Marotte zweier Schwestern ist, sondern den Horizont einer verlorenen Landschaft absteckt. Man darf bei ihnen in der Tat von Genialität sprechen, auch wenn beiden trotz ihrer kreativen Begabung die ganz große künstlerische Anerkennung versagt geblieben ist. Aber mit Nadel und Faden haben sie unbewusst die Verbindung zu der untergegangenen Welt der Weber und Webstuhlproduzenten aufrechterhalten.

Wie bunt diese einmal war, lassen die vielen verschiedenen Fasern und Garne noch ahnen, die meine Mutter in einer Kommodenschublade aufbewahrt. Zu unterscheiden sind Seiden, Kunstseiden, Wollen, Baumwollen, Leinen und diverse Acrylgemische. Diese wiederum sind geordnet nach ihren Farben. Blautöne, Rottöne, Gelbtöne sowie alle Mischfarben von Grün, Orange bis Violett. Um den exakten Ton zu treffen, hält sie allerlei Färbemittel bereit, auch Filzstifte und Verdünner. Ferner sind in einer Extraschachtel unterschiedlichste Fäden gesammelt. Sie liefern das passende Material, wenn es gilt, Löcher so zu stopfen, dass die ausgebesserte Stelle nachher fast unsichtbar ist. Diese Fäden waren in Zäunen hängen geblieben, wurden aus Lieblingspullovern gezupft, kommen aus den glänzend getragenen Anzügen meines Vaters, aus einem alten Puppenkleid, vom Flohmarkt, aus Resten. Sie sind gebraucht, neu, flauschig, hart, sie sollten alle schon weggeworfen werden, jetzt sind sie hier in diesem kleinen Karton.

Von meinem Großvater hat meine Mutter gelernt, zwei Enden straff umeinander zu wickeln, um zu prüfen, ob verschiedene Garne dieselbe Stärke haben. Wenn auch mit bloßem Auge oft nicht zu erkennen, mussten Weber dennoch darauf achten, damit die Kette gleichmäßig wurde. Kette und Schuss sind heute fast unbekannte Begriffe, beinahe ausgestorben ist auch das Wort »Haspel«, mit der meine Mutter ihre Wollen zu Knäueln spult. Als mein Vater noch lebte, musste er »halten«, wenn sie, schon ungeduldig die Maschen aufzuschlagen, erst noch das Garn aufwickeln musste. Sie kennt auch einen Trick, um festzustellen, ob es sich um »reine Wolle« handelt. Man muss eine Faser abbrennen und beobachten, ob sie glimmt oder schmilzt. Im Zeitalter der Mikrofaser ein ebenso veraltetes Gütesiegel wie »reine Seide« oder »reine Baumwolle«. Was wird aus diesen Kenntnissen, die uns heute bereits so exklusiv und exotisch erscheinen, die aber einmal völlig selbstverständlich ein ganzer Berufsstand mit ihr teilte?

Wer weiß schon, was unter anderen Umständen aus den »Töchtern der Weber« noch alles hätte werden können. Gisa galt in ihrer Jugend als großes zeichnerisches Talent und bekam deshalb Privatunterricht. Nach der Flucht verbot sich der Gedanke an einen Besuch der Kunstakademie von selbst. Auch ohne Ausbildung versuchte sie sich erfolgreich an Kohle- und Rötelporträts. Aus Solidarität mit meiner Mutter wollte ich früher absolut nichts davon hören, wenn mein Großvater mir von Gisas Geschicklichkeit vorschwärmte. Technischen Verstand traute man meiner Mutter zu, aber alle

Ambitionen, eine Künstlerin zu sein, lagen völlig außerhalb ihrer Reichweite. Niemand, am wenigsten sie selbst, hätte es für möglich gehalten, dass sie im mittleren Alter die Liebe zur Plastik entdecken und einmal extrem lange und dünne Frauenkörper modellieren würde, die sie in Bronze gießen lässt. Vielleicht ist der nötige technische Verstand ein Erbe der Langes, aber die Seite meine Großmutter hat den künstlerischen, musischen Sinn hinzugefügt.

Meine Mutter findet es meistens langweilig und total uninspirierend, neue Kleidung zu kaufen. Viel lieber trennt sie alte Sachen auf und macht sich etwas Schönes daraus, als in ein Geschäft zu gehen und »einfach etwas aus dem Regal zu nehmen«. Das kann schließlich jeder. Sie denkt so gerne, sagt sie, an die Zeit nach dem Krieg, als sie nichts hatte und sich Seidenwäsche aus aufgeribbelten Strümpfen strickte und die Windeln ihrer Kinder selbst nähte. Nicht weniger hingebungsvoll als einst mein Großvater klebte, flickt und repariert sie, wo es nur möglich ist. Man kann ihr Dinge bringen, an denen man hängt und die entzweigegangen sind. Das Ritual ist jedes Mal gleich. Mit skeptischem Blick mustert sie den »Patienten« und murmelt, dass sie diesmal aber wirklich nicht wisse, wie sie das nun wieder hinkriegen soll. Dabei weiß ich, eigentlich freut sie sich auf die neue Herausforderung. Schließlich, wenn man sie schön bittet, darf man das gute Stück doch dalassen. Bis sie nach einiger Zeit ankommt und glücklich strahlt. »Ich habe mir da etwas konstruiert«, sagt meine Mutter dann zu mir und versteigt sich allen Ernstes zu solch verrückten Behauptungen wie: »Eigentlich müsste ich einen ›Klebeorden‹ erhalten.« (Was auch immer das sein sollte – eine Tube Pattex vielleicht.) Sie schlägt einen verschwörerischen Tonfall an und ist auf ihre »Findigkeit« mindestens so stolz, als hätte sie ein neues Patent entdeckt. Zum Beispiel, wenn es ihr erfolgreich gelungen ist, mithilfe von Wäscheklammern, Schraubzwingen, Schusterahle und jeder Menge Klebstoff eine total aussichtslose Operation an einem alten Turnschuh durchzuführen. Er wird noch länger halten. »Ich bin«, gibt sie halb begeistert, halb verlegen zu, »eben eine Häuslernatur und habe Spaß daran, zu verwerten und zu erhalten.« Als wir Kinder größer wurden, gab es Kämpfe, weil wir auch mal eine neue Levis-Jeans und einen Pulli aus dem Laden haben wollten. Obwohl mein Vater damals schon gut verdiente, für neue Klamotten rückte sie höchst ungern Geld heraus.

Auch Gisa erlebte bei ihren Töchtern irgendwann eine offene Rebellion gegen die Röcke und Kleider, die sie in ihrem Nähzimmer entwarf, zuschnitt und schneiderte. Oft saß sie wie im Rausch nächtelang über die Maschine gebückt, mit schweren Lidern, eine steile Falte über den Augenbrauen, den Mund voller Stecknadeln. Sie bestickte Röcke, nähte und stichelte, fabrizierte vor allem für sich selbst hautenge Lederkleider und taillierte Pelzjacken, stanzte, lochte und nietete mit einer Geduld und Kunstfertigkeit, die man nicht bei einer Frau vermutet hätte, die so lasziv und aufbrausend ist wie sie. Am meisten Furore machten ihre durchscheinenden Spitzenblusen aus feinstem Seidengarn, die in wochenlanger Häkelarbeit unter der Lupe entstanden. (Natürlich fragte man sich, was die Triebfeder für diesen Schaffensdrang war, und jeder wünschte ihr, sie hätte noch einen anderen Weg gefunden, um sich auszudrücken). Gisa entwarf für sich, was das Schicksal ihr genommen hatte: Die passenden Gewänder für eine schöne Frau, die in Seide und Spitze den Auftritt bei einer wichtigen Einladung genießt und sich der Blicke der Männer nur allzu bewusst ist. Anschließend sehnte sie sich allerdings sofort wieder nach einem neuen Kleid. Sie, die sonst mit jeder Ausgabe geizte, ließ sich oft genug dazu hinreißen, die aufwendigsten Stoffe zu kaufen. Sie sah es schon ganz genau vor sich, wie das türkisfarbene Paillettenkleid ihre braune Haut zur Geltung bringen würde.

Die Rollenverteilung blieb immer gleich. Meine Mutter saß in alten Shorts und ausgeleierten Männerunterhemden in der Lüneburger Heide fest, striegelte Pferde und ließ sich am Telefon von den rauschenden Partys erzählen, auf denen ihre Schwester in hundert verschiedenen Verkleidungen brillierte. Als hätte Gisa etwas nachzuholen, ließ sie sich von ihren Verehrern – in den meisten Fällen Akademiker, darauf legte sie Wert – als die extravaganteste Professorengattin von Freiburg feiern. Die etwas irritierten Ehefrauen ihrer Anbeter konnte sie mit der Erklärung beruhigen, dass ihre gesamte Garderobe einschließlich ihres Schmucks aus eigener Produktion stamme, was ja auch stimmte. Das kam in den sechziger und siebziger Jahren mit ihrem Kreativitätskult ziemlich gut an.

Für ihren ausgeprägten Drang zur Handarbeit hat Gisa eine simple Erklärung. In den Augen meiner Tante gibt es nämlich entweder Produzenten oder Konsumenten. Mit ihrer kompromisslosen Ablehnung der Konsumenten, die sie im Grunde für schwach und bemitleidenswert hält, begründet sie so ganz nebenbei auch noch, warum Lesen Zeitverschwendung ist. Denn Konsumenten, das sind Leute wie du und ich, die gerne ins Kino gehen oder Bücher lesen.

Wenn man es genau nimmt, verrichteten Gisa und Eva keine Hand-, sondern eher Erinnerungsarbeit. Alle sieben Jahre, so wird behauptet, tauschen sich die Zellen in unserem Körper komplett aus. Nach der langen Zeit folglich schon mehrfach vollständig zellerneuert, verstanden es Gisa und Eva mit ihren unglaublich geschickten Händen trotzdem immer noch mühelos, auf ihre ganz eigene Weise von früher zu erzählen. Wir sagen doch auch »sein Garn spinnen« oder sich eine »Geschichte zusammenstricken«!

2

Noch waren Gisa und Eva durch tausend Fäden mit der Vergangenheit verbunden, die alle an einem Ort zusammenliefen, doch mir war klar, dass ich mich beeilen musste, wenn die letzten Spuren nicht ganz verloren gehen sollten. Aus irgendeinem Grund zögerte ich jedoch lange Zeit, selbst nach Lodz zu fahren. Im Frühling 2008 ließ sich die Reise nicht mehr aufschieben. An einem kalten, grauen Morgen fuhr ich mit widerstrebenden Gefühlen vom neuen Berliner Hauptbahnhof ab. Nur knapp erreichte ich den Warschau-Express, der jetzt wieder dreimal täglich verkehrt. Mit der hinter mir zufallenden Zugtür schien ich Deutschland bereits weit hinter mir gelassen zu haben. Mein Gefühl von Scheu steigerte sich zu einer tiefen Verlegenheit angesichts der Tatsache, dass eine Gruppe Reisender meinen reservierten Sitzplatz mit in Beschlag genommen hatten. Obwohl im Recht, wollte ich keinesfalls als kleinlicher Eindringling dastehen, der auf seine Buchung pocht, und so suchte ich entnervt das Weite. Aufmerksam beobachtet von einer jungen, rothaarigen Frau von ungewöhnlicher Schönheit. Sie hatte das Profil eines Cherubs und die makellose Haut der osteuropäischen Jüdinnen. Dass viele von ihnen gar nicht schwarzhaarig, sondern rot und sommersprossig waren, wissen heute nur noch die wenigsten.

Das ungewohnt starke Rattern der polnischen Eisenbahn erweckte durch seine Monotonie schon bald die Illusion, sehr weit in die Ferne gereist zu sein. Und während der Zug von Station zu Station mehr Menschen mit ihren Handy-

gesprächen, ihren Getränkeflaschen und ihren Frühstücks-
broten ihrem Tagewerk entgegenbrachte, riss er mich in einer
Gegenbewegung zurück in die Vergangenheit.

Wahrscheinlich hat jeder schon einmal auf einer Auslands-
reise erlebt, wie sich durch die eigene Sprachlosigkeit die Realität verschiebt. Ihre unverständliche Oberfläche tritt zurück,
während andere, sonst verborgene Bezüge zum Vorschein
kommen. Auf eben dieser Strecke waren im Oktober 1941
über viertausend Berliner Juden in das Ghetto von Litzmannstadt, wie Lodz damals schon hieß, deportiert worden. Es war
eine der Hauptstrecken für die Sonderzüge aus dem Dritten
Reich, deren Ziel die Vernichtungslager des Gouvernements
waren.

Die Schienen verliefen ostwärts durch schwach grüne, von
Bauminseln belebte Weiden, auf denen sich zerstreute Sied-
lungen verloren. Unerreichbar für die in den grün angestri-
chenen Reichsbahnwaggons dritter Klasse zusammengepferch-
ten Menschen, die ihrem sicheren Tod entgegenfuhren, der
sich in der endlosen Weite verlierende Horizont. Vier Pfennige pro Kilometer betrug der Fahrpreis, den die Reichsbahn
dafür von ihnen erhob. Kinder unter zehn Jahren zahlten nur
zwei Pfennige, der Betrag wurde von den 100 Reichsmark
gleich abgezogen, die pro Person höchstens mitgeführt werden durften.

Seit meiner Kindheit war ich es gewohnt, die von lichten
Wäldern bestandenen Sandböden als eine Art Heimat zu betrachten. Jetzt aber verband sich der mir sonst so liebe Anblick
einer menschenleeren Landschaft mit dem furchtbaren Wissen, das die Geschichte uns hinterlassen hat. Mehr als alles
andere ist das sich im Raum verlierende Bahngleis zum Symbol geworden für die letzte Fahrt von Millionen todgeweihter
Menschen. Angesichts ihres Leides vermochte ich von dieser

Fahrt in der endlosen Natur nichts anderes wahrzunehmen als die Absicht, tausendfachen Mord ohne lästige Zeugen zu begehen.

All diese Empfindungen verdichteten sich zu einem intensiven Gefühl der Fremdheit, das mich während meines ersten Aufenthalts in Polen keine Minute verließ. In Kutno musste ich umsteigen. Kaum jemand außerhalb Polens kennt noch den Namen dieses mittelgroßen Städtchens, das aber schon immer ein wichtiger Eisenbahnknotenpunkt war. In Kutno lebten überwiegend Handwerker jüdischer Herkunft, deren größte Sorge es war, ihren täglichen Unterhalt zu erwirtschaften. In Kutno fand 1939 am Fluss Bzura die Entscheidungsschlacht im Kampf um Polen statt. Die 10. polnische Armee kapitulierte. Die Deutschen machten 170 000 Kriegsgefangene. In Kutno konnte danach niemand dem Naziterror entkommen. Das dortige Ghetto wurde wegen seiner untragbaren Zustände von den Deutschen »Krepierlager« genannt. Vom Bahnhof, einem Haltepunkt des Warschau-Express, wurde die jüdische Bevölkerung deportiert, jeder durfte nur ein kleines Handgepäck mitnehmen.

Als im August 1944 die Zeit der Todesmärsche beginnt, werden dreitausend Juden aus Warschau zu Fuß die hundertdreißig Kilometer hierher getrieben, die meisten nur in Holzschuhen. Zweitausend von ihnen überleben die Strapazen und werden in Viehwaggons nach Dachau transportiert. Woran denken wir eigentlich, wenn wir hören: Bahnhöfe, Gleise, Züge? Der jüdische Schriftsteller und KZ-Häftling Primo Levi berichtet: Nie mehr habe er verplombte Güterwagen sehen können, ohne von Angstgefühlen überflutet zu werden.

2008 stehe ich in der Frühjahrssonne auf einem bröckelnden Bahnsteig, in dessen Rissen Moos und Gras wächst, und lese auf rostfleckigen Emailleschildern: »Perron«, Bahnsteig. »Perron«, das Wort habe ich bisher nur von meiner Mutter gehört. Mit der Verwendung dieses vulgärfranzösischen Begriffs gibt sie sich als Osteuropäerin zu erkennen. Ich habe länger Aufenthalt. Der Fahrplan der Expresszüge ist unzureichend mit der Nebenstrecke koordiniert. Die mit mir Wartenden verstehen mich merkwürdigerweise nicht, als ich sie frage: »Lodz?«, um mich zu versichern, ob ich am richtigen Bahnsteig stehe. Heute weiß ich, dass mein »Lodsch« auf Polnisch so ähnlich wie »Wodsch« ausgesprochen wird und mit der Stadt von früher fast nichts mehr zu tun hat. Eineinhalb Stunden rumpelt der Bummelzug anschließend über die Dörfer. Dabei sind es nicht einmal achtzig Kilometer von Kutno nach Lodz. Jede Weiche, jede Schwelle ist auf dem ungedämpften Gleiskörper deutlich zu spüren, bei manchen Bocksprüngen schreien die Frauen im Abteil laut auf, als würden wir entgleisen.

Die schwierige Annäherung an den Ort meiner Vorfahren erscheint mir symbolisch. Nicht nur in meiner Vorstellung ist Lodz ein Ort im Nirgendwo, abgehängt von der Eisenbahnhauptstrecke und ohne direkten Autobahnzubringer. Unterwegs beobachte ich bei jedem Halt Krähenkolonien in den Bäumen. Ein im Westen so selten gewordenes Vorkommnis, dass ich die dunklen Knäuel in den Zweigen zunächst für Misteln halte. Einmal höre ich erst bei über einhundertzwanzig Nestern auf zu zählen. Angeblich soll selbst eine so riesige Ansammlung nur eine mittelgroße Brutkolonie sein.

Vom Kalischer Bahnhof aus – »Lodz Kaliska« heißt mein Ziel auf der Fahrkarte – ist die Familie Lange seinerzeit zu ihren Reisen aufgebrochen. Fuhren sie, wie damals üblich, für einige Wochen zur Sommerfrische in das mondäne Ostseebad Sopot, wurden Gisa und Eva am Abend mitsamt ihren eigenen Kinderbetten in den Zug verladen und erwachten am nächsten Morgen quasi direkt am Sandstrand. Meine Mut-

Gisa und meine Mutter in Sopot 1936

ter fürchtete im Übrigen diese Aufenthalte, die sie weg von ihrem geliebten Landsitz Rogi ans Meer verbannten. Der leere, weiße Strand ohne einen Stein oder eine andere Abwechslung, die sich zu entdecken lohnte, langweilte sie nach kurzer Zeit. Während ihre Schwester in der Gesellschaft anderer Kinder herumtobte, zog Eva sich zurück. Ihre einzige Unterhaltung bestand darin, so lange zu turnen, bis sie besonders die Großen mit den Verrenkungen ihres Körperchens zum Staunen brachte: Radschlagen, Spagat, Salto, Kopfstand. Und wieder von vorne, alles sollte Beifall klatschen.

Die beiden Schwestern waren schon als kleine Mädchen

völlig unterschiedlich. In eben jenem Seebad gelang es ihnen einmal, sich selbstständig zu machen. Hand in Hand gingen sie auf Abenteuerreise. Nach Stunden, als meine Großmutter einem Nervenzusammenbruch nahe und ganz Sopot bereits an eine Entführung glaubte, wurden die beiden Ausreißerinnen aufgegriffen und nach Hause gebracht. Zur Strafe wurde ihnen Kinderheim und Schlimmeres angedroht. Völlig ungerührt sagte Gisa: »Ich esse erst mein Hühnchen«, während meine sensible Mutter sich vor Angst übergab.

Eine historische Postkarte zeigt die Ansicht des Bahnhofs Kaliska mit einem weiten, ungepflasterten Vorplatz. Wie in Lodz damals üblich, war er mit Schlacke bestreut. Das mehrstöckige Bahnhofsgebäude mit seiner gewaltigen Treppe und den erhöhten Gleisanlagen wirkt fast wie eine ländliche Festung, auf deren Dach fröhlich eine Fahne flattert. Es wurde während der letzten Kriegstage durch Tieffliegerangriffe der Russen völlig zerstört.

Als ich nach langsamer Einfahrt durch das verwilderte Niemandsland längs der Gleise am frühen Nachmittag endlich ankomme, fragte ich mich bereits, warum ich eigentlich nach Polen gereist war. Der neue Bahnhof bot mir das Bild tiefster Verlassenheit, ja, ich hatte plötzlich Sorge, von diesem entlegenen Ort aus könne ich das Zentrum von Lodz niemals erreichen, obwohl es Luftlinie nur einen guten Kilometer entfernt ist. Die öffentlichen Verkehrsmittel wurden durch die Planer vom Bahnhofsplatz ausgeschlossen. Der Weg zu den Haltestellen von Tram und Bus über unebenes Gelände gleicht am ehesten einer Bergwanderung mit schwerem Gepäck.

Nachher ist es mir allerdings so erschienen, als wäre es viel zu plötzlich gewesen, dass ich mich in der einst so vornehmen Gdainska, der früheren Danziger Straße, wiederfand. Ich suchte nicht wirklich nach Haus Nr. 84, sondern ging einfach sehr aufmerksam die Straße entlang und machte mich bereit für die Begegnung mit der Vergangenheit, der ich entgegensah wie einem Schlag. Doch es war wie immer: Der lang erwartete Moment war viel schwächer als das Gefühl der Erwartung.

Ich hatte jetzt also all das vor mir, wovon sie immer erzählt hatten. Was sie seit damals nicht wiedergesehen hatten und dem sie so lang nachtrauerten. Doch ich konnte nur eine ziemlich schmale Seitenstraße erblicken. Sie musste geschrumpft sein, nachdem die rechtmäßigen Besitzer aus ihren Villen und Herrschaftshäusern vertrieben worden waren. Rachsüchtig malte ich mir aus, wie sich die Häuser gegen die Enteignung wehrten, indem sie ganz einfach allen Glanz verloren. Ihre vernachlässigten Mauern sogen sich voll Nässe, ihre Stiegen bogen sich unten den Fußtritten, ihre Dächer krümmten sich wie die Rücken magerer Tiere. Die verwitterten Ornamente, Säulen und Giebelchen ließen die neuen Eigentümer ihre drückende Armut umso stärker spüren.

Kein Wunder, dass es im sozialistischen Lodz immer wieder Pläne gab, die Altstadt komplett abzureißen. Weil niemand etwas mit den enteigneten Residenzen anfangen konnte, wurden viele der Bürgerpalais – wie auch das Elternhaus meiner Mutter – wenigstens als Vorschule genutzt. Bildung, so lernte der junge Lodzer, beginnt in einem Palast, mit Stukkaturen, Marmortreppen und Holztäfelungen. Mit ihren Familien wohnten sie auf engstem Raum, in vernachlässigten Mietskasernen, in geteilten Wohnungen, und sehnten sich nach ein bisschen Komfort und Modernität.

Ich erkannte das Haus der Langes sofort. Nach einer Schrecksekunde registrierte ich, dass alles genauso geblieben war wie auf einer jahrzehntealten, noch vor dem Fall des Eisernen Vorhangs entstandenen Aufnahme. Ein mittlerweile ziemlich ramponierter Stadtpalast, gebaut in einer Spielart des Historismus, der sich an den von Friedrich dem Großen geprägten Klassizismus anlehnte. Das betonte jedenfalls immer mein Großvater, wenn er Lust verspürte, mit seinem Elternhaus zu renommieren. Die Stuckornamente, soweit noch erhalten, hatten genau wie die ganze einst so gepflegte Fassade jenen penetranten schmutzig grauen Einheitsfarbton angenommen, der während des Sozialismus das Bild der Städte so nachhaltig geprägt hatte. Ich wartete, aber ich fühlte weniger, als ich erhofft hatte. Nichts von dem, was es hier zu sehen gab, kam auch nur annähernd an das heran, was ich aus den vielen Erzählungen über diesen Ort wusste.

Meine Mutter hatte die Fotos der alten Villa, die eine Schulfreundin 1980 auf einer Polenreise unter den üblichen schwierigen Bedingungen aufgenommen hatte, sogar immer versteckt, weil sie das schäbige Haus, vor dem ich jetzt stand, nicht zusammenbringen konnte mit der von ihr erlesen erinnerten Direktorenvilla. Sie schäme sich dafür, behauptete sie, was von dem einmal so eleganten Palais noch übrig sei. Ja, sie begann sogar, sich für ihre enthusiastischen Berichte von früher Vorwürfe zu machen, und klagte sich an, alles um ein Vielfaches übertrieben zu haben. Ihren Reichtum, die Größe der Fabrik, die Anzahl der Zimmer. Seit ihrer Vertreibung lag der Osten irgendwo auf der anderen Seite des Mondes, so entlegen, dass sogar die Vergangenheit anfing, sich zu verändern. Die wenigen Nachrichten, die von dort bis zu uns herüberkamen, waren mehr als zweifelhaft. Sie war auf alles gefasst, auf Zerstörung, auf Veränderung, nicht aber auf die Gleichgültigkeit gegenüber den Orten, an denen sie einmal glücklich war und die ich jetzt erlebe. Ja, sie hätte nicht einmal sagen können, was schlimmer wäre, das völlige Verschwinden der alten Plätze oder wie sie nun Stillstand und schleichendem Zerfall preisgegeben sind. Es ist alles so lange her. Nur aus den abblätternden Farbschichten des eisernen Hoftors neben ihrer Villa lässt sich noch zuverlässig die Zeit ablesen, die inzwischen vergangen ist.

Beide Schwestern, Eva und Gisa, lieben Häuser. Sie haben Häuser gebaut, Häuser gekauft und diese Häuser wieder verlassen. Aber es war nie mehr dasselbe. Bei der Flucht war etwas von ihnen für immer in ihrem Elternhaus zurückgeblieben. Diese müde Residenz mit einer altmodischen Rosette über dem imposanten Eingangsportal enthält das Mysterium ihrer einzigartigen Kindheit. Es verbirgt sich zwischen den Fußbodenritzen des Parketts, in den Nässeflecken an der Tapete, unter den Gilbspuren auf den Gardinen. Es zeigte sich in unzähligen emotionalen Nuancen, dem Rauschen der Klospülung, den Kratzern auf der Esstischplatte, dem leicht modrigen Geruch im Keller. Aus den Staubflocken unter dem Bett spannen die Töchter der Weber die feinen Seidenfäden ihrer Träume, die sie an die verlorene Heimat banden.

Seitdem Onkel Tomek, der Sohn von Manja Dorn, der einzigen überlebenden Schwester meines Großvaters, Anfang der siebziger Jahre eine Reise nach Polen unternommen hatte, war niemand aus der Familie hier gewesen. Er selbst hatte ziemlich beunruhigende Eindrücke von drüben mitgebracht, die er für meine Mutter, seiner Lieblingscousine, zu dem Fazit zusammenfasste: »Fahr nie mehr nach Lodz. Lass dir deine Erinnerung nicht zerstören!« (Er widersprach also ganz entschieden Vicky Leandros, die damals nichtsahnend trällerte: »Theo, wir fahr'n nach Lodz«, und damit einen Hit landete.) Unwissentlich sprach mein Onkel aus, was das eigentliche Thema meiner Geschichte ist. Wie retten wir unsere inneren Orte, die heiligen Plätze der Vergangenheit vor den zermürbenden Angriffen der Gegenwart?

Tomek Dorn hatte auf seine Weise die Familientradition

als Unternehmer fortgesetzt, war bei seinem Besuch in seiner Geburtsstadt längst australischer Staatsbürger und ein wohlhabender Businessmann in den besten Jahren. Als mittlerweile graumelierter Botschafter osteuropäischen Geschmacks vertrieb er weltweit Quark und saure Gurken und schwamm mit im australisch-amerikanischen *way of life* wie ein Fisch im Wasser. Hat nicht fast jeder Europäer einen reichen Onkel in Übersee? »Er ist jetzt«, sagte meine Mutter etwas verächtlich, »ein großer Puritz.« Bei solchen Gelegenheiten verfiel sie unversehens wieder in den sonst eigentlich verpönten Lodzer Slang. Tomek hatte die luxuriösen Vorkriegsgewohnheiten wieder aufgenommen, trug italienische Schuhe und englische Maßanzüge. Anlässlich seiner seltenen Besuche in der Heide bedachte er meinen Vater mit der jeweils aktuellen Nummer des *Playboy* und hinterließ bei seinem Abschied einen angenehmen Duft nach Juchten. Wenige Monate zuvor hatte er seine Mutter auf dem protestantischen Friedhof in Adelaide in Südaustralien beerdigt.

Unter dem Vorwand, eine Wanda sprechen zu wollen – etwas Besseres als dieser schlimmste aller Klischeenamen für Polinnen war ihm offenbar nicht eingefallen –, klingelte er wie ein Betrüger an der Tür des einstigen Familiensitzes der Langes. Tatsächlich gelang es Tomek, immerhin bis in die große Diele des Kinderheims vorzudringen. Was hatte er dort gesucht? Vielleicht wollte er ja nur sein Weltbild bestätigen und sich von den Verheerungen durch den Sozialismus überzeugen. Er fand die Eichentäfelung rosafarben überstrichen, die Gobelins aus den Rahmen geschnitten, den herrlich erinnerten Facettenspiegel zerstört. Meine Mutter konnte es kaum ertragen, ihm zuzuhören.

Natürlich rankt sich um den frühen Herztod von Tante Manjas Mann auch wieder eine bemerkenswerte Geschichte.

Der junge polnische Arzt mit Namen Dorn soll nämlich über einen längeren Zeitraum sehr schädliche Medikamente eingenommen haben, um nicht zur Armee eingezogen zu werden. Den Militärdienst konnte er auf diese Weise vermeiden, ruinierte sich aber die Gesundheit und hinterließ Frau und Kind ohne jede Versorgung. In ihrer Notlage beanspruchte Manja das gleiche Recht wie mein Großvater und kam wie er bei meinen Urgroßeltern unter. Die exaltierte und als zänkisch verrufene Manja – heimlich nannte man sie wegen ihrer Art frei nach den *Buddenbrooks* »Madame Grünlich« – bezog gemeinsam mit ihrem mageren und verzogenen Sohn Thomas (eben jenem Onkel Tomek) ihr altes Mädchenzimmer in der Belle Etage. Fortan verbarrikadierte sie sich in weißem Schleiflack gegen alle Anträge der Lodzer Junggesellenwelt. Dabei haben sich meine Urgroßeltern oft genug gewünscht, die schwierige Tochter möge wieder heiraten.

Ich hätte es genauso gut lassen können, aber ich mache es wie damals mein Onkel und dränge mich hinter einer Frau in das Haus, die wohl ihr Kind abholen will. Wenigstens kann ich jetzt sagen, dass ich drinnen gewesen bin. Einer Vorschulkindergärtnerin, die mir entgegentritt, stottere ich ein unbeholfenes: »Mama! Familie Lange!« vor. Eine raumgreifende Geste soll ihr begreiflich machen, dass dieses Haus einmal meinen Vorfahren gehört hat. Es ist gar nicht weiter schwierig. Sie führt mich bereitwillig durch die Etagen, öffnet Türen für mich zu Zimmern, von denen ich weiß, dass dies den Urgroßeltern, dies Tante Manja und dies meinen Großeltern gehörte. Ich versuche mir alles genau zu merken, den Rest erledigt die Kamera. Wieder einmal sehe ich das Naturgesetz bestätigt, demzufolge die Dinge proportional zu der Menge an verstrichener Zeit zu schrumpfen scheinen. Das Haus, in dem meine Mutter aufgewachsen ist, war bestimmt viel geräumiger gewesen. Die Wände waren auch nicht farbig gestrichen, sondern weiß.

Der Ort, der der Familie Lange ihr Herkommen beglaubigen sollte, glich am allermeisten einem Mausoleum zerstörter Träume. Was sie bis dahin nicht hatten, einen repräsentativen Sitz, der ihren gesellschaftlichen Aufstieg deutlich sichtbar beglaubigte, der Neubau eines Stadtpalais sollte das leisten. 1911 bei dem jungen Architekten Helmich in Auftrag gegeben, wurde der dreistöckige Bau erst 1914, vor Ausbruch des Ersten Weltkriegs, gerade noch fertig. Aber er wurde gar nicht erst bezogen. Meine Urgroßmutter befürwortete es, die Kriegsjahre mit ihren Töchtern in Kopenhagen zu überwintern. Als sie endlich nach Hause zurückkehrte, hatte der Niedergang bereits begonnen. Vielleicht lag es an dem ganz und gar missglückten Anfang, dass die Villa später von niemandem wirklich gemocht wurde. Der ausführende Architekt hatte jedes Detail – Einbauten, Tapeten, Vorhänge, Türklinken, Teppiche und Möbel – selbst entworfen und in einem großen Buch festgehalten. Sogar die Vorhänge mit jenen Kränzen oder Ringgirlanden verziert, nach der die ganze Epoche später den etwas abwertenden Namen Zopfstil erhielt. Darüber ist viel erzählt worden, ohne dabei verbergen zu können, dass der Stadtpalais schon immer eine Nummer zu groß wirkte. Eigentlich war es eine Rokokoverkleidung, mit der die Langes eine aristokratische Abstammung eben nur vortäuschten.

Vom Vordereingang führten Marmorstufen nach oben in den Empfang. Die Besucher kontrollierten ein letztes Mal ihr Aussehen in dem weißgerahmten Spiegel. Flüchtig streiften ihre Blicke die hellblauen Seidentapeten, wenn sie auf den Bänken ihre Schuhe wechselten. Dann traten sie in die Diele. Sie war für große Empfänge gebaut, für bunte Tanzabende, mit der Absicht, der Lodzer Geldaristokratie die Töchter zu präsentieren.

Im weichen Licht der Kristalllüster sollen die Frauen besonders schön ausgesehen haben. Aber niemand kann sich daran erinnern, dass dort jemals getanzt wurde.

Das Erdgeschoss hatte mein Großvater mit seiner Frau Gertrud und den beiden Töchtern Gisa und Eva bewohnt. Nie hatte er es geschafft, einen eigenen Haushalt zu gründen. Die großartig angelegte Zimmerflucht war nach seiner Hochzeit durch geschickt eingezogene Zwischenwände unterteilt worden. Aber auch dreihundert Quadratmeter waren längst nicht weitläufig genug, um sich vor den schweren Schatten der eignen Unzulänglichkeit zu verstecken. Noch schwerer aber wog für meinen Großvater das Gefühl der Schuld, weil er den an ihn gestellten Erwartungen nicht gerecht wurde.

Diese geschwungene Treppe, die ich hastig meiner Führerin hinauffolge, war die zehnjährige Gisa herabgeschwebt. In eine weiße Spitzengardine gehüllt, sang sie unter dem Beifall der Gäste Zarah-Leander-Lieder: »Eine Frau wird erst schön durch die Liebe«, während meine Mutter sich traurig und unbeachtet unter dem großen Esstisch versteckte. Der pikante Auftritt sprach sich schnell herum. Es war ein richtiger Skandal, fast wäre Gisa vom Deutschen Gymnasium geflogen. In dem geschliffenen Kristallglas der zweiflügeligen Dielentür bricht sich das einfallende Sonnenlicht noch immer zu einem Regenbogen. So wie damals, als Gisa wie berauscht von ihrem eigenen Spiegelbild durch die Lichtkaskaden tanzte. Auf dem roten Marmorsims über dem englischen Kamin war der Platz für eine große Meissner Vase sowie rechts und links je eine bronzene Reiterstatue gewesen. Diese Stücke hatte mein Großvater von seinen Auslandsreisen mitgebracht.

Draußen sind die mächtigen Akazien verschwunden, abgeholzt auch die Linden. Im Anblick des lichtgrünem Blattwerks hatte meine Großmutter Trost gesucht, als sie nach einer schweren Geburt mit meiner Mutter im Wochenbett lag. Das prächtige Schieferdach war der Stolz der Erbauer gewesen, es ist durch ein schäbiges Blech ersetzt worden.

Auch Onkel Tomek – oder Tomczu, wie meine Mutter ihn manchmal im Überschwang nannte – hielt sich nicht lange mit Sentimentalitäten auf, schüttelte den Staub von seinen Schuhen und kehrte zurück in den freien Westen. In den siebziger Jahren des 20. Jahrhunderts war Lodz eine sterbende Stadt, die nichts wollte, als die Vergangenheit vergessen.

Der Rundgang während eines Nachmittags belehrte mich darüber, dass man niemals zurückkehren sollte.

3

Meine Mutter hasste es, wenn die Sommerferien zu Ende gingen und sie wieder in der düsteren Stadtwohnung eingesperrt war, anstatt frei auf den Wiesen von Rogi herumzustreifen. Wie alle Kinder, die in einer bedrohlichen Umgebung aufwachsen, hatte sie gelernt, sich unsichtbar zu machen. Eva versteckte ihr Gesicht hinter einer braven Miene und die wilden Locken mit einer Scheitelfrisur. Sie konnte das Aussehen ihrer Umgebung annehmen, bis man sie kaum noch wahrnahm. Entsetzliche Dinge gingen vor, die man vor ihr verheimlichen wollte, das spürte sie. Sie lernte zu schleichen wie ein kleines, wildes Tier. In ihren Verstecken belauschte sie, was die Erwachsenen zu sagen hatten. In ihrem kurzen Hängekleidchen drückte sie sich unbemerkt an die Tür zum Wohnzimmer und weinte. Sie wusste selbst nicht, ob aus Mitleid oder aus Scham über ihren Vater, der nunmehrige Volksdeutsche »Erster Klasse« mit blauem Ausweis, der seine Töchter zum Besuch der Oberschule berechtigte und zum Verweilen im vorderen Teil der

Straßenbahn. (In der Ideologie der Nationalsozialisten gehörten die im Ausland lebenden »Volksdeutschen« als Muttersprachler zwar zum deutschen Volk, wurden aber gegenüber den aus Deutschland stammenden »Reichsdeutschen« als Menschen zweiter Klasse angesehen.)

Der immer noch wohlhabende Industriellensohn saß auf der Coach, rang die Hände, schlug sich an die Stirn und jammerte: »Ich bitte Sie, meine Herrschaften! Was soll ich nur tun?« Das Letzte wiederholte er mehrmals, ohne eine Antwort zu erwarten. Polnische Bekannte mit dem deutschen Namen Frank waren zu Gast. Ihre Tochter Bärbel war die beste Freundin meiner Mutter. Das Ehepaar balancierte angespannt auf den Sesselkanten und flehte meinen Großvater an, ihnen zu helfen. »Was haben wir denn getan, dass man uns aus unserer Wohnung an der Petrikauer werfen will?« Vergebens, mein Großvater konnte nichts tun. Oder soll man sagen, er hatte nicht die Courage, sich für die polnischen Freunde einzusetzen? Trotzdem häuften sich diese kläglichen Auftritte, bei denen die von der unbarmherzigen ethnischen Säuberungspolitik der Nationalsozialisten bedrohten Freunde und Bekannte von einst den vermeintlichen Einfluss meines Großvaters suchten. Als nicht »eindeutschungsfähig« eingestuft, waren sie allen nur erdenklichen Repressionen ausgesetzt. Umsiedlung in schlechtere Wohngebiete, Deportation, Erniedrigung, zuletzt physische Vernichtung durch Aushungern oder Mord. Ihre ehemaligen deutschen Nachbarn schauten dabei zu. Schlimmer traf es nur noch die jüdische Bevölkerung.

Mein Großvater hat auf der ganzen Linie versagt, aber darf man ihn heute dafür anklagen? Ich weiß es nicht. Für seine Nöte und die Nöte seinesgleichen, die zwischen den Fronten zerrieben wurden, gab es keine Sprache und kein Gehör, weder damals noch heute. Zuletzt waren sie als Volksdeutsche die großen Verlierer des Krieges und trugen schwer an ihrem versteckten Groll, durch Flucht und Vertreibung stellvertretend für die Untaten der Deutschen büßen zu müssen. Die Weltgeschichte stellte Karl Lange, der es immer vorgezogen hatte, allen Schwierigkeiten aus dem Weg zu gehen, an die vorderste Linie. Und er musste alle Qualen von jemandem erleiden, der sich selbst für seine Schwäche verachtete.

Wir wissen nur selten, wann der Anfang vom Ende beginnt. Doch das Gedächtnis meiner Mutter lieferte mir ein genaues Zeugnis für die Ereignisse vom 8. und 9. September 1939. Den Tag über war noch vereinzelt Gefechtfeuer zu hören gewesen. Doch am Abend des Achten wurde es auf einmal ganz still. Nur eine Woche und ein Tag, nachdem Deutschland ohne vorherige Kriegserklärung in Polen eingefallen war, zogen die ersten Einheiten der siegreichen Wehrmacht in Lodz ein. 2600 Unternehmen produzierten in der Stadt. Der Wald der Schlote hatte aufgehört zu rauchen, die Fabriken standen still.

Die »Armee Lodz« unter Führung von General Juliusz Rómmel leistete keinen Widerstand mehr gegen die 8. und 10. von Norden und Süden vorstoßende deutsche Armee und zog sich überstürzt Richtung Warschau zurück.

Am nächsten Morgen schaute meine Mutter zu, wie die von überall her aus dem Nichts auftauchenden Soldaten das Fabrikgelände der »Gebrüder Lange AG« besetzen und im Hof ein ambulantes Lazarett einrichten. Armeelastwagen um Armeelastwagen fahren durch das große Tor auf den verödeten Hof. Es handelt sich um ein Areal von etwa einem Hektar. Die Besatzer entfalten eine für die Deutschen charakteristische geschäftige Aktivität. Damals, so berichtete meine Mutter später, seien dem elfjährigen Kind, das sie war, die deutschen Soldaten groß und beeindruckend vorgekommen. Furcht verspürt sie in diesem Moment nicht. Als die Soldaten ihren sehnsüchtigen Blick bemerken, schenken sie ihr die Sammelbildchen aus den frisch aufgerissenen Zigarettenpackungen. Sie wünschen sich, dass sie lächelt, aber die Skepsis bleibt in ihren ernsten Augen. Süßigkeiten möchte sie ebenfalls nicht annehmen.

Sofort soll das Kraftwerk wieder in Gang gesetzt werden. Eva registriert, wie ein deutscher Offizier einen zitternden Polen beim Koksschleppen fertigmacht. Er bricht beim Tragen der schweren Eimer fast zusammen. Eva kann kaum gehen. Sie ist an einer lebensgefährlichen Furunkulose erkrankt, die extrem schmerzhaften Geschwüre hatte der Hausarzt erfolglos mit Pferdemist und Urin behandelt. Schließlich wurde geschnitten. Trotzdem war sie, angelockt von dem gewaltigen Auftrieb, die wenigen Meter von ihrem Haus bis in die Fabrik gehumpelt. Ein Militärarzt beugt sich über sie und untersucht ihr Bein und verbindet es neu. Heute sind nur noch zwei kleine weiße Narben in der Kniekehle zu sehen, fast ebenso verblasst wie die Erzählung eines Kindes über einen Spätsommertag im September 1939, als sein Universum aufhörte zu existieren. Aber so wie Narben immer beides sind, Wunde und Heilung, lässt auch diese Erinnerung an die hochgewachsenen deutschen Soldaten die verzweifelte Anstrengung ahnen, mit der sich ein kleines Mädchen auf die Seite der Sieger wünschte, obwohl es damals schon spürte, dass es am Ende alles verlieren würde.

Auch sah Eva ihren Vater heimlich weinen und die Fäuste ballen. Er wusste, dies war die Stunde ihres Sündenfalls. Auf dem Fabrikhof aber trug Karl Lange vor den neuen Herren eine untertänige Miene zur Schau. Von nun an würden sie die Komplizen von Verbrechern sein. Die dunkle Seite, mit der sich der Krieg näherte, hielt Evas Gedächtnis später gnädig vor ihr verborgen. Sie vergaß die ersten Toten der Okkupation, die apokalyptischen Bilder von Verwundeten, die Qualen der Sterbenden. Ja, es wollte ihr später so vorkommen, als hätte es fast keinen Krieg gegeben. Tatsächlich aber hatte Polen, bis Warschau am 28. September kapitulierte, an die 100 000 Soldaten verloren, 130 000 waren verwundet, 400 000 in Gefangenschaft. Zum Vergleich: Die Deutschen gaben ihre Verluste mit 10 500 Toten, 3500 Vermissten und 30 000 Verwundeten an.

Die Leidenszeit der polnischen Bevölkerung begann jetzt erst richtig. Der westliche Teil Polens wird zusammen mit der Industriezone um Lodz als »Reichsgau Wartheland« vom Deutschen Reich annektiert, mit dem barbarischen Ziel einer vollständigen »Entpolonisierung«. Das war das Unwort für den Genozid an der polnischen Bevölkerung. Ausfluss der größenwahnsinnigen Bevölkerungspolitik der Nazis zur Gewinnung »neuen Lebensraums im Osten«. Wer nicht ermordet oder in die Zwangsarbeit verschleppt wird, dem droht die Deportation in das Generalgouvernement, wie die Deutschen den östlichen Teil Polens nannten. Die unterdrückte Angst, die Ohmacht und der Hass, der sich beim Zusammenbruch des Gewaltregimes gewaltsam Luft machen wird, waren auch im schönen Gehege der Danziger Straße zu spüren. Fast sahen es die Langes für einen Akt des zivilen Ungehorsams an, dass sie ihre polnischen Mädchen bis zu deren Zwangsverpflichtung in den »Volkssturm« bei sich behielten. Die zarte Socha, die schön Henja, Gisa und Eva hingen an ihnen mit der gleichen Zärtlichkeit, mit der sie im Geheimen alles Polnische kultivierten.

Doch mit den Tränen und ohnmächtig geballten Fäusten der Verlierer war der allen Beteiligten endlos erscheinende 9. September 1939 noch nicht zu Ende. Die ungeschriebene Chronik der Verzweiflung verzeichnet noch weitere Zumutungen für diesen Tag. Kleine und große.

Das gurrende Lachen der Frauen. Wie meine immer noch junge Großmutter ließen sie sich, geblendet von so viel galanter Männlichkeit, von den SS-Ärzten den Hof machen, die sich für einige Wochen im Haus der Langes eingenistet hatten. Ihr Anführer, ein gewisser Doktor Schwarz, war ein ausgezeichneter Klavierspieler und unterhielt sein vornehmlich weibliches Publikum mit Walzermelodien. Die Töchter wurden nach diesem Tag monatelang vom Schulbesuch ausgeschlossen. Das Deutsche Gymnasium, dessen feine Schuluniform Gisa und Eva so gut gestanden und deren gestreiften Matrosenkragen sie so stolz getragen hatten, wurde geschlossen. Als »Volksdeutsche« dürfen sie erst im darauffolgenden Frühjahr wieder eine Schule besuchen, eine andere. Nämlich eine viel weniger renommierte Oberschule zusammen mit sudetendeutschen und baltendeutschen Mädchen, deren fanatische Naziväter die frei gewordenen Posten in Verwaltung und Industrie besetzten. Für die polnische Jugend war von nun ein Unterricht von höchstens vier Jahren Volksschule erlaubt. Lesen sollten sie möglichst gar nicht erst erlernen.

Mit einer gewissen Genugtuung stelle ich heute fest, dass Lodz im Deutschen Reich zunächst als Hochburg für »Renegatendeutschtum, Judentum und Kosmopolitentum« galt und ziemlich misstrauisch beäugt wurde, dementsprechend sollte es auch zunächst dem Generalgouvernement für die besetzten polnischen Gebiete zugeschlagen werden. Die Tragik lag in der Rolle, die der nach Warschau bedeutendsten Industriestadt Polens bei der »Eroberung des Ostraumes« von den Nazis zugedacht war. Aus dem »Gelobten Land« meiner Vorfahren wurde die »Verfluchte Stadt«. Schon am 21. September ergeht die Anordnung Reinhard Heydrichs, Leiter des Reichssicherheitshauptamtes, dem die SS und der SD, der Sicherheitsdienst, unterstellt sind, zur Bildung von Ghettos in den besetzten Ostgebieten. Über 230 000 Juden werden in Lodz zusammengepfercht und von der übrigen Stadt abgeriegelt. Über die Zgierska-Straße, die das Ghetto durchschneidet, wurden hölzerne Fußgängerbrücken gebaut. Meine Mutter rollte mit dem Zweispänner darunter hindurch, wenn sie hinaus aus der Stadt, hinaus auf den Landsitz Rogi gefahren wurde.

Das Ghetto in Lodz ist ein Arbeitsghetto, es stellt – was auch sonst in Lodz – vorwiegend Textilien her. Es arbeitet für die Wehrmacht, für das Reich, bis das Ghetto von Lodz, das letzte Ghetto ist. Erst im August 1944 wird geräumt, die Transporte gehen direkt ins Gas. Zuvor wird Lodz germanisiert, in Lodz machen Reichsdeutsche Karriere, in Lodz werden Deutsche mit dem enteigneten Vermögen von Juden und Polen steinreich. Lodz wird auch zum Experimentierfeld der Vernichtung des »Polentums«, was sich besonders gegen die Intellektuellen richtet, die systematisch bekämpft und ausgemerzt werden. Der Name Lodz wird erst in »Lodsch« eingedeutscht, danach von der Landkarte getilgt. Ab April 1940 wird die Stadt nach dem im Ersten Weltkrieg in der Kesselschlacht von Lodz siegreichen General Karl Litzmann Litzmannstadt heißen.

Zu den vielen Dingen, die an diesem 9. September für immer zu Ende gingen, gehörte auch die Webstuhlfabrik der »Gebrüder Lange«. Ein Stein hätte nicht unbeweglicher sein können als mein Urgroßvater Wilhelm Lange. Auf seinen Stock gestützt, stand er in einer Ecke des weiten Fabrikhofes. Die Deutschen mochten ihn für einen Polen halten, klein, angetan mit altmodisch schwarzer Weste und Jacke, wie immer trug er ein gestärktes Hemd und eine dunkle Krawatte. Ein schöner Greis mit vollem weißen Haar und einem Spitzbart, wie wir ihn von Sigmund Freud kennen.

Mit argwöhnischem Vogelblick betrachtete er die vielen

Mein Urgroßvater Lange ca. 70 Jahre alt

fremden Soldaten, er verfolgte die Spuren der Lastwagen auf dem sandigen Boden, wachsam schätzte er die Zahl seiner Feinde ab. Er lauschte ihren schneidigen Stimmen, aber er schwieg und überließ das Reden seinen beiden Kindern. Weil sein Sohn, mein Großvater, der Karle, zu schwach war, führte die gestrenge Manja das große Wort. Sie, die schwarze Witwe eines polnischen Arztes, wird versuchen, auf irgendeine Weise das Vermögen der Familie zu retten. Eine Pflicht, deren Ausübung ihr den Widerwillen und die Aggression der übrigen Verwandtschaft einbringt. In der Fabrik war ein Machtvakuum entstanden. Reichsdeutsche rangelten sich um einen Vorstandsposten. Wie sich schnell herausstellte, protegierte Tante Manja stets die Falschen. Nur allzu gerne fiel sie auf Glücksritter herein, die versuchten, sich die augenscheinlich führungslose »Gebrüder Lange AG« für einen Apfel und ein Ei unter den Nagel zu reißen. Mein immer noch wachsamer Urgroßvater konnte gerade noch das Schlimmste verhindern. Er kaufte ganz einfach die Aktien zurück.

Viele der polnischen Arbeiter hatten sich der »Armee Lodz« angeschlossen, waren getötet, gefangen genommen oder gleich in die Zwangsarbeit verschleppt worden. Die Fabrikanlagen lagen verwaist, auf dem geschotterten Hof wehten Staubfahnen, die Viererreihen erblindeter Fenster blinzelten trübe in die Sonne. Die Zeit des großen Vogelzugs nach Süden war gekommen. In Schwärmen sammelten sie sich auf den Feldern, kreisten über der Stadt. Binnen Stunden war aus Wilhelm Langes Lebenswerk eine Ruine geworden. Eine plötzlich veraltete Anlage, bestehend aus mehreren großen Backsteinhallen, die meisten waren von ihm selbst errichtet worden. Der Bau des Lastenaufzugs, der die südliche Montagehalle deutlich überragte, wäre ihm 1894 beinahe zum Verhängnis geworden. Bei einem Kontrollbesuch stürzte er in den ungesicherten Schacht, ganze zwanzig Meter in die Tiefe. Er erlitt lediglich einen Nervenschock. Seinen Humor verlor er aber nie. »Aber Wilhelm, wie bist du denn gefallen?«, soll seine herbeigerufene Ehefrau Emilie gejammert haben, ehe man ihn wegtrug. Und er: »Von oben nach unten.« Obwohl sein rechtes Bein durch eine in jungen Jahren überstandene Kinderlähmung stark verkürzt war, blieb der Unfall ohne große körperliche Folgen. Die angegriffenen Nerven kurierte er bei einer jährlichen Bäderreise nach Bled im heutigen Slowenien. Sein Ältester, mein Großvater, durfte ihn begleiten und an den Licht-Luftkuren teilnehmen. So war Wilhelm Lange dreiundachtzig Jahre alt geworden – und alles schon einmal erlebt. Die Deutschen hatten im August 1914 Lodz eingenommen und danach einen Großteil der Industrieanlagen demontiert.

Besonders scharf waren sie auf die Kupfer- und Messingteile der Produktionsmaschinen gewesen. Mit der Wiederkehr des ewig Gleichen schloss sich ein weiterer Lebenskreis und führte ihn an den Tiefpunkt zurück, den er nach dem Ersten Weltkrieg so glänzend überwunden und seine Maschinenfabrik zu neuen Höhen geführt hatte. Ob es nur Resignation war, die den Patriarchen verstummen ließ, oder, wie es seine Enkeltochter Eva empfand, einfach die Entrückung des Alters, die es zunehmend wichtig machte, regelmäßig ein kräftiges Frühstück einzunehmen, mit gutem Honig und selbstgemachtem Holunderbeerengelee (dazu schnurrte leise der Samowar) – jedenfalls beteiligte sich Wilhelm Lange nicht an den Unterhandlungen des »Bürgerkomitees«, um die Nazis davon abzuhalten, sämtliche Industrieanlagen nach Deutschland zu demontieren. Die von der Lodzer Textilindustrie auf Anraten der polnischen Regierung für mehrere Jahre auf Vorrat gehamsterten Baumwollvorräte waren sofort beschlagnahmt worden und sollten nach Bremen verlagert werden. Die Lage war verzweifelt. Nach den ursprünglichen Plänen sollte die Grenze des Generalgouvernements westlich der Textilmetropole verlaufen. Das hätte die Zerschlagung aller wirtschaftlichen Grundlagen zur Folge gehabt, den totalen Ruin. Erst das Komitee konnte die nach Lodz ausgeschickten Prüfungsbeamten von der Bedeutung der ansässigen Industrie überzeugen, und die Stadt wurde dann doch noch dem Warthegau zugeschlagen und dem Deutschen Reich eingegliedert. Es war ein Aufschub von sechs Jahren, am Tag der Befreiung tobte die Rote Armee wie ein Sturmwind durch die Stadt und trieb alles vor sich her, was mit den Deutschen und dem Deutschtum zu tun hatte. Die ehemals zweitgrößte Bevölkerungsgruppe der Lodzer Judenheit bestand nur noch aus achthundert Menschen.

1939 wurden also die Rohstoffvorräte in der Stadt belassen und sogar zu einem Stopppreis bezahlt. Wie die Lodzer Industriellen das angestellt haben und wie sie bei der kurz danach von Hermann Göring eingesetzten »Haupttreuhandstelle Ost« durchsetzten, dass die Betriebe in deutschem Besitz ihre Produktion zum Teil fortführen durften, davon steht in Otto Heikes Buch *Aufbau und Entwicklung der Lodzer Textilindustrie* nichts. Dafür lässt sich zwischen den Zeilen seines Berichts über die »Zeit des Zweiten Weltkrieges 1939–1945« herauslesen, wie zwiespältig die Haltung der Lodzer Deutschen gegenüber den Nationalsozialisten war. Einerseits fühlten sie sich in ihrer eigenen Existenz bedroht, andererseits sorgten Beschlagnahme und Enteignung dafür, die Konkurrenz durch jüdische und polnische Textilunternehmen auszuschalten. Planungsvorgabe der Nazis für die »zur Erhaltung vorgesehener Betriebe« war eine rasante Modernisierung und technische Vervollkommnung, alles andere wurde verschrottet. Das Resultat war ein extremer Konzentrationsprozess. In Zahlen ausgedrückt: Von den 2600 bei Kriegsbeginn eingetragenen Unternehmen wurden 1600 gleich geschlossen. Im Frühjahr 1941 waren nur noch hundertvier volksdeutsche und zweihundertzehn kommissarisch geführte Betriebe übrig.

Auch die »Gebrüder Lange AG« gehörte als Maschinenfabrik zu den Firmen, die nach anfänglicher Stilllegung unter einem Verwalter weitermachen durften. Allerdings hat nie wieder ein Webstuhl die Werkstore verlassen. Stattdessen wurden kriegswichtige Güter produziert, angeblich landwirtschaftliche Maschinen. Aber es würde auch niemanden wundern, wenn es doch Waffen gewesen wären.

Drittes Kapitel

»Und der Haifisch, der hat Zähne«

1

Niemand in der Familie hatte bis zu meiner Reise nach Lodz gewusst, ob von der Fabrik überhaupt irgendetwas stehen geblieben war. Meine Mutter vermutete, dass die Hallen gesprengt und das große, wegen seiner zentralen Lage wertvolle Areal neu bebaut worden sei. Umso mehr überrascht es mich, dass doch ein Teil der alten Anlage den Krieg und die Jahrzehnte überlebt hatte. Von einem hohen Zaun halb verdeckt, kann ich zwei mächtige Backsteingebäude ausmachen. Mein aufwallendes Glücksgefühl wich aber bald einer ziemlichen Ernüchterung. Besonders als ich von älteren Lodzern erfahre, dass sie sich noch gut an das große Eckgebäude der Firma »Bracia Lange« (»Gebrüder Lange«) erinnern konnten. Vor allem deswegen, weil nach dem Krieg im Haupteingang und im Hof der städtische Blumenmarkt untergekommen war. Die Frauen vom Lande standen dort in bunten Lowitzer Röcken und boten ihre Sträuße feil. Das war so Brauch, bis nach einem verrückten Plan der sozialistischen Regierung alle Straßen der Altstadt verbreitert werden sollten und deshalb in den siebziger Jahren das Hauptgebäude der Maschinenfabrik abgerissen wurde. Völlig sinnlos, nichts von den ursprünglichen Plänen wurde realisiert.

Ein eigenartiger Zauber geht von dieser Fabrikruine mitten im Zentrum von Lodz aus. Soweit die Scheiben nicht eingeschlagen sind, spiegeln sich die Wolken in den schmalen Fenstern. Innen wartet dunkel das Nichts. Seit Jahren harren die Hallen reglos aus in Erwartung eines Wunders, während sie langsam zerfallen. Nutzlos geworden und aufgegeben, hat die Hinterlassenschaft meiner Vorfahren keine erkennbare Bedeutung mehr. Die Fabrik ist ein Ort außerhalb der Zeit, eine andere Daseinsform, an der das Erstaunlichste ihr unendlich langes Siechtum ist. Die Lodzer schauten seit Kriegsende dabei zu, ohne auch nur den Versuch zu machen, die an jeder Ecke der Altstadt anzutreffenden ausgedienten Fabriken aus ihrer Starre zu erlösen. Trotzdem bewiesen diese, während die Sonne auf sie niederschien, der Regen heruntertropfte, sich der Frost in die Steine fraß, der Wind an den Dächern zerrte, der Rost die Dachrinnen zerlöcherte, eine wunderbare Widerstandskraft. Die Erosion durch die Witterung hat bei den Plattenbauten aus der sozialistischen Ära nach nur zwanzig oder dreißig Jahren schon viel stärker zugepackt.

Ich fotografiere die Reste der »Fabrik« durch die Maschen des Drahtzaunes. Warum habe ich Herzklopfen? Warum tue ich es heimlich wie ein Dieb? Ich verstehe mich selbst nicht. Die vom Alter dunkel gefärbten Gebäude sind im wilden Licht dieses Nachmittags Monumente, die Größe und Vergänglichkeit menschlicher Anstrengung bezeugen. Die Nachgekommenen begnügten sich mit einer Ansammlung von Schuppen und unordentlichen Werkstätten. Das Schild der Diskothek »Rivera« prägt sich mir besonders ein, weil ich mich frage, auf welchem Wege die Gäste in das umzäunte Areal gelangen. Im gegenüberliegenden Teil des Eckgrundstücks an der Seite der Andrzeja, jetzt in Struga umbenannt – die Straßennamen von Lodz wechselten öfter als seine Herren –, sind Bauarbeiter gerade dabei, ein neues Betonfundament zu gießen. Aus den Trägern ragen störrisch die Moniereisen nach außen. Während ich dabei zuschaue, wie das Erdreich unter dem Beton verschwindet, ist mir zumute, als wäre ich zu spät gekommen und würde noch in letzter Minute um die Vergangenheit betrogen. Falls Sie aber wissen wollen, wo Lodz am allertraurigsten ist, dann heißt meine Antwort: Nicht da, wo Zerstörung und Verfall die Vergangenheit bedrohen. Nein, am allertraurigsten ist Lodz dort, wo es neu aufgebaut wurde.

Niemand, ich schon gar nicht, werde das Werk, die »Fabrik«, retten können. Doch je mehr es der Verwilderung preisgegeben wurde, desto stärker wurde es von Mythen überwuchert. Das Einzige, was ich tun kann, damit die alten Stätten nicht ganz vergessen werden, ist, die Legenden über sie weiterzuerzählen.

Ich glaube, mein Großvater sah es als Fügung an, dass er nach der Flucht in Erfurt einen alten Freund aufsuchte, just in dem Moment, als der eine Jubiläumsausgabe der *Lodzer Zeitung* ins Feuer werfen wollte. So konnte er gerade noch verhindern, dass die Reproduktion einer historischen Werbung der »Webstuhl- und Maschinenfabrik Gebrüder Lange« mit verbrannte. Die Bildtafel zeigte die Fabrik in ihrem ursprünglichen Zustand und war für ihn umso kostbarer, weil er damit das einzige noch erhaltene Dokument darüber in den Händen hielt. Karl Lange brachte am Rand des Nachdrucks sorgfältig Erläuterungen an. Sie gipfeln in dem bitteren Kommentar: »Unzerstört fiel das alles den Polen in die Hände.« Eine gerahmte Kopie des Blattes hängt heute neben Gisas Schreibtisch.

Aber wie der Lauf der Dinge will, so ist auch diese traurige Bemerkung längst Geschichte. Denn wie gesagt, die meisten Fabrikgebäude existieren seit 1970 nicht mehr. Die von meinem Großvater angefertigte Bildlegende wirkt auf mich deshalb wie die imaginäre Karte eines verschwundenen Kontinents. Ganz im Westen verzeichnet sie ein »W« für das »2-Familien-Wohnhaus« an der Gdanska, östlich davon durch einen großen Hof getrennt, die Nummer 1 war die »Graugie-ßerei mit drei Koksöfen«, daneben Nummer 2, »die Tischle-rei«, dahinter 3, »der Holzlagerraum«, alles in massiver Ziegelbauweise. Habe ich schon berichtet, dass dort Dohlen in Scharen brüteten? Sie waren so zutraulich, dass sie kaum auf-flatterten, wenn man ganz plötzlich aus dem Hellen in die dunklen Hallen trat. Die klugen, schwarzen Vögel fühlen sich am wohlsten in alten Gemäuern und vermehrten sich präch-tig. Nummer 4 sind die großen Montagesäle, sie reichten bis vor zur Parallelstraße der Gainska, der Kościuszki-Straße. Diese Gebäude sind teilweise erhalten, ebenso wie Trakt Num-mer 5. Dort wurden Webutensilien hergestellt, die Zwirnerei für die Garne befand sich darin und die Kartenschlagesäle für die Lochkarten der Jacquardmaschinen. Das seit den siebzi-ger Jahren nicht mehr existierende Eckgebäude Nummer 6 beherbergte nach Angaben meines Großvaters außer Tante Berthas Wohnung die »Eisen-Hoblerei, Fräserei und weitere Montagesäle«. Über die »Räume für Techniker und der Buch-halterei« vermerkte er, lebensfremd wie er nun mal war, es sei »uninteressant, wo sie sich befänden«. Zahlen und Bilanzen waren ihm egal.

Nicht eingezeichnet, aber trotzdem zu sehen: die Hofecke, an der mein Urgroßvater seine Emilie zum ersten Mal küsste. Die Stelle, wo mein Großvater endlich lernte, Hochrad zu fah-ren, die Stelle, wo mein Urgroßvater stand, als er erfuhr, dass sein zweiter Sohn Georg im Ersten Weltkrieg gefallen war. Die Stelle, wo Eva und Gisa immer hinpinkelten, die Stelle, wo sie ein totes Eichhörnchen begruben, die Stelle, wo meine Groß-mutter in Ohnmacht fiel, als sie feststellte, wie mager die Bein-chen meiner Mutter nach ihrer Blinddarmoperation waren.

Kann es sein, dass man die klare rechtwinklige Musterung

Die Fabrik um 1900

einer Karte als real empfindet, die zufälligen Details eines Ortes als chaotisch und sinnlos? Als ich später im Stadtplan von Lodz links neben der Kreuzung der Gainska und Struga-Straße ein lindgrün eingefärbtes Rechteck – lindgrün für »Industrieanlagen« – entdecke, empfinde ich fast so etwas wie einen kleinen Triumph. Ich wundere mich nur, dass mir die kleine helle Fläche nicht schon früher aufgefallen war. Beglaubigt sie doch bis heute Lage und Größe der einstigen Webstuhlfabrik »Gebrüder Lange«. Sie in das Lodz von heute hineinzuprojizieren, dafür reichte meine Vorstellungskraft aber nicht aus. Stattdessen lerne ich den Stadtplan zu entziffern. In den Tagen meines Besuches wird der ständige Griff danach zum wichtigsten Akt der Selbstversicherung in einer fremden Umgebung, von der ich dauernd das Gefühl habe, sie versuche mir den Zugriff auf ihre Geschichte zu verweigern. Die Risse und Knicke, der kleine Kaffeefleck auf dem dünnen Papier, sind die wortlosen Kommentare zu meiner Spurensuche. Wenigstens aus dem Plan kann ich die verschwundene Vergangenheit herauslesen. Er ist mein Führer durch ein verlorenes Territorium, wenn ich mich frage, welche Wege sie wohl gegangen sind, in welchen Läden sie eingekauft haben, wie weit der Schulweg von Gisa und Eva war, wohin meine Großmutter eilte, um bei ihren eigenen Eltern Trost zu finden, wo die Jüngste meiner Urgroßeltern begraben liegt. In der Gegenwart sind die Straßen überall aufgerissen, weil die Trambahn grundsaniert wird und nicht richtig funktioniert. Ich muss meine Suche zu Fuß machen, und abends sind die Beine schwer wie Blei, weil das lange Gehen über das unebene Pflaster mich auf eine Weise ermüdet, die ich schon lange nicht mehr kannte.

Früher, wenn ein neu entwickelter Schaftwebstuhl das Werk verließ, um ins Ausland verschickt zu werden, war das immer ein großer Tag gewesen. Ehe die teure Maschine in eine von der hauseigenen Schreinerei maßgeschneiderte Transportkiste versenkt wurde, schraubte der Montageleiter im letzten Arbeitsgang feierlich das kleine Messingschild »Gebrüder Lange Lodz« an den Fuß des Webstuhls. Danach ging er in seinem besten Anzug mit auf die Reise, um das Gerät selbst beim Kunden aufzustellen und ihn in die Bedienung einzuweisen. In der Zwischenkriegszeit, seit dem Zusammenbruch des russischen Marktes, waren dies meistens Reisen in den Balkan gewesen, nach Bukarest, Budapest, nach Wien. Lodzer Kattun wurde ja sogar bis nach Afrika exportiert.

Leider war nicht herauszufinden, was aus dem deutschen Schreinermeister und Leiter der Modelltischlerei geworden ist. Er galt als großer Künstler und stand im Ansehen so hoch, dass er wie ein leitender Angestellter bezahlt wurde. Er fuhr ein Auto, damals keine Selbstverständlichkeit, und seine Töchter besuchten wie Gisa und Eva das Deutsche Gymnasium. Gab meine Urgroßmutter bei sich zu Hause ein Geschäftsessen, wurden alle Meister der Fabrik dazu eingeladen. Die Tischlerei befand sich wegen der Größe des Holzlagers am Rande der Fabrik. Vierzig Jahre und länger wurden manche der kostbaren Hölzer dort getrocknet und aufbewahrt: echtes amerikanisches Mahagoni, das Kernholz der Stieleiche, edles Ahorn. Weißes grobporiges Balsa parfümierte die Luft mit seinem schweren Duft.

Eine der größten Herausforderungen war jedes Mal, den Holzsteg des Webkammes herzustellen. Mein Großvater erzählte immer davon, wenn er beim Basteln die Qualität der modernen Holzleime pries. Die grauen, hartnäckig haftenden Spuren, die davon beim Kleben auf seinen Fingern blieben, störten ihn überhaupt nicht. Damals wurde mit Knochenleim gearbeitet, es kam auf die genau richtige Konsistenz und Temperatur an, um ein gutes Ergebnis zu erreichen. Man musste flink und geschickt sein. Mehrere Männer waren nötig, um den Webkamm oder Schlag, wie sie sagten, zu leimen. Er wurde in Schichten gearbeitet, jedes neue Mahagonibrett musste an mehreren Punkten gleichzeitig mit Schraubzwingen fixiert werden. War der Schlag nicht perfekt, konnte man besser den ganzen Webstuhl wegschmeißen, hieß es. Denn der darauf gewebte Stoff war zwangsläufig verzogen.

Die Modellschreinerei war in der Fabrik der Lieblingsort meines Großvaters und auch der meiner Mutter. Dort konnte Karl Lange glauben, ein ganzer Mann zu sein und die Geschicke der Fabrik zu dirigieren. In Hochzeiten hatten dreißig Tischler in den hohen lichtdurchfluteten Räumen gearbeitet. Ihm gefiel, wie sorgfältig sie das Jackett weghängten, ehe sie sich die Ärmel ihrer kragenlosen Hemden hochkrempelten und die langen blauen Arbeitschürzen umbanden. In höchster Konzentration feilten, bohrten, frästen und drechselten die Arbeiter an den einzelnen Teilen aus Balsaholz. Bei den Modellen der verschiedenen mechanischen Webstuhl-teile kam es auf absolute Maßgenauigkeit an. Für den Guss in verlorener Form wurden die Vorlagen in feinen schwarzen Sand gedrückt, danach der Ober- auf den Unterkasten gesetzt und das flüssige Metall hineingegossen. Die Formerei war das Herzstück der Fabrik, mein Großvater wusste es. Stunden-lang beobachtete er die Männer bei ihren Verrichtungen, um »Verbesserungen« auszutüfteln. Er litt unter dem Gefühl, dass niemand seine angeblichen »Liebhabereien« wirklich ernst nahm. Dabei wusste er, dass sie sich modernisieren mussten, wenn sie überleben wollten. Seiner Tochter Eva las der Tisch-lermeister jeden Extrawunsch von den Augen ab und baute ihr eine perfekt eingerichtete Puppenstube. Auch wenn das heute eine rührende Anekdote ist: Die Spielereien meines Großvaters waren mit ein Grund, warum es mit dem Betrieb immer weiter bergab ging.

Andrzeja Nummer 27 war nach alten Plänen das Haupt-tor der Fabrik gewesen. Die paar Meter von seiner Wohnung zur Fabrik fuhr, was sage ich, brauste mein Großvater jeden Morgen in jungenhaftem Übermut, erst mit seinem Ford, spä-ter mit einem offenen Chevrolet. Am Tor trat der Portier aus seinem Häuschen, öffnete es und tippte leicht mit dem Fin-ger an die Mütze. Karl Lange rauschte danach mit zuversicht-lich knatterndem Auspuff auf den Fabrikhof. Häufig saß mein Urgroßvater auf dem Beifahrersitz. Auch einmal kurz nach dem Börsenkrach, nach dem Schwarzen Freitag von 1929. Der Fabrik blieben die Aufträge aus. »Karl«, scherzte der Urgroß-vater, »fahr nicht so schnell, du fährst sonst die Kunden um.« Kein Mensch war zu sehen. Im Alter war Wilhelm Lange ein echter Gemütsmensch.

An einem regenfeuchten Novemberabend saßen Gisa und ich im Wohnzimmer ihres Freiburger Hauses und plauderten von früher. Dunkel ließ sich durch das große Panoramafenster das Rheintal ahnen, während die Vergangenheit an uns vorbeizog. Es war schon spät, Gisas vom Kettenrauchen heisere Stimme rasselte noch tiefer als sonst. An einem Satz blieb ich hängen: »Der Duft von Tante Berthas Garten.«

Dieser Garten grenzte direkt an die Fabrik und war mitten in der Stadt ein Luxus, den sie sich eben leisten konnten. Für mich klang Gisas Beschwörung wie der Anfang von einem Kindergedicht, das zum tausendsten Mal von einer verkratzten Vinylplatte abgespielt wird. Seitdem bekomme ich die Zeile nicht mehr aus dem Kopf. Die Erinnerung an den »Duft von Tante Berthas Garten« begleitete Gisa auf der langen Flucht. In den Stunden der Not brauchte sie den Satz nur zu flüstern – und alles war wieder da und wie früher.

Zu welcher Jahreszeit auch immer, es hatte auf diesem Stückchen Erde geblüht. Zwischen den prachtvollen Fliederbüschen konnte ein Kind einfach verschwinden, und kein Erwachsener würde es jemals finden. Jedes Frühjahr breitete sich das Meer zart duftender Maiglöckchen weiter aus. Danach kamen schon die Pfingstrosen, später verkündeten die schweren Köpfe der Sonnenblumen das nahende Ende des Sommers, im Herbst loderten Astern und Chrysanthemen wie Flammen in der feuchten Luft. Tante Bertha ließ es geschehen. Sie hatte zum Schluss einfach die Kraft nicht mehr, dem Wachsen und Wuchern Einhalt zu bieten. Eben darum war dieser Garten fast vollkommen gewesen. Die Lieblingstante meines Großvaters war kinderlos geblieben. Nach dem viel zu frühen Tod ihres Mannes wurde sie 1924 Miterbin des untergehenden Imperiums und hielt 50 Prozent der Fabrikaktien der »Gebrüder Lange AG«. Flucht und Vertreibung musste sie nicht mehr erleiden, aber ihr Ende war bitter genug. Zuletzt zu gebrechlich, um sich noch alleine zu versorgen, brachte man sie 1943 schließlich in ein Pflegeheim, wo sie wenig später starb.

Sie wohnte im ersten Stock direkt über dem Portier der Fabrik allein mit ihrer Haushälterin auf mindestens dreihundert Quadratmetern, eine endlose, düstere Zimmerflucht, von der meine Mutter nur den vorderen Teil kannte. Vor dem Krieg stand die Eingangstür immer offen, wer eintreten wollte, brauchte sie nur aufzudrücken. Gisa und Eva gingen bei ihrer Großtante ein und aus, geradeso wie sie Lust hatten. Auf dem Weg zur Tante mussten sie an einem gewaltigen dunklen Esstisch vorbei, an dem mindestens vierundzwanzig Leute Platz nehmen konnten.

Seine überdimensionierten Ausmaße bemerkten Gisa und Eva nicht einmal mehr. Der Tisch gehörte zu den unverrückbaren Gegenständen, die dem Leben Halt und Festigkeit verliehen. Sie wussten, dass die Aufsichtsratssitzungen an der langen, auf Hochglanz polierten Eichenholztafel abgehalten wurden, aber nicht, was dort verhandelt wurde. Früher, das hatten sie oft genug gehört, waren diese Sitzungen feierliche und stolze Versammlungen gewesen, auf denen zum Beispiel beschlossen wurde, Dividenden an die Hauptaktionäre auszuschütten. Aber das musste schon ewig her sein.

Tante Berthas Mann, ihren Großonkel Friedrich, den Älteren der »Gebrüder Lange«, hatten sie gar nicht mehr gekannt. Sein Bruder Wilhelm, mein Urgroßvater, hatte sich seit Anfang der dreißiger Jahre weitestgehend aus dem Geschäft zurückgezogen. Die Aktionäre waren sich nicht einig darüber, wie die

Fabrik aus der Krise zu führen sei. Karl Lange, mein Großvater, konnte sich als Hauptverantwortlicher in dem Hühner-
haufen von Erben – wie er immer klagte – mit seinen Moder-
nisierungsideen nicht durchsetzen. Er hasste einfach jede Art
von Streit, wurde wegen seiner offenkundigen Schwächen
nicht anerkannt und als »Friedchen« (das kam von »Frieden«)
verspottet. Oftmals beklagte er sich bitter darüber. Seine Tochter Eva hörte solchen Gesprächen besorgt zu.

Die beiden Mädchen verehrten die Tante Bertha wegen ihrer fast grenzenlosen Großzügigkeit. Für meine Mutter war
sie das Urbild einer emanzipierten Frau. Eine kleine, dicklei-
bige Person, schon ein wenig kurzatmig mit einem festen flei-
schigen Gesicht und klugen Augen. In ihren braunen Sack-
kleidern glich die Tante am ehesten der Lodzer Version einer
Gertrude Stein, der sie auch an Energie und Intelligenz kaum
nachgestanden haben soll. Tante Bertha war eine dieser Por-
talfiguren der Kindheit, die selbstlos über unseren Weg wa-
chen. »Bin da«, bellte es aus ihrem lindgrünen Boudoir, wo sie
den halben Tag auf der Chaiselongue lag, sich ab und an ein
russisches Konfekt von der feinen Konditorei Wedel an der
Petrikauer in den Mund schob und las. Zwei Kratzhändchen
aus Halbedelstein lagen griffbereit neben ihr. Von Zeit zu Zeit
schabte sich die dickliche Tante genussvoll damit den Rücken
an den Stellen, die sie mit ihren kurzen Armen nicht erreichen
konnte. Dazu stieß sie kleine Laute der Befriedigung aus. Zur
Begrüßung musste man sie küssen. Mit leichtem Schauder bei
der Berührung der immer stoppeligen Oberlippe ließen die
Mädchen dieses Ritual dennoch folgsam über sich ergehen.
Wie zwei helle Falter flatterten sie in ihren kurzen Röck-
chen durch das Zimmer, das einer Reliquienkammer längst
vergangener Tage glich. Alles durften sie anfassen. Tante Bertha war freigiebig. »Kannst du haben«, war die wohlwollende

Auskunft, als meine Mutter einmal ein Lineal aus Achat bewunderte.

Nicht nur wegen ihrer Freigiebigkeit verehrten die Nichten ihre Tante, sondern auch, weil sie eine technikbegeisterte Frau war. Tante Bertha hatte als überhaupt eine der Ersten in Lodz einen Rundfunkapparat. Souverän wie eine Königin saß diese ältliche Frau mit ihren Kopfhörern vor dem Detektorengerät mit seiner großen Spule und den blinkenden Glühbirnen und lauschte dem Kurzwellenprogramm. Mein Großvater achtete immer darauf, dass seine Töchter das schwierige Wort »Detektor« richtig aussprachen. Er hatte als junger Mann während des Ersten Weltkriegs im Haushalt seiner Patentante gelebt und fühlte sich ihr deswegen besonders verbunden. Aus diesem Grund verteidigte er sie immer, wenn sich die übrige Verwandtschaft darüber mokierte, dass sie in ihrer Küche, die von der Größe eines Ballsaals gewesen sein muss, jeden Tag ein ganzes Pfund Braten für nur zwei Personen zubereiten ließ. Abend für Abend wurde besagter Esstisch einzig für sie mit gestärkter Damasttischwäsche und Tafelsilber eingedeckt. Die Tante hatte ihren Platz an der Stirnseite, ihre Gesellschafterin aß in der Küche. So speisten die Damen schweigend zu Abend.

Von ihren vielen Reisen durch ganz Europa hatte sie vor allem Steine mitgebracht, die nun jeden freien Platz auf der Poudreuse, dem Toilettentisch, den Fensterbrettern und den Wandborden belegten. Quarzdrusen, Halbedelsteine, Sandrosen, besonders jedoch Fossilien. Die Paläontologie war noch eine junge Wissenschaft. Für meine Mutter war es eine Quelle nie nachlassenden Entzückens, sie war berauscht von der Symmetrie des Lebendigen, davon, die Spiralform der Ammoniten mit den Fingern nachziehen zu können. Das Mysterium der Wachstumsmuster. Da war sie wieder, die Mathematik, diesmal kam sie als Fibonacci-Reihe vor. Eine Spirale entsteht durch wiederholte Anfügung am offenen Ende einer Serie, wobei sich die letzte Größe immer als Summe ihrer beiden Vorgänger ergibt. Frage: An welcher Stelle wächst eine Schnecke, innen oder außen? Betrachtet man die versteinerte Schale des aus dem Devon stammenden Kopffüßlers, war es, als schaute man durch Millionen von Jahren hindurch direkt in die Urzeit. Die Schönheit der Fossilien öffnete meiner Mutter wahrhaftig die Augen für das System in der Natur. Gattung, Familie, Art.

Mein Großvater ließ keine Gelegenheit aus, seine Töchter darüber zu belehren. Die Ordnung der Wesen verzeichnete zuunterst die unbelebten Pflanzen und Schwämme, danach die wirbellosen Tiere, Seeigel und Seelilien, See- und Schlangensterne, sodann Graptolithen, Trilobiten, Cheliceraten, dann Hohltiere, also Schnecken und Muscheln, weiterhin Gehäusecephalopoden, Tintenfische, Brachiopoden, Bryozoen sowie Gliederfüßler (Krebstiere, die höheren Kerbtiere), schließlich die Wirbeltiere.

Wir alle sind nur Glieder in der Kette der Generationen. Kaum, dass ich diese Methode im Biologieunterricht in der Schule kennengelernt hatte, wünschte ich mir, in unbewusster Wiederbelebung der Leidenschaft meiner Mutter für Strukturen, einmal zu Weihnachten *Flora* von Otto Schmeil und Jost Fitschen. Ich bekam das heiß begehrte Pflanzenbestimmungsbuch auch tatsächlich als eine in grünes Leder gebundene Luxusausgabe. Ich war zehn, meine Geschwister jünger, von den Erwachsenen hatte keiner Zeit für mich. Natürlich stellte sich bald heraus, dass ich ohne Anleitung damit überfordert war, den Namen x-beliebiger Wildpflanzen zu bestimmen. Ich begnügte mich damit, das Buch von vorne bis hinten durchzublättern und die schematischen Pflanzenzeichnungen zu studieren. Es machte Spaß, die baumartige Fragenstruktur – Nacktsamer oder Bedecktsamer? Krautig oder holzig? Blüte vorhanden, ja oder nein? Blätter gegenständig oder wechselständig? Gefiedert oder gefingert? – zu verfolgen. Besonders Farne und Schachtelhalme hatten es mir angetan, weil ich sie für Urpflanzen hielt. Bei der Betrachtung der wechselnden Formen, der fraktalen Muster, der Variationen des Ähnlichen und seiner Abweichungen konnte ich in einen Zustand träumerischer Starre verfallen. Ich erinnere mich daran: Die Lust, mit der ich diese Bilder betrachtete, hatte damit zu tun, dass die endlosen Wiederholungen meiner Neigung zum Absoluten entgegenkamen. Kinder sind von Natur aus Pantheisten. Vom Elementarteilchen mit dem Kreisen seiner Elektronen um den Atomkern bis zum Spiralnebel ferner Galaxien, mit allem fühlte ich mich damals verbunden. Tief in mir glaubte ich, den Rhythmus der Dinge um mich zu spüren, in ihren unzähligen Formen des Werdens und Vergehens.

Wahrscheinlich hat Tante Bertha nie erfahren, was sie eigentlich bei ihren Großnichten anrichtete: Aber für Gisa und Eva wurde das Sammeln von Steinen ebenfalls zu einer nie nachlassenden Leidenschaft. Sie ist untrennbar mit der Tatsache verbunden, dass die Böden um Lodz aus der Endmoräne der vorletzten Eiszeit stammen. In dem grauen Sand war jeder Fund eine Sensation, um dessen Besitzrecht sich die beiden Schwestern balgten, wenn sie gemeinsam die Gegend um Rogi durchstreiften. Die Kunst, Steine zu finden, war das Feld, auf dem die beiden kleinen Konkurrentinnen bevorzugt ihre erbitterten Fehden austrugen. »Vertragt euch!«, schimpfte mein Großvater. »Ihr seid doch Schwestern.«

Höhepunkt ihres Wettstreits war der Kampf um einen glatten rötlich braunen Flint (Feuerstein). Jede nahm für sich in Anspruch, den kleinen, für einen Außenstehenden eher unscheinbaren Stein zuerst entdeckt zu haben. Ich vermute, sein ganz besonderer Wert beruhte darauf, dass er irgendwann wegen seines vage an eine Leber erinnernden Aussehens den Namen »Leberka« erhalten hatte. Das Wort gibt es im Polnischen nicht, aber das kindliche Kauderwelsch ahmte den Duktus von Gisas und Evas Zweitsprache nach. Man könnte es mit »Leberchen« übersetzen.

Hatte also die eine die »Leberka« gerade im Besitz, versuchte die andere sofort, sie der Schwester wieder abzuschachern. Um überhaupt zum Zug zu kommen, musste man, sagt meine Mutter, diverse andere, ebenfalls sehr begehrte Steine aufbieten. Ich weiß noch von der Existenz eines grünen Quarzes mit roten Punkten, ein sogenannter Heliotrop. Dabei spielte es eine große Rolle, ob man die Tauschobjekte schmackhaft machen konnte. Jede List – bis zum offenen Betrug – war erlaubt. Ging die andere auf das Geschäft nicht ein, blieb als letztes Mittel nur der Diebstahl. Kein Versteck war sicher. Gisa durchstöberte die Sachen meiner Mutter mit offener Frechheit, Eva die Verstecke ihrer Schwester heimlich und mit schlechtem Gewissen. Das ging jahrelang so, doch es blieb ein von den Erwachsenen wenig beachtetes Spiel unter Kindern. Dennoch ist die Geschichte von der »Leberka« ein Beispiel dafür, dass die Wirklichkeit meistens jede Fiktion übertrifft. Verborgen in einer kleinen runden Holzschachtel, überlebte ihr Fetisch zunächst alles: Flucht, Vertreibung, geheime Unterschlupfe, Buden und Zimmer der Jahre nach dem Krieg, in Erfurt, in Berlin, um schließlich in irgendeiner Schublade von Gisas Nähzimmer ihres Freiburger Hauses zu landen. Dort schrumpfte der Schatz ihrer Kindertage langsam wieder zu dem, was er eigentlich war, ein Bröckchen Flint, vergessen zwischen putzigen Lauflernschuhen von Gisas Erstgeborenen, gräulichen Milchzähnen und einigen Kinderzeichnungen, bis die »Leberka« irgendwann verschwand.

Einmal kehrte meine Mutter von einem Ausflug in die Sandgruben bei Rogi heim und präsentierte meinem Großvater stolz einige dreieckige Steine mit messerscharfen Kanten. Sie glänzten ein wenig, als wären sie poliert. Eva verschwieg ihrem Vater wohlweislich, dass sie die Trophäen gar nicht selbst gefunden, sondern einem anderen Kind durch Bitten und Drohungen abgeschwatzt hatte, in dem sicheren Gefühl, es handele sich um irgendetwas ziemlich Wertvolles. In dieser Zeit fußt ihre schlechte Angewohnheit, zu schwindeln, um sich wichtig zu machen. Wie oft ist sie dadurch später in Schwierigkeiten geraten. Mein Großvater steckte die Steine in einen kleinen Beutel und heftete ihn mit einer Sicherheitsnadel an das Futter der Brusttasche seines Büroanzugs. Allerdings verschwanden die Millionen Jahre alten Pretiosen ausgerechnet deswegen sang- und klanglos. Ein übereifriges Hausmädchen reinigte den Anzug und schmiss sie, in der irrigen Überzeugung, ein Fabrikant trage ganz bestimmt keine Kiesel in der Brusttasche herum, auf den Kehricht.

Davor hatten die Steine aber noch eine lange Reise nach Berlin gemacht. Der Fund seiner Ältesten ließ meinem Großvater nämlich keine Ruhe. Er wollte unbedingt herausfinden, was es damit auf sich hatte, und begann mit Berlin zu korrespondieren. Schließlich ließ er sich im Naturkundemuseum beziehungsweise Humboldtmuseum an der Invalidenstraße einen Termin geben und fuhr, die Steine in der Westentasche, die gleiche Strecke, die auch ich mehr als siebzig Jahre später auf meiner Lodzreise einschlug. Man kann sich vorstellen, mit welcher fieberhaften Spannung meine Mutter seine Mission begleitete. 1937 war im Humboldtmuseum unter der gewaltigen Kuppel des Lichthofs gerade das auch heute noch weltweit größte und besterhaltene Skelett eines *Brachiosaurus brancai* aus einem Fundus von zweihundertfünfzig Tonnen versteinerter Knochen rekonstruiert und montiert worden. Ebenfalls eine Sensation, die ein Jahr zuvor fertig präparierte Dermoplastik von Gorillamännchen Bobby. Jahrelang Liebling der Berliner, war der Affe der erste seiner Art, der von Hand aufgezogen wurde; er starb überraschend an einer Blinddarmentzündung.

Mein Großvater aber erlebte in Berlin das Ende einer großen Illusion. Man führte ihn an einen der vielen Apothekerschränke des Museums und zeigte ihm in der Glasvitrine Haifischzähne in allen Größen. Sogar die Nachbildung des kompletten Gebisses eines fünfzehn Meter langen Riesen, des *Carcharodon megalodon*, war im Foyer ausgestellt. Wie vor den Kopf geschlagen, erfuhr er, dass versteinerte Haifischzähne eine der häufigsten Fossilien auf der Welt sind. Nichts anderes hatten die Kinder in der Sandgrube bei Rogi entdeckt. Natürlich kann man es ziemlich witzig finden, dass mein verrückter Großvater die Kosten und die weite Reise auf sich nahm, um etwas so Abseitiges wie einige Versteinerungen zu identifizieren, aber ich denke, dass es eine ziemlich traurige Geschichte ist. Wieder einmal hatte sich eine seiner ehrgeizigen Hoffnungen als Banalität erwiesen. Die Haifischzähne trug er trotzdem von da an wie einen Talisman so lange bei sich, bis sie das Hausmädchen wegwarf.

Für meine Mutter aber war diese Episode nur der Auftakt zu einer neuen und sehr bewegenden Obsession oder einem Spleen, wie man damals zu sagen pflegte. Zusammen mit der enttäuschenden Auskunft über seine Fundstücke nahm mein Großvater nämlich auch den großartigen Eindruck mit nach Hause, den das hundertfünfzig Millionen Jahre alte Berliner Exemplar des *Archeopteryx* mit seinen ausgebreiteten Flügeln auf ihn gemacht hatte. Angeblich gab es überhaupt nur zwei Exemplare auf der Welt. Es wurde sogar die Behauptung aufgestellt, dass der eine Abdruck für einen sechsstelligen Betrag in die USA verkauft worden sei – wohin auch sonst. Eine reine Legende, aber der Urvogel wurde fortan am Familientisch der Langes zum Gegenstand ausgiebiger Diskussionen, die sich zum größten Teil darum drehten, sich bis auf zwei Stellen hinterm Komma genau auszumalen, wie viel eine solche Versteinerung wohl wert wäre, gesetzt den Fall, man fände selbst eine. Bei meiner Mutter müssen diese Gespräche auf fruchtbaren Boden gefallen sein. Vielleicht hatte sie das Gefühl, sie müsse die Sache mit den Haifischzähnen wiedergutmachen. Wahrscheinlich aber meinte sie schon mit neun, für die ganze Familie verantwortlich zu sein, weshalb sie sich ständig schuldig fühlte. Schuldig, wenn ihre Eltern sich anschwiegen, weil meine Großmutter mal wieder eine Affäre hatte. Schuldig, weil sich mein Großvater mit seiner Schwester Manja stritt. Schuldig, wenn in der Fabrik mal wieder ein großer Auftrag nicht zustande kam. Schuldig, weil der Urgroßvater alt wurde und bald sterben würde. Schuldig, wenn es regnete, und schuldig, wenn die Sonne schien. Schuldig.

Die »Gebrüder Lange AG« steckte Mitte der dreißiger Jahre wie die gesamte Textilbranche in Polen in einer tief greifenden Krise. Die Rede ist von gesperrten Konten, geplatzten Wechseln und ausstehenden Lohnzahlungen an die Arbeiter. Mein Großvater schob es auf eine von den Verwandten von Tante Bertha zu verantwortende Misswirtschaft. Im Elternhaus meiner Mutter gab es deswegen eine riesige Auseinandersetzung, Türen knallten, Verzweiflung, Drohungen, Tränen flossen. Damals half ihnen der Vater meiner Großmutter, Erwin Weber, eine Krämerseele, aber ein Kaufmann von Gottes Gnaden, wie es hieß, mit einem Darlehen aus der Patsche. Wie immer sollte meine Mutter eigentlich nichts mitbekommen – und hörte trotzdem alles. Draußen tobte der Streit. Sie kniete in ihrem Zimmer auf dem Boden und betete. Ihr war so furchtbar schlecht.

Nicht nur zur Freude meiner Großeltern, die darin hauptsächlich eine neue Marotte ihrer Tochter Eva sahen, setzte sie sich damals in den Kopf, den *Archeopteryx* zu finden. So wollte sie die Fabrik retten. Die Sommer 1937 und 1938 verbrachte sie hauptsächlich in den Sandgruben. Ein schmales Kind, den Kopf hält es gesenkt. Der weiten Landschaft um sich, dem klaren Himmel über sich schenkt es keinerlei Beachtung. Es hat nur Augen für den Boden, damit ihm ja kein Steinchen entgeht. All das geschah ein Jahr bevor der Krieg ausbrach und ihre Welt für immer verging.

3

Vermutlich war es auch Tante Bertha, die unbewusst die Initialzündung zu einer Passion meines Großvaters gab. In ihrer Bibliothek nahm seine fast abgöttische Verehrung für Goethe ihren Ausgang, bis er sich in seinen Schriften besser auskannte als in der Bibel. Ganz selbstverständlich schlüpfte er dabei in die beflissene Rolle des Eckermann, der den Großen vor ihm nicht nur bewundert, sondern bereit ist, sich ganz und gar unterzuordnen. So wie er auch seinem übermächtigen Vater nur mit Ehrfurcht gegenübertrat, war dem Wesen meines Großvaters ein bescheidenes Dasein als Bewunderer gemäß. In Goethe fand es einen tieferen Sinn. Wenn Erkenntnis mit einem Staunen beginnt, dann staunte er gemeinsam mit Goethe über die Vollkommenheit der Natur. Um ihre wahre Größe zu begreifen, hielt er sich selbst für viel zu gering. Was ich aber von ihm lernte, war, ihre Schönheit als ein Geschenk anzunehmen.

Wie sein Vorbild hielt sich Karl Lange beim Essen zurück. Goethe habe, so meinte mein Großvater, jede Völlerei genauso abgelehnt wie einen zu engen Hosenbund, der die Leber unnötig abdrücke. Schon von daher bevorzugte er verstellbare Hosenträger, nahm dafür in Kauf, dass die Riemen ständig sein Hemd nach oben schoben. Im Grunde war Goethes Werk für ihn ein Kompendium der Lebenskunst, mit dem er jede seiner Marotten begründen konnte. Er, dem jeder Ehrgeiz fremd war, vertrat mit Goethes Motto: »Nur die Lumpen sind bescheiden!« eine Form paradoxer Selbstbehauptung, die in dem Satz gipfelte: »Lass dich lieber pfänden, aber sei nicht kleinlich!«

Er liebte die Dichtungen des Geheimrats, und später, als mein Großvater alt und ziemlich sentimental wurde, konnte er feuchte Augen bekommen, wenn ich ihm das Liebesgedicht mit dem Titel *Gefunden* vortrug: »Ich ging im Walde so für mich hin, und nichts zu suchen, das war mein Sinn…« Er bat mich mehr als einmal darum, es für ihn aufzusagen. Als ich elf war, fand er mich reif genug, den *Faust* zu lesen, und drückte mir einfach das Reclam-Heft in die Hand. Gehorsam versuchte ich, etwas zu verstehen, kam aber über die erste Szene, erster Akt – »Habe nun, ach…!« – nicht hinaus. Hätte er auch den leisesten Versuch, den Dichter mit ihm zu vergleichen, als vermessen betrachtet, so fühlte er sich doch mit dem Universalgelehrten Goethe in einer Art Seelenverwandtschaft verbunden.

Weder der Mann von Tante Bertha, mein Urgroßonkel Friedrich Lange, noch sein Bruder Wilhelm, mein Urgroßvater, hatten ein Hochschulstudium absolviert. Sie waren in erster Linie tüchtige und fleißige Handwerker. Nur aus der Anschauung heraus hatte mein Urgroßvater seine Erfindungen und technischen Neuerungen entwickelt. Dahinter aber steckte der schöpferische Geist eines Menschen, der seine Ideen in die Praxis umzusetzen vermochte. Schon von daher hatte das Empirische in der Familie Lange einen hohen Stellenwert. Allerdings waren ihre Aufbaujahre auch in eine Zeit gefallen, in der eine einzige Vision genügte, um auf den grünen Zweig zu kommen.

Dieser Weg war für den Sohn verschlossen, der die Fähigkeiten seines Vaters für unerreichbar hielt. Stattdessen verlegte sich mein Großvater auf das Studium der Natur. Der Naturforscher Goethe war Autodidakt, schon das konnte ihm Hoffnung machen. Denn ein Autodidakt kann immer etwas Neues dazulernen. Und je mehr Wissen er anhäufte, desto sicherer konnte er den Beweis erbringen, dass die Welt perfekt eingerichtet war. Nichts war ihm zu unbedeutend, um sich dafür zu interessieren. Er besaß ein kleines Notizbuch mit Buntpapierbezug und Leinenecken, das er stets und ständig mit sich führte. Es ging später auf der Flucht verloren, wie so vieles, was unersetzlich war. Ob mein Großvater auf seltsame Ortsnamen stieß, wie Enkenbach im Badischen oder Fallingbostel in Niedersachsen, ob er ein Aquarium besuchte und bizarre Fische mit dem Bleistift festhielt, er suchte immer nach einem Muster, dem Muster, das verbindet. Goethe hatte in *Die Metamorphosen der Pflanzen* eine allgemeine Grammatik entdeckt, welche die Mannigfaltigkeit im Bau der blühenden Pflanzen erklärt. Es ist die Einheit in der Vielfalt. Denn ob Laub-, Kelch-, Kron-, Staub-, Frucht- oder auch das Keimblatt, alle Formen entstehen als Metamorphosen eines einzigen Organs, das wir Blatt nennen.

Es gibt kein richtiges Leben im falschen. Mein Großvater musste sich mit der bloßen Sehnsucht begnügen, ein Naturforscher zu werden. Der Lebensunterhalt des Herrn Geheimrat Goethe war anderweitig gesichert, in aller Ruhe konnte er seinen jahrelangen Forschungen nachgehen. Von Geburt an in ein Leben als Fabrikant gezwungen, waren das Umstände, nach denen sich mein Großvater nur sehnen konnte. Es blieben die Höhepunkte eines unvollendeten Polyhistors, wenn er in *Meyers Konversations-Lexikon* Fehler oder Auslassungen fand und seine Vorschläge tatsächlich von der Lexikonredaktion in Leipzig in den Nachträgen und Ergänzungen berücksichtigt wurden.

Beide Schwestern, Gisa und Eva, haben mir unabhängig voneinander von den Kopfreisen berichtet, die sie mit ihrem Vater auf dem Globus unternommen haben. Auch der Tonfall, in dem sie davon schwärmten, war fast identisch. Es war der milde Klang der Verklärung. Diese Stunden, in denen Karl Lange mit seinen kleinen Mädchen auf dem Fußboden lag und spielte, machte sie zu Verschwörern. Denn Tatsache war, dass er sich nur allzu gerne vor der von ihm als Fron empfundenen Arbeit des kaufmännischen Leiters in der Fabrik drückte. Sehr zum Unwillen seiner Mutter Emilie brachte ihr Ältester ganze Nachmittage damit zu, sich im dämmrigen Salon vor allen Schwierigkeiten zu verstecken. Auf der Landkarte verließ er die ungeliebte Gegenwart und reiste »auf den Schwingen der Phantasie« in imaginäre Länder, seine Töchter durften ihn dabei begleiten.

Der vielleicht etwas weniger angenehme Teil dieser Veranstaltungen war der ausgeprägte Drang meines Opas, Kindern etwas beizubringen. Die gemeinsamen Stunden sollten auch Früchte tragen, weshalb die Schwestern das Pensum anschließend auswendig lernen mussten: Wie heißt die Hauptstadt von Patagonien? Wie reist man mit dem Schiff nach Rio? Und so weiter. Wieder war es meine Mutter, die sich fügte, während Gisa es stets schaffte, sich seinen Ansprüchen irgendwie zu entziehen. *Der Große Weltatlas* lag meistens aufgeschlagen auf der Kommode. Meine Mutter beobachtete den Vater oft dabei, wie er sich mit der Lupe dicht über eine Karte beugte. Sein linkes Auge war in Folge eines Sportunfalls etwas getrübt. Angesichts der späteren Ereignisse mutet seine Begeisterung für die Geographie an, als hätte er vorgehabt, eine Topographie der Vergänglichkeit aufzustellen. Als ahne er den nahenden Untergang, kultivierte er seine Beobachtungsgabe für jedes Detail seiner Umgebung. »Das musst du erlebt haben«, beschwor er seine älteste Tochter, wenn er sie zu sich rief, um ihr begeistert ein Naturereignis zu zeigen. »Merk dir das!«, bat er sie fast schon flehentlich. Das Spektakel einer totalen Mondfinsternis. Wie der Weidenbohrer durch Mimikry die Baumrinde imitiert. Der Ruf »Bülow, Bülow« des quittegelben Pirols. Er kannte alle Tier- und Pflanzennamen. Das glaubte ich jedenfalls als Kind, wenn ich mit ihm durch die Lüneburger Heide streifte und er mir unermüdlich beibrachte, die einzelnen Baumsorten zu erkennen. Die gemurmelte Litanei der lateinischen Bezeichnungen glich einer Beschwörung der natürlichen Welt. *Larix*, die Lärche, *Quercus*, die Eiche. *Pinus sylvestris*, die gemeine Kiefer, *Betula verrucosa*, die Birke. Wie die großen Naturforscher des 19. Jahrhunderts wollte er die Spuren der Zeit aus der Oberfläche der Erde herauslesen. Nur bei flüchtiger Betrachtung mutet es sonderbar an, dass weder Gisa noch meine Mutter große Reisende geworden sind. Im Gegenteil, beide Frauen wechselten später äußerst ungern den Ort und haben sich in ihrer häuslichen Umgebung immer am allerwohlsten gefühlt. Aber von ihrem Vater lernten sie die Wunder der Welt als eine Art imaginären Besitz zu betrachten, deren Schönheit später über viele Verluste hinweghalf.

Sie reisten mit dem Finger auf einem politischen Globus. Mit jeder vollen Umdrehung der Erdkugel ließ mein Großvater die Welt wieder in den Umrissen auftauchen, wie sie vor dem Ersten Weltkrieg gewesen war. Damals, als alle Geschwister Lange noch lebten und sie eine stolze und reiche Familie waren und mein Großvater noch eins von diesen verzogenen Herrchen war, die morgens, bevor sie aus dem Haus gehen, durch die Mutter einer gründlichen Inspektion unterzogen werden. »Nimm einen Schal, Karol, es ist kühl.« Er hatte also erst spät geheiratet, und er war in den Jahren vor dem Einmarsch der Deutschen schon längst kein junger Mann mehr. »Früher« war eins seiner Lieblingswörter, seitdem 1917 in den Wirren der Oktoberrevolution die alte Ordnung zerbrach. Schon damals hing er mit der gleichen inbrünstigen Hingabe an seiner Vergangenheit, mit der heute meine Mutter an ihrer Vergangenheit und seinen Erzählungen von seiner Vergangenheit hängt.

1881, fünf Jahre vor der Geburt meines Großvaters, war Zar Alexander III. auf den Thron gekommen. Karl Lange hatte nicht nur seine Regentschaft erlebt, sondern ebenso die seines Sohnes Nikolaus II. Die Romanows herrschten in Personalunion auch über Kongresspolen. Mein Großvater zeigte seinen Töchtern einen kleinen hellgrauen Klecks auf dem Globus. Mehr war nach den Beschlüssen des Wiener Kongresses 1815 von Großpolen nicht geblieben. In seiner Mitte lag ihre Stadt Lodz. Daneben breitete sich grün die gewaltige Fläche Russlands aus. Die Farbe hieß sinnigerweise Russischgrün. Preußischblau dagegen herrschte oberhalb, es war das ehemals polnische Gebiet an der Ostseeküste zwischen Stettin und Königsberg. Als Reaktion auf den Tod seines Vaters Alexander II. durch ein Sprengstoffattentat hob Alexander III. alle Liberalisierungen des »Befreierzaren« auf. Er war auch Gründer der berüchtigten Geheimpolizei Ochrana. Ab 1885 war bis 1918 die Verwendung der polnischen Sprache in Druckerzeugnissen verboten. In den Schulen wurde, außer in den

Fächern Polnisch und Religion, nur auf Russisch unterrichtet. Karl Lange war ein Deutscher, lebte in Polen, aber zeit seines Lebens dachte und fühlte er als Russe und verfocht immer die Ansicht, dass die russische Sprache viel eleganter sei als die polnische mit ihrer zungenbrecherischen Anhäufung von Konsonanten und Zischlauten.

Es gehört zu den ungelösten Rätseln des Erwachsenwerdens, warum wir die Sternenhimmel unserer Kindheit später nie mehr wiedersehen. Unser Dasein voller Erdenschwere lässt uns vom Himmel nur die Sehnsucht nach der Unendlichkeit und die Erinnerung daran, wie stark wir angesichts des Gleißens der Milchstraße die Unermesslichkeit des Kosmos empfanden. Auf dem Land waren die Nächte damals viel dunkler, und die klare Luft ließ das Sternenzelt so niedrig erscheinen, dass man die Illusion hatte, man brauche nur die Hand auszustrecken, um die funkelnden Lichter zu pflücken. Meiner Mutter fiel es schwer, den Erklärungen meines Großvaters zu folgen, der sie aufforderte, sich zu konzentrieren und die großen Sternbilder zu identifizieren.

Die Lage und die Größe der Fixsterne lernte sie erst auf einem großen Himmelsglobus verstehen, der wie sein Zwilling, der Erdglobus, ein Geschenk von Tante Bertha war. Die Projektion des Himmels auf eine Kugel, die in das gleiche Gradnetz eingeteilt war wie die irdische Welt, verwirrte das Kind, das sich einen Himmelsäquator nicht vorstellen konnte. Noch weniger begriff es, wie es zwischen Tag- und Nachtgleiche, zwischen Frühjahrs- und Herbstpunkt die Koordinaten der horizontalen und vertikalen Achse richtig einstellen sollte, um je nach Ort und Datum die sichtbaren Sternbilder zu bestimmen. Beide Globen hatten ihren Platz auf dem weißen Schleiflackschrank in Gisas und Evas Kinderzimmer.

Wenn die Lampe schon ausgeschaltet war, schimmerten sie

schwach in der Dunkelheit. Im trüben Schein des durch Türglas hereinsickernden Lichtes war es, als werde das Himmelsgewölbe durchsichtig. Eva stellte sich vor dem Einschlafen vor, wie winzig klein im Inneren dieses Gewölbes die Erde war, ganz allein am Rande unserer Galaxie, und noch kleiner sie selbst, so unbedeutend wie ein Atom. Mit einem Mal überkam sie eine gewaltige Angst vor dem Tod. Sie konnte sich fallen fühlen. Tagsüber spürte sie wenig von solchen metaphysischen Anwandlungen. Solange sie ein Kind war, ihre erste Periode setzte erst nach der Flucht ein, hatte sie fest vor, die weißen Flecken auf der Landkarte zu füllen. Ihr Lieblingsbuch – »gelber Einband mit einem Bild vorne drauf« – hatte den Titel *Monika fährt nach Madagaskar* von Max Metzger. Längst konnte sie es auswendig. Sie war entschlossen, ihrem Vorbild zu folgen und eine bedeutende Naturforscherin zu werden.

Ob in den Sternen stand, was den Langes geschehen würde? Auch im Januar 1945 beherrschte der Große Bär im Norden den Winterhimmel. Im Westen strebten die Herbststernbilder Pegasus und Andromeda ihrem Untergang entgegen. Im Süden erstrahlte der Orion in seiner ganzen Pracht, am hellsten aber leuchtete Sirius im Sternbild Hund. Im Osten kündigten Zwillinge und Löwe das Ende des Winters an, während über den Köpfen der Flüchtlinge noch Perseus und Kassiopeia im Zenit standen. Die Nächte waren klar. Eine ungewöhnliche Kältewelle überrollte Europa.

4

Sie verließen die Heimat durch die Hintertür. Meine Großeltern hatten viel zu lange gezögert, ihren bereits im Herbst nach Schlesien vorausgeschickten Töchtern und greisen Eltern zu folgen. Als am Abend des 17. Januar 1945 die Räumung angeordnet wurde, war es schon beinahe zu spät. Um sie versank Lodz im Chaos. Am Bahnhof kam es an den festliegenden Zügen zu verzweifelten Szenen. Bis zuletzt hatte die nationalsozialistische Verwaltung die deutsche Bevölkerung in dem Glauben gelassen, es sei »für den Abtransport fahrzeugmäßig gesorgt«. Trautwein, Oberbürgermeister von Litzmannstadt, gibt später zu Protokoll, dass der verabredungsgemäß mit einem geheimen Codewort ausgelöste Evakuierungsplan wegen der einsetzenden Luftangriffe nicht mehr umgesetzt werden konnte. Die Wehrmacht war nur noch in den sich Richtung Westen auflösenden Truppenverbänden vorhanden, zum Einsatz des »Volkssturmes« kam es gar nicht mehr. Von Ferne war das Grollen der Front zu hören. Die ersten Panzer hatten schon die Vorstädte Görnau und Wirkheim erreicht. Der ekelerregende Geruch von verbranntem Menschenfleisch hing in der Luft. Bevor sie feige flohen, hatten die Nazis das berüchtigte Gefängnis von Radegast (Radogoszcz), einem Vorort von Lodz, mitsamt seinen Insassen angezündet. Mindestens 1500 Menschen kamen bei diesem Massaker ums Leben.

Bekannte trafen das Paar, das sich in Dunkelheit und eisiger Kälte zu Fuß aufgemacht hatte, zufällig auf der Straße. Ob sie wohl Hand in Hand gingen? »Herr und Frau Lange, wollen Sie auch wegmachen? Steigen Sie ein!« Die Retter nahmen die Flüchtlinge in ihrem Fuhrwerk Richtung Niederschlesien mit. Dort wähnten sie sich sicher. Dass die Rote Armee jemals die Oder überschreiten würde, niemand wollte das glauben.

Es muss meinen Großvater wie einen Schlag getroffen haben, als er entdeckte, dass er in der Panik seine goldene, rubinbesetzte Longines-Taschenuhr in der Schublade seines Nachttisches hatte liegen lassen. Mit fliegenden Fingern tastete er seine Kleidung ab. Vergebens. Später tröstete er sich beim nagenden Gedanken an den Verlust dieser einzigartigen Kostbarkeit stets damit, dass »sie ja doch weg gewesen wäre«. Beschlagnahmt bei einer der vielen Leibesvisitationen, die sie über sich ergehen lassen mussten. Man befahl ihnen, sich auszuziehen. Grobe Hände stießen sie herum, befingerten ihre schwächlichen Körper, tasteten die Säume ab, sie waren froh, dass man ihnen wenigstens Mantel und Schuhe ließ. Hätte man etwas gefunden, wären sie sofort erschossen worden. Gott ja, die Longines, ein Geschenk seiner Patentante Bertha für ihren Liebling. Das verlorene Kleinod wurde zum Symbol für alles andere, was er hinter sich gelassen hatte. Der Stachel, der über die allzu schnell vergehenden Jahre die Erinnerung wachhielt an die schöne Zeit, als er es sich leisten konnte, aus purem Snobismus eine alte Armbanduhr mit abgewetztem Lederband zu tragen.

Es war erst wenige Monate her, dass meine Mutter sechzehn geworden war und zum allerersten Mal verliebt. Dieser neue Zustand manifestierte sich in einem Hang zur Trägheit und Tagträumerei. Am liebsten räkelte sie sich auf dem Sofa und malte sich genießerisch aus, wie ein ganz bestimmter hübscher Junge aus der Oberstufe schwer verletzt von ihr als Krankenschwester gerettet wurde. Dazu klimperte meine Großmutter Gertrud Lange auf ihren Wunsch die Klänge des Schlagers »Ich hab mein Herz in Heidelberg verloren« am Flügel. Kriegsbedingt waren die einst strengen Sitten gelockert. Früher wären solche populären Töne in einem Haushalt unmöglich gewesen, in dem die älteste Tochter Hedwig als Chopin-Pianistin reüssiert hatte. Wie viel ungerechte Kritik hatte meine Großmutter für ihr Klavierspiel schon einstecken müssen und war dabei jedes Mal in maskenhaftem Schweigen erstarrt. In gemeinsamer Opposition waren sich also meine Großmutter und ihre sonst ziemlich aufsässige Tochter Eva einmal einig. Die zufällig hinzugetretene Urgroßmutter Lange dagegen hatte ihre Enkelin für diese Flegelei streng gerügt, ihre Schwiegertochter bekam auch gleich ihr Fett mit weg.

Die schwarz glänzende Oberfläche des Blüthner-Flügels war am Morgen vor der Flucht noch einmal abgestaubt worden, der Deckel blieb jedoch zugeklappt. Meine Großmutter sang einen süßen, in Leipzig ausgebildeten Mezzo-Sopran. Er klang schon etwas brüchig, aber immer noch sehr bewegend, wenn wir Kinder sie viel später anbettelten, uns vor dem Einschlafen »Nun ruhen alle Wälder« vorzusingen. Noch heute kann ich Paul Gerhardts Abendlied, diese Allegorie auf die Überwindung des Todes, nicht hören, ohne dabei zu schlucken: »Breit aus die Flügel beide / O Jesu, meine Freude, / Und nimm dein Küchlein ein! / Will Satan mich verschlingen, / So lass die Englein singen: / Dies Kind soll unverletzet sein.«

Die Plünderer, die in der Nacht das verlassene Haus der Langes in der Danziger Straße stürmten, warfen sich ungeniert in die blaue Clubgarnitur. Ein schwarzes Ofenrohr zog sich wie ein Schandfleck entlang der Decke des Musikzimmers. Hinweis, dass auch die reicheren Lodzer unter den Rationierungen litten und Kanonenöfen aufstellen mussten. Den Betrieb der modernen Zentralheizung hatten sie wegen des Koksmangels schon lange eingestellt. Die Plünderer heizten den Kamin mit Stuhlbeinen an, zum Anzünden verwendeten sie Seiten aus *Meyers Konversations-Lexikon*, darüber gossen sie Schnaps. Die alte Kravczykova war im Haus zurückgeblieben. Sie zeterte laut, konnte die Eindringlinge mit ihren schwachen Kräften aber nicht aufhalten. Seit über sechzig Jahren Haushälterin der Familie Lange, erlebte sie auch das bittere Ende mit. Noch war der Geist der alten Bewohner zu spüren, und der Nachhall der Gespräche, der Streits und der Spiele, die an dem runden Nussbaumtisch stattgefunden hatten, streifte jäh die Eindringlinge, die sich mit lauten Stimmen selbst Mut machten. Auf dem kahlen Parkett – die teuren Teppiche waren längst ausgeräumt und nach Schlesien geschickt worden – schienen ihnen ihre eigenen Schritte in den Ohren zu dröhnen.

Weihnachten hatte sich die Familie Lange zum letzten Mal in der Danziger Straße getroffen. Sie hatten sogar einen Christbaum aufgestellt. Tante Manja, die Deutschenhasserin, prangerte die Gräueltaten der Nazis an: Auschwitz, Treblinka, Sobibór, Chełmno – mein Großvater wollte es noch immer nicht glauben.

Die Verdunkelung war vor den Fenstern, in der Küche standen die Überreste eines spärlichen Abendessens. Meine Großeltern hatten es eingenommen, ehe sie überstürzt loszogen. Als jung verheirateter Ehemann hatte mein Großvater den Eindruck gehabt, das teure Silberbesteck aus der Aussteuer seiner Trudl läge »unsympathisch« in der Hand. Kurzerhand ließ er sämtliche der aufwendigen Verzierungen in der Fabrik rundschleifen. Die Eindringlinge griffen trotz dieser Beschädigung zu und füllten ihre Säcke mit dem Tafelsilber. Die Untersuchung des großen Garderobenschranks förderte altmodische Überschuhe in verschiedenen Größen zutage, dazu den alten Cut meines Großvaters, in der Jackentasche das abgerissene Billet für einen von seinem Freund Weyrauch lange vor dem Krieg organisierten Theaterabend. Außerdem ein kleines Messingzahnrad, vernickelte Linsenkopfschrauben, einige Münzen, vergessene Emser Pastillen. Wie ein Junge stopfte er alles in die Taschen und vergaß es dann. Weiter waren in dem Schrank: schwere Wettermäntel, Fräcke, Hüte, Chapeau-claque-Zylinder, Melonen, Regenschirme in bunter Ordnung, lackierte Spazierstöcke und unlackierte Wanderstäbe. Den Muff hatte meine Großmutter während einer Wintersportreise nach Davos getragen, er duftete schwach nach

Kölnisch Wasser. Wie oft haben sich meine Großeltern später nach ihren Bettdecken zurückgesehnt, norwegische Eiderdaunen, der Inbegriff von Luxus. Ihr Gewicht spürte man kaum. Sie gewöhnten sich an klumpige Strohsäcke und die Rauheit stockiger Armeedecken. Sie hatten seidene Nachtwäsche getragen, jetzt schliefen sie in den Kleidern, in denen sie tagsüber gewandert waren. Sie rochen säuerlich nach Trauer und Schweiß.

Mein Urgroßvater, Wilhelm Lange, saß im Herbst 1944 in Schlesien in einem Kaff namens Ullersdorf und wartete auf das Ende des Krieges. Fast neunzigjährig, schmiedete er noch Pläne, wie er nach seiner Rückkehr nach Lodz seine Orangerie und sein Bienenhaus umbauen werde. Er glaubte ganz fest daran, während meine Urgroßmutter, seine Frau »Milchen«, hellsichtig ahnte, dass sie ihre Heimat nie wiedersehen würden. Den dichten weißen Spitzbart störrisch gesträubt, wollte der Greis einfach nicht einsehen, weshalb er, Wilhelm Lange, der doch in Petersburg mit dem letzten Zaren Nikolaus II. an einem Tisch getafelt hatte, dessen Sohn als russischer Offizier gefallen war, ausgerechnet vor der russischen Armee fliehen sollte. Sollten doch alle froh sein, dass die Russen kämen und sie endlich von den »Reichsgermanen« befreiten. Ungeduldig drohte er, falls sein Exil noch lange dauerte, allein nach Lodz zurückzugehen, während ihn seine Kinder anflehten, Vernunft anzunehmen. »Stalin ist an der Macht, verstehst du, Stalin, der Georgier. Er kämpft gegen Hitler. Wir sind Deutsche und gehören zur falschen Seite.« Zerrieben zwischen den Fronten, das war ihre Situation. Mein Urgroßvater verstand die Welt nicht mehr.

Viertes Kapitel

Das Erfinder-Gen

1

Wie lückenhaft auch bei näherer Betrachtung die Berichte im Laufe der Zeit geworden sind, über eines ist man sich in der Familie immer einig gewesen. Erst Urgroßvater Wilhelm Langes »Verbesserung« hatte sie groß gemacht. Niemals wurde die Leistung meines Urgroßvaters mit einem anderen Wort beschrieben, und niemals wurde in den vielen Berichten darüber erwähnt, was es mit dieser sagenhaften »Verbesserung« tatsächlich auf sich hatte. Bei uns gibt es schon lange keinen mehr, der von der Jacquardtechnik genug versteht, um genau zu erklären, was mein Urgroßvater eigentlich erfunden hat. Aus diesem Grund wurde seine Leistung zunehmend als ein Mirakel betrachtet, das der Familie damals widerfahren war. Damit hatte seine Tat den Bereich des Konkreten schon verlassen, und der Begriff der »Verbesserung« nahm fortan in der Familie die gleiche Funktion ein wie sonst die Sakramente in der Kirche. So wie im Abendmahl durch die Macht des Wortes Wein zu Blut wird, kann eben durch eine Erfindung wie ein Jacquardwebstuhl aus ein paar Fäden ein ganzer Stoff werden. »Verbesserung« war seitdem eine Art Zauberformel, an deren Magie sich auch alle nachfolgenden Generationen versuchten. Mein Großvater mit seinen Basteleien, meine Mutter in ihrer Künstlerwerkstatt, mein Bruder in der Tischlerei und der älteste Sohn von Gisa, mein Vetter Thomas, in der Softwarebranche. Sie alle wollten ebenso Erfinder sein.

Als mein Urgroßvater noch jung war, erschraken die Leute manchmal, wenn sie ihm ins Gesicht schauten. Er trug einen gewaltigen Vollbart, um von seiner asketischen Miene abzulenken, aber das Glühen in seinen Augen konnte er nicht verbergen. Er glühte vor Leidenschaft, etwas ganz Großes zu vollbringen. Aus diesem Grund hielten sich viele lieber an seinen älteren Bruder Friedrich, der als Seele der Fabrik galt. Der Mann von Tante Bertha war das Zugpferd in dem ungleichen Gespann der »Gebrüder Lange«. Körperlich mächtiger als mein Urgroßvater, das Monokel in das linke Auge seines Löwenkopfs geklemmt, vertrat er den gewöhnlichen Optimismus der zweiten Unternehmergeneration, die nach harten Aufbaujahren auf ihren Erfolg vertraut. Die Kunden schätzten seinen Kaufmannsinstinkt, dem sie blindlings vertrauten, wenn sie neue Webstühle orderten. Seine gediegene Persönlichkeit genügte den Banken als Garantie für die Kreditwürdigkeit der Langes. Ihre Produkte waren so erfolgreich, erinnerte sich mein Großvater, dass damals nicht die Kunden hofiert wurden. Die mussten lange Wartezeiten in Kauf nehmen, wenn sie einen der verbesserten Jacquardwebstühle erwerben wollten. Nein, man musste die Lieferanten hofieren, ganz gezielt kam Bestechung in Form von Geld, Sachgeschenken und Schmeicheleien zum Einsatz, wenn es darum ging, mit den dringend benötigten Rohstoffen beliefert zu werden, vor allem Eisen und Zink für die Gussteile der Maschinen. Friedrich war ein Meister der schönen Worte, besuchte Kunden und Zulieferer in ihren Häusern. Das waren Gänge, die später mein Großvater übernehmen musste, wie oft hat ihn meine Mutter dabei begleitet. Bouquets für die Gattinnen wurden am Tag vor der Einladung abgegeben, und ganz im

Gegensatz zu meinem Großvater schreckte mein Urgroßonkel beim Essen vor fast nichts zurück. Aber einmal, bei einem jüdischen Kunden, kam ihm das Essen doch sehr fett vor und er fürchtete, es werde ihm im Magen liegen. Die Dame des Hauses bemerkte sein Zögern und sagte: »Greifen Sie zu, Herr Lange, es ist alles koscher.«

Waren das nicht großartige Zeiten, als mein Urgroßonkel seinen Neffen, meinen Großvater, auf dem Weg zur Schule gerade noch abfing und rief: »Karlchen, willst du mit nach Kiew zur Industrieausstellung? In einer halben Stunde geht der Zug!« Und ob mein Großvater wollte! Er hatte keine Zeit mehr sich umzuziehen, sondern blieb in seiner dunkelblauen Schuluniform mit den zweireihigen Goldknöpfen, die Mütze ließ er lieber daheim. Sie fuhren vierundzwanzig Stunden erster Klasse im Salonwagen, über Warschau, Lublin, Chełm und Sarni nach Kiew. Sie reisten mit kleinem Gepäck. Mein Urgroßonkel hielt nichts davon, sich unnötig zu belasten, er brauchte nur eine Plaidrolle und seinen Teekessel, um sich, wie es damals üblich war, an den Bahnstationen den Tee zuzubereiten.

Mein Urgroßvater hielt sich lieber im Hintergrund, zumal er, wenn er aufgeregt war, etwas stotterte. Doch wie alle Erfinder glaubte er an die Zukunft. Das 19. Jahrhundert war die glückliche Epoche der Tüftler, Träumer und großen Unternehmer. Faraday hatte den elektromagnetischen Generator erfunden, Edison die Glühbirne, Watt die Dampfmaschine, Singer die Nähmaschine, Otto den Ottomotor, Reis das Telefon. Es gab bereits den Kreiselkompass, den Füllfederhalter, die Rohrpost. Die Erfinder hatten der Menschheit Aspirin und Dynamit geschenkt.

Trotzdem war die Mechanisierung der Welt noch längst nicht vollkommen. Es waren immer noch viele Gerätschaften zur Erleichterung des Lebens denkbar. Es wurden Privilegien auf Patente verliehen für Erfindungen wie die »Erzeugung wasserdichter Hüte«, eine »Schreibunterrichtsmaschine«, wonach sich jeder in kurzer Zeit eine leserliche Handschrift aneignen konnte, die »Verbesserung eines eigentümlichen Bruchbandes«, die »Technik, Pickelhauben in einem Stück zu erzeugen«, die »Verbesserung der Befestigung von Knöpfen an Männerhosen«. Für sein durch Polio deformiertes Bein hatte mein Urgroßvater sich selbst einen ledernen Spezialschuh konstruiert, den er in der Fabrik anfertigen ließ. Orthopädische Schuhe kannte man noch nicht, der geschnürte Stützapparat galt in den Augen seiner Umwelt als das beste Beispiel für seine Findigkeit und wurde fast ehrfürchtig bewundert. Seine Krankheit machte geradezu einen Erwählten aus ihm.

Ach, ich habe es leider verpasst, mit meinem Großvater über all das zu sprechen. Und meine Mutter? »Mein Vater hat mir Verschiedenes erzählt«, behauptet sie reichlich nebulös über ihre Gespräche mit meinem Großvater. Auf meine drängenden Fragen hin kann ich ihr immerhin aus der Nase ziehen, dass die »Verbesserung« meines Urgroßvaters Wilhelm Lange ziemlich sicher irgendetwas mit den Lochkarten oder Musterkarten zu tun hatte, die in der Jacquardweberei die Stoffmuster steuern. Mit dem einfachen binären Prinzip – Loch für Fadenhebung oder Nichtloch für Fadensenkung – konnten fast beliebig komplexe Muster gewebt werden. Zwischen Webstuhl und Computer liegen Welten, und doch folgen sie demselben Prinzip. Mein Urgroßvater muss ein Visionär gewesen sein.

Heute tragen feine, in sich gemusterte Stoffe mit ihren Blumen-, Ranken- oder geometrischen Dessins den Namen ihres Erfinders und heißen Jacquardstoffe. Bedeutung und Konsequenzen der Jacquardmaschine betrafen aber nicht nur die Arbeit im Textilgewerbe, wo mit weniger Aufwand mehr und billiger produziert werden konnte. Die Produkte selbst veränderten sich dramatisch. Individuelle kunsthandwerkliche Gestaltung wurde durch technisch perfektes Dessin, aber oft auch durch künstlerisch triviale Massenware ersetzt. Engel, Sterne, Rosen: aus exklusiven Artikeln der höfischen Repräsentation wurden bürgerliche Konsumgüter. Edles für das Volk, das in den boomenden Industriestädten nach immer neuen Moden gierte. Diese gewaltige Nachfrage hatte die Langes am Ende des 19. Jahrhunderts so unermesslich reich gemacht. Bis heute gehören im Bewusstsein breiter Käuferschichten die im Licht changierenden Jacquardstoffe in das Luxussegment.

Es ist sonderbar genug: Zwar ist der mechanische Teil der Jacquardmaschine überholt – die hölzerne Sechskantwalze mit dem grauen Band endlos aneinander geschnürter Karten –, nicht aber die Art und Weise, Muster zu programmieren. Sie erfolgt nun rein virtuell auf dem Computer, aber immer noch nach dem gleichen Prinzip. Positiv/negativ, das gab den Takt vor, nach dem die Nadeln an der Platine des Webstuhls die Kettfäden tanzen ließen, die sich hoben und senkten. Auf der anderen Seite kam das gewebte Band mit seinen kunstvoll verschlungenen Mustern heraus. Die obligatorische Würfelkante diente einst als fester Webrand. In der mechanischen Weberei war sie nur eine Erinnerung daran, dass echter Damast einmal in echter Handarbeit hergestellt wurde.

Die Arbeit des Webers ist die Suche nach dem Muster. Gott hatte meinem Urgroßvater Wilhelm Lange die Gabe gegeben, es in seiner einfachsten Form zu sehen: Kette und Schuss. Ja oder Nein. Er war ihm dankbar dafür. Vielleicht, überlegte mein Urgroßvater, lag ja die Dualität von Sein und Nichts allen Dingen zugrunde. Seinen Sohn, meinem Großvater, lehrte er die Achtung vor dem Lebendigen, dessen

Tischteppich »Gebrüder Lange«, Textilmuseum Lodz

Bauplan festgelegt sei in der intelligenten, göttlichen Ordnung von Ja oder Nein. Hatte nicht Gottfried Wilhelm Leibniz, der Philosoph und Mathematiker, die alte Frage: »Wie geschieht der Übergang von der Seele in den Körper oder – anders gesagt – vom Geist in die Materie?« mit der Auskunft beantwortet: Gott in seiner Weisheit habe darum die »prästabilierte Harmonie« geschaffen, die Basis von allem. Alle Wege der Natur erfüllen nur den göttlichen Endzweck. Wie aber kommt dann das Böse in die Welt? Auch dafür hatte mein Großvater für seine Töchter eine Erklärung, die meine Mutter bis heute angesichts allfälligen Unglücks zitiert. Die volkstümliche Version von Leibniz' Antwort auf diese Frage lautet auf Polnisch. »*Nie ma tego złego, co by na dobre nie wyszło.*« Und auf Deutsch: »Es gibt nichts Schlechtes, das nicht zu etwas Gutem führt.«

Erst der reife Wilhelm Lange wird erkennen, dass sich in seiner letzten großen Leidenschaft, der Leidenschaft für seine Bienen, für ihn endlich die Suche nach einer göttlichen Ordnung erfüllte.

2

Baumwollköper, bedrucktes Kattun, lamédurchwirkter Brokat, Chiffon in Taftbindung, Damast mit Atlasbindung, vierbindiger Drell oder unverwüstlicher Drillich, Fischgrat, Kammgarn, Twill in feinster Qualität, Rippensamt oder Kabelcord, Genuacord, Feincord, glänzender Satin, Satin-Crêpe, Satin-Duchesse. Jedes Mitglied der Familie Lange hätte blind, durch bloßes Greifen und ohne zu Zögern erkannt, um welchen Stoff es sich handelte. Wenn ein neuer Typ Webstuhl die Fabrik verlassen sollte, wurde früher immer zuerst ein ganzer Ballen Stoff zur Probe hergestellt. Die Textilbahnen hatten keine bestimmte Verwendung gehabt und waren im Hängeboden des Wohnhauses an der Danziger Straße eingelagert worden. Sie waren das Strandgut eines längst versiegten Stromes von Gütern und Dienstleistungen, der einmal Lodz als das Zentrum der Textilproduktion im Osten mit der ganzen übrigen Welt verbunden hatte. Auch wenn wir Polen immer an der Peripherie Europas vermuten, bräuchte man nur in einer imaginären Linie den südlichsten Punkt auf der Landkarte, das sizilianische Capo Passero, mit dem Nordkap verbinden, und im äußersten Osten das russische Jakterinburg im Ural mit dem portugiesischen Cabo da Roca im Westen, um festzustellen, dass der Mittelpunkt Europas an der Stelle liegt, wo sich die beiden Geraden kreuzen, etwas nordwestlich von Lodz. Die mentalen Karten in unseren Köpfen sind mit der wahren Geographie der Erde nur ziemlich selten deckungsgleich.

Erst im Frühjahr 1944, kurz nach der Konfirmation meiner Mutter, wurden die lang vergessenen Stoffballen von ihr und ihrer Schwester Gisa beim eigentlich streng untersagten Stöbern entdeckt. Die beiden halbwüchsigen Mädchen gerieten bei dem unvermuteten Anblick der kostbaren Stoffe in einen Glückstaumel. Mitten in der schlechten Zeit waren sie auf einen Schatz gestoßen. Wie zwei Haremsdamen schlangen sie duftige Bahnen aus Krepp und Tüll um sich, wackelten mit den Hintern und tanzten unter wilden Verrenkungen Swing und Charleston durch die Diele. Das hatten sie so im Kino gesehen. Meistens konnten die beiden einander nicht ausstehen, aber in diesem Moment war alles vergessen. Die Nazis, der Krieg, die Angst. Bald würden sie erwachsen sein und viele neue Kleider haben.

Heute wissen sie nicht mehr, wer zuerst auf die Idee kam, sich aus den Stoffen etwas Schönes machen zu lassen. Sie fragten auch gar nicht erst um Erlaubnis, die Erwachsenen hatten andere Sorgen und interessierten sich nicht einmal dafür, ob sie überhaupt zur Schule gingen. Eine Schneidermeisterin auf der Petrikauer war bereit, ihnen ihre Wünsche gegen Überlassung der Stoffreste zu erfüllen. Gisa suchte sich ein eng geschnittenes rosafarbenes Satinkleid aus, und damit es nicht zu gewagt aussah, verpasste ihr die Schneiderin Puffärmel und in der Taille eine große Schleife. Meine Mutter dagegen ließ sich ein Ungetüm aus korallenrotem Chiffon mit einem rosafarbenen Unterkleid einreden. Das Plisseekleid wallte verschwenderisch an ihr herunter, die Stofffülle wurde

Konfirmation meiner Mutter 1944

von einer Schärpe zusammengehalten, in den weiten Schinkenärmeln verschwanden ihre Stöckchenarme. Sie fassten sich an den Händen und rannten kreischend und laut lachend die Petrikauer hinunter. Endlich hatten sie wieder einen Grund, glücklich zu sein. 1944 war Lodz eine entvölkerte, traurige Stadt. Tante Manja, die Schwester meines Großvaters, heulte fast, als die Mädchen mit ihren Neuerwerbungen nach Hause kamen. »Warum habt ihr mich nicht gefragt?«, jammerte die Tante. »Ihr seid doch keine Matronen. *Skąpo* muss es sein. *Skąpo.*« *Skąpo* hieß »dürftig«. Sie hatte ein Faible für zarte Frauen mit wenig Oberweite.

Eigentlich begann die Laufbahn meines Urgroßvaters als technisches Genie mit einer Pleite. In der Rückschau war seine Jugendtorheit ein Grund, ihn nur noch mehr zu bewundern, aber zuerst brachte Wilhelm Langes tollkühne Geschäftsidee die Firma der beiden Brüder an den Rand des Ruins. Mein Urgroßvater holte nämlich das Hochrad nach Lodz. Das war durchaus eine Sache, an die man sich in der ernsten Arbeitsstadt Lodz bis heute mit einer gewissen Achtung erinnert.

Den Berichten über die Hochräder hatte ich zunächst nur wenig Beachtung geschenkt. Sie betrafen die graue Vorzeit der Kindheit meiner Mutter und hörten sich mit ihren Worten etwa so an: »Erst waren wir unten und dann ganz oben.« Ich nahm an, dass sie es genauso von meinem Großvater gehört hatte. Die Chancen, mehr darüber zu erfahren, schätzte ich als eher gering ein. Dann aber gerate ich auf der Suche nach historischen Stadtplänen in die Touristeninformation an der Piotrkowska (Petrikauer-Straße). Allzu oft scheinen sich Touristen aus dem Westen allerdings nicht nach Lodz zu verirren. Der Leiter des nobel ausgestatteten Büros, ein freundlicher älterer Herr, hat sich mir auch deshalb besonders eingeprägt, weil er als Pole außer Russisch keine andere mir bekannte Fremdsprache spricht. Einer seiner Angestellten dolmetscht für uns in Englisch.

Es mag sich in den letzten Jahren einiges verändert haben, aber ich wertete das doch als deutliches Zeichen für die systematische Verdrängung der großartigen Vergangenheit der einstigen Vielvölkerstadt Lodz. Für alle vier Nationalitäten gab es hier früher Kirchen, Krankenhäuser und Schulen, allen Spannungen zum Trotz lebten und arbeiteten Russen, Juden, Deutsche und Polen miteinander. Oder ist das nur die deutsche Lesart der Geschichte, der wehleidige Versuch, die Größe der Schuld erträglich zu machen, indem man die Gegenseite der Ignoranz beschuldigt? Es wird nicht das einzige Mal bleiben, dass ich mich das frage. Trotzdem hatte ich in dem Leiter des Lodzer Touristikbüros endlich jemanden vor mir, der in der Stadtgeschichte wirklich beschlagen war. Die manchmal doch sehr vage Existenz der Fabrik der »Gebrüder Lange« schien durch den diplomierten Historiker neue Kontur zu gewinnen, besonders, als er bei seiner Aufzählung der Produktpalette die Fahrräder an erste Stelle setzte. Ich begriff, dass die Lodzer genau wie ich entzückt sind über die Verrücktheit meines Urgroßvaters, im Lodz des ausgehenden 19. Jahrhunderts mit der Produktion von Hochrädern zu beginnen. Zu diesem Zeitpunkt zeichnete es sich im Grunde schon ab, dass die Tretkurbeltechnologie (im Gegensatz zum Kettenantrieb) eine Sackgasse war. Auch wenn man natürlich behaupten kann, dass Diversifizierung schon damals ein ganz natürlicher Prozess für ein Unternehmen war.

Ich gebe hier die Geschichte wieder, wie ich sie mir nun aus verschiedenen Berichten und eigenen Nachforschungen zusammenreime. Zunächst muss man wissen, dass das Radfahren zur Zeit meines Urgroßvaters als gemeingefährlich galt. Als man um 1870 das Hochrad vorstellte, wurde in vielen Städten das Fahren damit verboten. Passanten warfen den Cyclisten Steine oder Holzstücke zwischen die Speichen, um sie zu Fall zu bringen. Wie schwierig es war, so eine Maschine überhaupt in Bewegung zu setzen, geschweige denn in geordneter Form wieder abzusteigen, kann man zeitgenössischen Schilderungen wie zum Beispiel von Mark Twain entnehmen. Der amerikanische Schriftsteller erlebte an den Reaktionen seiner Zuschauer beim mühsamen Erlernen des Hochradfahrens am eigenen Leibe, dass der Satz: »Wer den Schaden hat, braucht für Spott nicht zu sorgen« seine Berechtigung hat. Davon einmal abgesehen, dass das Besteigen des Sitzes in einer Höhe bis zu zwei Meter fünfzig einem Drahtseilakt glich, wurde jeder Stein, jede kleinste Bodenwelle dem Fahrer zum Verhängnis. Angeblich wurde in Europa überhaupt deshalb mit dem Asphaltieren der Straßen begonnen, weil zunächst das Hochrad seinen Siegeszug antrat.

Für meinen Urgroßvater, den sein verkürztes Bein sein ganzes Leben lang behindert hatte, muss die neue Art der Fortbewegung dennoch eine Offenbarung gewesen sein. Aus der Ferne schienen die Hochradfahrer schwerelos durch die Straßen zu gleiten. Lautlos, fast majestätisch kamen sie aus eigener Kraft voran, das war das Phantastische daran. Das Hochrad zwang zu einer fast meditativen Konzentration, ohne die man unweigerlich die Balance verloren hätte. Nicht nur räumlich war man dem Alltag total entrückt. Ihm war sofort klar, dass das Fahrrad eine der wichtigsten Erfindungen der Menschheit war.

Vielleicht ist es ein wenig übertrieben, aber mir scheint, die Sache mit den Hochrädern gibt der ganzen Geschichte der Maschinenfabrik der Gebrüder Lange eine heitere Note. Es ist etwas, durch das ich mich direkt mit meinem Urgroßvater verbunden sehen kann. Mein ganzes Leben bin ich selbst leidenschaftlich gerne Fahrrad gefahren. Als Kind hatte ich durch das harte Training im Heidesand sogar eine richtig tolle Fahrtechnik entwickelt, allerdings wurde ich bei einem Radrennen durch die Harburger Berge zur Enttäuschung meines Vaters nur Neunte. Ich war so aufgeregt, dass ich vom Fahrrad herunterkotzte. Trotzdem war mein Platz für eine Fünftklässlerin im Wettkampf gegen die gesamte Unterstufe des Friedrich-Ebert-Gymnasium, die etwa aus vierhundert anderen Kindern – und zwar meistens Jungen – bestand, immer noch ziemlich gut. Heute wundern sich Besucher manchmal, warum mein hellblaues MASI-Rad mit seiner kompletten Montagegruppe Campagnolo (Bremsen, Sattelstütze Schaltung etc.) einen Ehrenplatz mitten in meinem Wohnzimmer hat. Die meisten Leute nehmen mir ohne Weiteres ab, dass ich das Gerät hauptsächlich als ästhetisches Objekt ausstelle. Mein Urgroßvater, der einen unglaublichen Spaß an Präzisionstechnologie gehabt haben muss, hätte das sicher verstanden. Aber in Wirklichkeit ist die Rennmaschine das sentimentale Relikt einer Periode meines Lebens, in der ich mir im Alpenvorland die Liebe eines Mannes buchstäblich erradeln wollte. Überflüssig zu sagen, dass er mir immer davonfuhr. Trotzdem würde ich mich niemals von dem Teil trennen, das mit seinen altmodischen Rennbügeln und den Schalthebeln unten am Rahmen fast schon eine Antiquität ist. Außerdem ist da noch eine Erinnerung an meinen Großvater, der, mit über siebzig rücklings auf dem Lenkrad eines Fahrrads sitzend, mühelos das Gleichgewicht halten konnte. Hatten wir in der Heide Gäste, glänzte »Herr Lange« übermütig mit dieser zirkusreifen Nummer, begleitet vom ängstlichen Kreischen der Damen. (Das Schmerzliche war für mich daran, einen Sohn zu sehen, der immer noch seinem Vater imponieren wollte.) Den Draufgänger mimen, war ja sowieso die Rolle, in der er sich am besten gefiel.

Nehmen wir einmal an, mein Urgroßvater hätte tatsächlich die Pariser Weltausstellung besucht, wie es damals für einen jungen Industriellen völlig selbstverständlich war. 1878 war er zweiundzwanzig Jahre alt und hatte wegen seiner Behinderung keine übertrieben hohe Meinung von sich, was seine Wirkung auf Frauen anging. Dafür reiste er ständig durch Europa und konnte es sich erlauben, im Sommer lässige weiße Anzüge zu tragen. Eine Angewohnheit, die er übrigens auch noch den ganzen Zweiten Weltkrieg hindurch beibehielt.

1878 wurde in Paris der erste Eisschrank vorgestellt, der Vorläufer des Plattenspielers, im englischen Pavillon aber präsentierte man ein Hochrad mit dem Shakespeares Luftgeist nachempfundenen Namen »Ariel«. Vollgummireifen und Stahlspeichen waren zusammen mit einer Leichtbauweise die technischen Voraussetzungen, mit denen die beiden englischen Techniker James Starley und William Hillmanns höhere Geschwindigkeiten als alle ihre Vorgänger erreichten. So groß war die allgemeine Euphorie, dass ihr »Ariel« das »Ordinary« (»das Alltägliche«) getauft wurde. Es wurde gewöhnlich von sportlichen und begüterten jungen Männern gefahren. Diese Snobs liebten das Hochrad schon deshalb, weil es sie, rein optisch gesehen, deutlich über die Normalbürger erhob. Mein Urgroßvater Wilhelm Lange jedenfalls ließ sich das Wunderding sofort nachbauen und nahm es mit nach Lodz.

Von ihm heißt es aber auch, dass er in seiner Jugend gerne einen hob. Er war kein Säufer, beeilt sich meine Mutter den im Raum stehenden Vorwurf zu entkräften, aber zusammen mit anderen Lodzer Honoratioren besuchte er eben nur allzu leichtsinnig den Stammtisch in der einen oder anderen Pinte an der Petrikauer, wo die Männer abwechselnd Lokalrunden mit Bier und Schnaps schmissen. Nach offiziellen Einladungen zog man sich in die häuslichen Herrenzimmer zurück, um bei einer Havanna und einem Glas Sherry wichtige Geschäfte zu besprechen. Die Herren Weyrauch, Oberländer, Geyer und Grohmann saßen an verschnörkelten Tischchen auf Fauteuils mit viel zu zierlichen Beinen, um wirklich bequem zu sein, und ruinierten mit ihrem Zigarrenrauch die nagelneuen Interieurs, auf die die neureichen Hausfrauen so stolz waren. Es herrschte eine Stimmung rastloser Geschäftigkeit, eine intensive Betriebsamkeit. Viel Geld lag in der Luft. Es ging um Umsatzzahlen in Millionenhöhe. Die Gläser hinterließen Ringe auf der Politur, Asche rieselte auf das gebohnerte Parkett.

Fast noch ein Jüngling, musste man diesen Wilhelm Lange dennoch durchaus ernst nehmen. Ein bemerkenswerter Bursche, nicht groß von Wuchs, aber von einem so einnehmenden Wesen, dass man sein gelähmtes Bein ganz vergaß. Seit Neuestem führte er zusammen mit seinem älteren Bruder Friedrich die Geschäfte der Langeschen Maschinenfabrik. Man würde noch von den Brüdern hören, das war gewiss. Nach dem allzu frühen Ableben ihres Vaters, dem Firmengründer Friedrich Lange, war die Mutter Czarlotta aus Moskau, wohin das Paar seine Firma verlegt hatte, nach Lodz zurückgekehrt und hatte, kaum war ihr Jüngster, ihr Wilhelm, neunzehn Jahre alt geworden, den Söhnen die Geschäfte übertragen. Eine energische Frau, diese Czarlotta Lange, eine geborene Albrecht, und sehr geschäftstüchtig. Dass dieser Eindruck, den meine Ururgroßmutter in der Lodzer Geschäftswelt hervorgerufen hatte, eher noch untertrieben war, zeigte sich während der Wirtschaftsflaute unter der deutschen Besatzung im Ersten Weltkrieg. Diese Frau, von der erzählt wird, dass sie mit weit über achtzig noch kein weißes Haar in ihrem schwarzen Zopf hatte, wollte um keinen Preis zulassen, dass der Krieg ihr alles, wofür sie ihr Leben lang gekämpft hatte, zerstörte. Sie ging zurück in die Werkhallen, wo sie siebzig Jahre zuvor als junge Frau angefangen hatte, und kochte in Fässern eigenhändig die Stärke, mit der man die Kettfäden zwirnte, ehe sie auf den Webstuhl aufgebäumt wurden. Das allein mag für eine Greisin schon eine beachtliche Leistung sein, wer aber gab dieser Frau Kenntnisse der modernen Verkaufspsychologie ein? Meine Ururgroßmutter ließ nämlich braune Fässchen herstellen, versehen mit dem Etikett »Old English Firniss«, und kam wegen der regen Nachfrage anschließend mit der Produktion nicht mehr nach. Nach einem arbeitsamen und aufregenden Leben schloss sie, betrauert von ihren Söhnen Friedrich und Wilhelm, mit einhundertdrei Jahren (etwa um 1920) für immer die Augen.

In Russland hatten die Langes das Ursprungskapital erwirtschaftet, sonst hätten sie sich niemals die große Parzelle direkt an der Andrzeja/Ecke Wólczánska leisten können. Und jetzt kam dieser junge Lange und warb für seine total verrückte Idee, Tretkurbelräder in Lodz zu bauen. Unternehmergeist, den brauchte die Stadt, aber was dieser Jungspund da vorhatte, das war doch wohl zu gewagt. Für Spielzeug hätten diese Industriellen niemals auch nur einen Rubel investiert. Dass sie altmodisch wären, wollten sich die Stadtväter aber auch nicht nachsagen lassen. Ihr Lodz war weiß Gott moderner als manch andere Provinzstadt. Unlängst war es durch einen Eisenbahnanschluss mit der Warschau-Wien-Linie verbunden worden, die Konzession für eine städtische Gasbeleuchtung war bereits erteilt, Telegraphenverbindungen in alle Himmelsrichtungen gezogen. Die Entfernung rechneten sie aber in Werst.

Auch seine Mutter Czarlotta, meine Ururgroßmutter, beschwor ihren Liebling, die Finger von dem Unsinn zu lassen und bei den Webmaschinen zu bleiben. Zuerst schien aber mein Urgroßvater recht zu behalten. Mit seinem Hochradspleen setzte er die Gründung von Sportvereinen wie die »Lodzer Cyclisten« in Gang, Radfahrerclubs, wie es in England schon viele gab. Die Sportbegeisterten trugen enthusiastisch Wettkämpfe aus in Uniformen mit knappen Jacken, dreiviertellangen eng anliegenden Hosen und kleinen Kappen. Auf dem »Comet«, wie der Fahrradtyp der Gebrüder Lange hieß, wurden Rennen gegen englische Fabrikate ausgetragen

– und gewonnen. Doch auch das Radfieber, das sich in Lodz in kürzester Zeit ausbreitete, konnte nicht verhindern, dass die Gebrüder Lange an Urgroßvaters genialer Geschäftsidee beinahe in Konkurs gingen. Im Grunde hatte Wilhelm Lange auf eine technische Fehlentwicklung gesetzt. Die Hochräder glichen Dinosaurier, die eben bald von den niedrigen Sicherheitsfahrrädern mit Kettenantrieb verdrängt wurden. So ein Fehler würde ihm kein zweites Mal passieren. Dazu kam, dass sich die Straßen in ganz Polen in einem katastrophalen Zustand befanden. Die Fahrwege glichen eher einem Trichterfeld als einem befestigten Weg und ruinierten die teuren Rennmaschinen.

Ebenso wenig gab es eine Kanalisation. Die Garnfärbereien klärten ihre giftigen Abwässer einfach in die Straßengräben, von wo aus sie sich über die Wiesen verteilten. Noch in den zwanziger Jahren konnten die Kinder, wenn sie barfüßig über die Felder rannten, an der Farbe ihrer Beine genau erkennen, welcher Farbton von den Webereien gerade nachgefragt wurde. Die Schlammstraßen im »Manchester des Ostens« waren eine Legende, die man sich im Westen noch lange nach dem Zweiten Weltkrieg erzählte. Tatsächlich erlebte es meine damals im Schwäbischen ansässige Mutter, wenn sie in Gesellschaft berichtete, sie komme aus Lodz, häufig genug, dass die Leute allen Ernstes behaupteten, im Osten habe es früher weder gepflasterte Straßen noch fließendes Wasser gegeben. So, als stamme sie aus einem total unterentwickelten Land. Jedes Mal aufs Neue gekränkt, wies sie die Frager darauf hin, dass ihr Elternhaus eine moderne Staubsaugeranlage und Zentralheizung besessen habe. Von Heilbronn aus betrachtet, macht es bis heute keinen Unterschied, ob man von Lodz oder Sibirien spricht.

4

Trotz seiner Fehlinvestition muss es meinem Urgroßvater Wilhelm Lange sehr schwer gefallen sein, sich von seinem Traum von der Schwerelosigkeit zu verabschieden. Bis zur Flucht stand in seinem Wohnzimmer in der Villa an der Danziger Straße eine Daguerreotypie seines ersten Sohnes, meines Großvaters, der im Matrosenanzug mit langen Locken und ernstem Kinderblick winzig neben einem Hochrad aus der Produktion der »Gebrüder Lange« steht.

Heute verstehe ich, dass sich meine Großeltern nach der Flucht in keiner besseren Situation befanden als beispielsweise die Trojaner, die nach der Zerstörung ihrer Heimat nach Italien geflüchtet waren. Obwohl die Langes sich im 20. Jahrhundert befanden, hatten sie nach der überstürzten Flucht kein einziges Stück Papier, um ihre Ansprüche zu legitimieren. Der Akte im Lastenausgleichsamt kann ich nicht nur entnehmen, dass mein Großvater fast zwei Jahrzehnte um seine Ansprüche gekämpft hat. Ich lese auch, dass er gleich mehrere Zeugen aufbieten musste, um seine Angaben über seinen verlorenen Besitz zu bestätigen. Es gab also nichts, als diese immer und immer mündlich wiederholte Saga unserer Abkunft aus dem Osten. Dabei ist es sehr, sehr ungewiss, wie weit das menschliche Gedächtnis reicht. Kaum saßen wir also zusammen, begann mein Großvater auch schon zu erzählen. Und wir Kinder hörten zu. Er gedachte all derer, die ein langes Leben gehabt hatten, er gedachte der wenigen, die glücklich gewesen waren, und all derer, die jung gegangen waren. Danach gedachte er jener, die in der Jugend wahnsinnig geworden waren. Er zählte die Kontinente, auf die es seine Angehörigen verschlagen hatte. Er zählte die Häuser, die sie bewohnt und verloren hatten, er rief uns beschwörend die großen Taten seiner Vorfahren ins Gedächtnis, damit sie nicht vergessen würden. Er berichtete, was von Generation zu Generation weitererzählt wurde. Wir sollten wissen, dass wir nicht einfach irgendjemand waren, wir waren die Abkömmlinge einer großen Familie.

Er kam auf denjenigen unserer Vorfahren zu sprechen, der den Senf an den Zarenhof eingeführt hatte. »Angeblich«, beeilte er sich einschränkend hinzuzufügen. Aber der eigentliche Grund, warum diese Anekdote so gerne erzählt wurde, war weder Sankt Petersburg noch der Senf, sondern wie es mit diesem fernen Verwandten weitergegangen war. Zu Ansehen und Reichtum gekommen, wollte er beladen mit einem Sack voll Gold in die Heimat zurückkehren. Er war sehr vorsichtig, ließ seinen Schatz niemanden sehen. Unterwegs machte er nur Halt in Herbergen abseits der großen Verkehrswege. Einmal aber becherte er zu viel, das löste ihm die Zunge, leichtsinnig prahlte er mit seinem Geld. Spätestens jetzt wurde klar, worum es meinem Großvater, der höchstens zum Geburtstag anstieß, ging. Durchs Saufen hatte sich schon mancher ruiniert. Am nächsten Morgen fand sich dieser unglückliche Ahne verkatert und bis aufs Hemd ausgeraubt wieder. Ihm genügte ein einziger Versuch, um sich am nächsten Balken aufzuhängen.

Sein trauriges Ende erfüllte mich damals mit tiefem Grauen. Von anderen Kindern hatte ich nämlich gehört, dass Erhängten die Zunge aus dem Mund quillt. Die Pointe dieser Erzählung schien alle qualvollen Existenzängste der Kindheit zu bestätigen. Auf eine sonderbar tröstende Weise schien sie mir aber auch von einer ausgleichenden Gerechtigkeit zu handeln, die allzu großes Glück durch Unglück bestraft. Historisch belegt ist allerdings nur, dass der »Gorlinka-Senf«, eine russische Spezialität, in der deutschen Kolonie Sarepta an der Niederwolga nur wenig südlich des heutigen Wolgograds erfunden wurde.

Ich konnte mich dagegen wehren, ich konnte meine Großeltern altmodisch finden und meine Mutter unerträglich mit ihrem ewigen Schwärmen von früher. In einer verborgenen Gefühlszone unterhalb der Annehmlichkeiten des Lebens im Nachkriegsdeutschland, unterhalb der Aufbaujahre, unterhalb des Wohlstands, der nach und nach wieder erarbeitet wurde, waren wir dennoch auf vielfältigste Weise mit dem Osten verbunden. Bindungen so fein wie ein Pilzgeflecht, die aber Vorlieben und Abneigungen bestimmten. Kartoffelpuffer mit Zwiebeln hätten wir nicht angerührt. Wie jeder, der östlich der Elbe gebürtig ist, bestreuten wir sie mit Zucker. Unsere süßsauer eingelegten Pilze fanden die Norddeutschen ungewohnt, ebenso die süßlichen Salatsoßen. Es war nicht so, dass wir ausschließlich Tolstoi, Dostojewskij oder Reymont gelesen hätten, und Polnisch sprachen die Großeltern auch nur, wenn wir etwas nicht verstehen sollten. Trotzdem horchten wir auf, wenn wir unvermutet auf jemanden trafen, der den typischen Zungenschlag der Leute von drüben hatte. Ein weich rollendes R und eine fremde Weise die Worte zu betonen. Die andere Syntax: »Man möchte bitte entschuldigen, aber wir sind nicht von hier.« – »Man möchte bitte!« Sich für alles zu entschuldigen, das war das Flüchtlingssyndrom. Ebenso die ziemlich nervende Art, sich aus Vorsicht den Gegner mit tödlichen Komplimenten vom Hals zu schaffen. Für uns war der Osten eine Urbeziehung, eine besondere, sehr familiäre Art, die Welt zu interpretieren. Es könnte sein, dass man genau das Heimat nennt.

Ich lernte exotische Namen wie Kiew, Odessa, Moskau, Sankt Petersburg kennen, bevor ich von New York oder London reden hörte. Meine Großeltern erzählten von ihren Reisen ans Schwarze Meer, vom Stör und dass Kaviar satt sie nie wirklich interessiert hätte. Und sie lehrten uns russische Kinderlieder, wie etwa das Lied »Vom ungehorsamen Ziegenböckchen«, von dem der böse Wolf nur ein paar Knochen übrig ließ. Sie fürchteten nicht den Russen, nur den Bolschewik. Er war der schwarze Mann in meinen Träumen und zusammen mit dem Sputnik eine feste Größe in meiner kindlichen Vorstellungswelt. Die Erinnerungen meiner Großeltern waren Länder, die ich niemals würde sehen können. Das machte mich traurig.

Ob mein Ururgroßvater der gleiche Friedrich Lange war, der nachweislich eines Eintrags in der weltgrößten Datenbank für alle Internet-Ahnenforscher – »FamilySearch« der Herz-Jesu-Kirche der Mormonen – 1815 in einer kleinen Siedlung von Auslandsdeutschen mit dem Namen Borodino mitten im südosteuropäischen Bessarabien geboren wurde, ist nicht ganz sicher, aber mehr als wahrscheinlich. Auch den Namen »Bessarabien« wird der Reisende heute vergeblich auf der Landkarte suchen. Er gehört in eine ganz andere Zeitzone und wurde nach dem Zweiten Weltkrieg aus den Atlanten getilgt; das Gebiet wurde zwischen Moldawien und der Ukraine aufgeteilt. Gewiss ist aber, dass meine Ahnen zu jenen deutschen Kolonisten gehörten, die von der Zarin Katharina II. im 18. Jahrhundert nach Russland gerufen wurden. Auf der Suche nach ihrem Glück zogen sie ruhelos durch das Reich. Nie waren sie sicher, nicht vor Missernten und der Unbill der Witterung, nicht vor Willkür, nicht vor antideutschen Pogromen, nicht vor Sanktionen.

Wenn ich an meine Vorfahren denke, ist es, als schaute ich durch ein Fernrohr in eine fremde Vergangenheit. Ganz klein und entrückt kann ich sie vor mir sehen, aber ich erkenne ihre Gesichter nicht, so sehr ich es auch versuche. Dabei stamme ich doch von ihnen ab, und so vieles in meinem Leben bestimmt sich von daher, ob ich es nun will oder nicht. Doch in der Weite des unergründlichen Ostens verliert sich die uralte Frage: »Wo komme ich her?«

Ich kann nur darüber spekulieren, was diesen fernen Friedrich Lange bewogen haben mag, ausgerechnet 1844, im Jahr der Depression, als überhaupt Erster in Lodz eine Fabrik für Webutensilien zu gründen, die sich später die älteste und größte Maschinenfabrik der Stadt nennen durfte. Die letzten Bauplätze waren schon abgesteckt, neue Waldgebiete gerodet, der Marktflecken zur Gouvernementstadt erhoben, als der aufstrebende Ort in die erste große Rezession stürzt, weitere werden folgen. Ab 1844 ging die Zahl der Einwohner zum ersten Mal zurück. Um die eigene Textilindustrie zu schützen, hatte Russland eine Zollgrenze gegen Kongresspolen verhängt. Die Aufträge für die deutschen Weber blieben aus. Bald waren ihre Warenvorräte aufgebraucht, neue Garne konnten sie nicht erwerben. Die unausweichliche Folge: Pleiten, Elend und Hunger, es kam zu epidemischen Selbstmorden. Die Existenz der Stadt Lodz, »Miastra Lodz«, wie es auf Polnisch heißt, war und blieb prekär, abhängig vom individuellen Mut und Einsatz, abhängig von Einzelkämpfern, wie mein Ururgroßvater Friedrich Lange einer gewesen sein muss. Der tüchtige Fachmann, wie man Leute wie ihn gerne nannte, war ganz offensichtlich zu ungeduldig, das Ende der Depression abzuwarten. Er sah in Moskau, dem Zentrum der russischen Textilindustrie, bessere Aussichten, und beschloss mit seinen Söhnen Friedrich und Wilhelm und seiner Ehefrau Czarlotta nach Russland zurückzugehen.

Für sie war es eigentlich eine Rückkehr zu ihren Ursprüngen, da schon ihre eigenen Eltern zu den Wolgadeutschen zählten. Im russischen Kaiserreich, so hatten die verzweifelten Fabrikanten erfahren, sollten noch »menschenleere Orte sich befinden, welche seine kaiserliche Majestät mit Fabrikanten besetzt wissen wollen, welche alle noch bevölkert werden sollen...« Obwohl Zar Alexander II. mit rigiden innenpolitischen Reformen einen großen Teil der von Katharina II. garantierten Privilegien für die Russlanddeutschen wieder abgeschafft hatte, waren die deutschen Tuchmacher damals in Polen von einer regelrechten Auswanderungswelle ins Zarenreich erfasst worden. Den »menschenleeren Raum«, das war es, was die deutschen Auswanderer schon immer im Osten suchten, lange bevor der »Ostraum« von den Nazis zu einem Unwort gemacht wurde, das den Tod von Millionen und unzählige entsetzliche Verbrechen rechtfertigen sollte. Die Verbrecher machten sich einen uralten Topos zunutze: den Traum vom Neuanfang im Paradies, für den die Pioniere im 18. oder 19. Jahrhundert ihre Heimat verließen, um in gottverlassene Gegenden mit brütend heißen Sommern und klirrend kalten Wintern aufzubrechen.

Es ist, als bewege ich mich bei meiner Spurensuche auf einer Landkarte des Terrors. Jeder neue Ortsname wird zu einer Wiederbegegnung mit der Deutschen Geschichte. Kutno, Lodz, Warschau, Minsk, Moskau. Kein Ort, dessen Erinnerung nicht besudelt wäre durch die Verbrechen der SS. Es ist die Entdeckung der Geographie eines verschwundenen Raums, eines versunkenen Kontinents in seinem ganzen Schrecken, aber auch in seiner ganzen Schönheit. Die alten Routen endeten am Eisernen Vorhang. Orte wie Lodz, Minsk oder auch Vilnius, die einmal mitten in einem Durchgangsland nach Osten lagen, rückten an den Rand des europäischen Bewusstseins und wurden schließlich vergessen. Solange, bis sie beinahe für uns aufhörten zu existieren. Auch zwanzig

Jahre nach dem Fall des Eisernen Vorhangs liegen diese einst von Deutschen besiedelten Gebiete immer noch unerreichbar weit jenseits unseres Horizonts. Von Berlin ist Polen allerdings gerade eine Autostunde entfernt.

In Russland wurde erst 1861 die Leibeigenschaft aufgehoben. Gerade erst begann die Industrielle Revolution. Trotz unsicherer Zeiten sahen die Langes für erfahrene Fachleute wie Friedrich eine Chance, besonders bei der Metallverarbeitung in Drahtstiftfabriken oder in Walz- und Hammerwerken. In Lodz hatten sie Drahtlitzen, Spulen und andere Webutensilien hergestellt. In Moskau konnten sie auf zinslose Darlehen und Steuerfreiheit rechnen.

Die Eisenbahnstrecke Warschau-Moskau war noch immer nicht fertig gestellt. Die Familie Lange reist also mit der Postkutsche – und lässt sich auf ein unvorstellbares Abenteuer ein. Mein Urgroßvater Wilhelm ist erst ein Jahr alt. Zehn Kilometer pro Stunde schafft der Postdienst im Deutschen Reich, auf dem schlecht ausgebauten Straßennetz Russlands sind es gerade mal zwei Kilometer. Jeder Regen verwandelt die Wege in lehmige Sümpfe. Immer wieder kommen die Wagen von der Straße ab. Endlose Wartezeiten in modrigen Landgasthöfen verschlingen Unsummen ihres knapp bemessenen Kapitals.

Mein Urgroßvater Wilhelm Lange war ein kränkliches, schwaches Kind, so wie es übrigens von vielen außerordentlichen Persönlichkeiten überliefert wird. Wegen seiner zarten Gesundheit wurde er von seiner Mutter mit besonderer Sorgfalt erzogen. Auch das nichts Ungewöhnliches in einer Erfinderbiographie: Er durfte keine öffentliche Schule besuchen, sie unterrichtete ihn selbst. Zu seinem Vater verspürte Wilhelm niemals die gleiche Nähe wie zu seiner Mutter. Friedrich Lange starb vorzeitig, ohne Lodz jemals wiederzusehen.

Die Bindung an Russland war die Basis ihres Reichtums. Das zaristische Reich lieferte die Rohbaumwolle, die in Lodz zu Stoffen und Tuchen verarbeitet wurde. Umgekehrt war Russland der schier unermessliche Absatzmarkt für die fertigen Produkte. Die Gebrüder Lange unterhielten zur besseren Abwicklung ihrer Geschäfte bis 1918 ein Gesamtdepot ihrer Warenpalette in Jurjew (russischer Name des heute estnischen Tartu). Man hätte erwarten können, dass sich die meisten Webstühle der Firma Lange in die Textilmetropole des Ostens, Lodz, also in die eigene Stadt verkauften. Aber der Konkurrenzdruck durch mechanische Webmaschinen schweizerischer, deutscher oder englischer Maschinenbauer war enorm groß, zumal sie zollfrei nach Kongresspolen eingeführt werden durften. Immerhin hatten die Brüder ihr Unternehmen um eine Graugießerei erweitert und waren in der Lage, jedes Eisenteil selbst zu formen. Von daher hatten die Langes etwas anzubieten, was man heute Komplettlösungen nennt. Angefangen von den Maschinen für die Arbeitsvorbereitung wie Fadenschlicht- oder Schussspulmaschinen bis zu den Musterkarten der Jacquardwebstühle konnten sie ganze Anlagen liefern. Im Eiltempo holte der Osten Europas nach, was sich in England schon längst vollzogen hatte, die Mechanisierung der Textilproduktion.

5

Meine Urgroßeltern hatten 1885 geheiratet. Die Brautleute waren in der evangelischen Trinitatiskirche am Freiheitsplatz in Lodz getraut worden. Eine Liebesheirat war es nicht, eher eine Vernunftehe. Etwas anderes als eine Verbindung innerhalb ihrer eigenen Klasse wäre niemals infrage gekommen.

Aber Emilie hatte mit ihren damals kaum zwanzig Jahren etwas, was einen Mann wie Wilhelm durchaus reizen konnte. Ein zierliches Persönchen, das unter ihren langen, geblümten Kleidern ein Paar zarte Fesseln präsentierte. Beim Sprechen gestikulierte sie energisch mit ihren schmalen Händchen. Hinter all dem, was sie gewöhnlich nach außen zeigte – hochgeschlossene Kragen, tiefe protestantische Frömmigkeit und unerschütterliche Beherrschtheit –, war ein Derwisch zu spüren, ihr trotziges slawisches Temperament. Scheinbar sanft und geduldig, verbarg sich hinter der strengen Fassade eine starke, eigensinnige, nervöse Natur. Kaum zu bändigen war auch Emilies Kraushaar, und nicht weniger ungebärdig ihr Blick aus schmalen Mandelaugen mit der schrägen Mongolenfalte. Die Langes fanden das apart, stammten sie doch ursprünglich aus Niedersachsen und hatten eine runde, blauäugige Sicht auf die Dinge. Wenn sie über Emilie sagten, »da sei ein Tatar dazwischengekommen«, meinten sie im Grunde nur, dass mit der Wendin, deren Eltern aus der Lausitz nach Lodz eingewandert waren, etwas Exotisches in die Familie eingekreuzt worden wäre. Meine gesamte Kinderzeit hindurch habe ich meine jüngere Schwester Toni um ihre Haare beneidet. Sie entzückte die ganze Welt mit ihrem Langeschen Wuschelkopf, ich dagegen hatte nur glatte »Schnittlauchlocken«.

Zehntausend Goldrubel brachte Emilie Keilich als Mitgift in die Ehe mit meinem Urgroßvater Wilhelm Lange. Dieser Betrag war in meiner Kindheit Gegenstand vieler ausführlicher Erörterungen. So reich war die aus der Lausitz stammende Familie Keilich gewesen, dass sie jede ihrer Töchter – wie im Märchen waren es sieben –, mit einer solchen Morgengabe ausgestattet, gut verheiraten konnten. Natürlich war Emilie, meine Urgroßmutter, die Jüngste und die Allerschönste. Meine Mutter hat außer ihr noch zwei dieser damals in ihren

Kinderaugen steinalten Keilich-Töchter gekannt, Tante Malchen und Tante Emma. Ätherische Wesen in duftigen Kleidern, die einer längst entschwundenen Welt des Geldadels entstiegen waren. Auf den Familienfeiern hielten sie sich wie eineiige Zwillinge immer eng beieinander. Als ahnten sie bereits den kommenden Verlust, gab es damals bei den reichen Lodzern nur wenige Nachkommen, und kleine Kinder waren eine gehätschelte Kostbarkeit. Meine Mutter wurde von Schoß zu Schoß gereicht. Lange hielt sie das nicht aus. Sie kniff die Pobacken zusammen und machte einen spitzen Hintern, was den Erwachsenen unbehaglich war. Sie schoben das magere Ding wieder weg. Es schien undenkbar, dass sie einmal selbst alt sein würde.

Zehntausend Goldrubel waren keine Summe, die zwischen zwei Menschen jemals wieder vergessen wurde. In der Bilanz ihrer Ehe schlugen auf der Seite meines Urgroßvaters Kreativität und Erfindergeist, auf der Seite der Urgroßmutter das Kapital zu Buche. Eine Frau, die so viel Geld in die Ehe einbrachte, konnte mit gutem Grund Einfluss und Rücksichtnahme für sich beanspruchen, das ließ sie die anderen ständig spüren. Das Phantastische ihrer Mitgift lag für mich allerdings nicht in ihrem Wert – aus heutiger Sicht vielleicht 600 000 Euro. Als viel beeindruckender empfand ich immer den Umstand, dass es sich tatsächlich um echte glänzende Goldstücke gehandelt haben soll.

Stets umgab Emilie eine Aura der Unnahbarkeit, sie stand in dem Ruf, streng und unnachgiebig zu sein. Vielleicht hielten sie manche sogar für eine harte Frau. Ganz sicher aber ist ihr schwieriger Charakter für ihre Kinder später zur Schicksalsfrage geworden, denn, wenn man es recht bedenkt, konnte sie nur der Tod von der Abhängigkeit zur Mutter lösen. Dabei ging es wohl weniger um die materielle Abhängigkeit, um

Meine Urgroßmutter Lange mit vier Kindern
v.l.n.r.: Manja, Georg, Karl und Hedwig

die natürlich auch. Aber dass die Kinder meiner Urgroßmutter nicht erwachsen wurden, hatte seine Ursache darin, dass sie in dem vergeblichen Versuch, ihren perfektionistischen Ansprüchen zu genügen, von vornherein auf ein eigenes Leben verzichteten.

Ihr ältester Sohn, mein Großvater Karl Lange, der ordnungsgemäß ein Jahr nach der Hochzeit zur Welt kam, konnte sich nicht erinnern, jemals von seiner Mutter geküsst worden zu sein. Allerdings ließ sein Vater, Wilhelm Lange, nach der glücklichen Geburt des erstgeborenen Sohnes am Montag den

31. August 1886 zwei Minuten lang die Fabriksirenen heulen. Ansonsten waren die Erwägungen meines Urgroßvaters gegenüber seinen Kindern eher pragmatisch. Um auf der Beerdigung nicht zu frieren, gab er scheinbar ungerührt einen neuen Pelz in Auftrag, als mein Großvater mit ungefähr einem Jahr mitten im Winter an Diphtherie erkrankte. Wie man weiß, hat Karl Lange die Krankheit überlebt. Er musste zwar nicht mehr »Sie« zu seiner Mutter sagen, das galt schon als fortschrittlich. Aber dennoch herrschte ein kühler, distanzierter Ton zwischen Mutter und Kindern vor. Auf der Suche nach Nähe kroch der Knabe morgens vor der Schule zu seiner Amme ins Bett.

»Wenn du Hunger hast, trink erst einen Schluck Wasser«, wurde ihm von klein auf gepredigt. In der Schule stierte er in der großen Pause voller Gier auf die Fettränder der Schinkenbrote, die andere Kinder mit in die Schule nahmen. Noch ihre Enkelinnen Gisa und Eva ermahnte meine Urgroßmutter bei Tisch, »das Essen nicht zu sehr zu schätzen«. Eigentlich sollten die Kinder so tun, als wären die leckeren Speisen Luft für sie. So reich sie auch sein mochten, für meine Urgroßmutter Emilie hätte es sich keinesfalls geschickt, Gott durch Verschwendung und Völlerei zu versuchen, und Kochschinken für Kinder kam dieser Sünde schon sehr nahe. Der Herr hatte Arm und Reich geschaffen, weil der Reiche belohnt wird für sein gottgefälliges Leben. Das war das triebfeindliche Klima einer Lodzer Version der protestantischen Ethik: Lustverzicht und Umleitung der anfallenden Energie in übertriebenen Fleiß. Mäßigung beim Essen, beim Trinken und in der Liebe. »Dein Großvater«, sagte später einmal meine Großmutter Gertrud über ihren Mann Karl Lange, »hat sich immer zurückgehalten, in jeder Hinsicht.« Wer Gertrud kannte, wusste genau, wovon sie sprach.

In gewisser Weise ist also die Selbstzucht, mit der die später so oft als Lodzer Menschen geschmähten deutschen Einwanderer ihr Fortkommen in die Hand nahmen, auch für die Familie Lange zum Schicksal geworden.

Man hielt es für ein Wunder, dass mein Urgroßvater den Sturz aus zwanzig Meter Höhe durch den ungesicherten Schacht des Lastenaufzugs der Fabrik überlebte. Seitdem er gefallen war, wusste er, dass es keine glückliche Vorsehung, wohl aber Rettung gibt. Fortan entsagte er dem Nikotin und rührte nie wieder einen Tropfen Alkohol an. Milchen, wie er meine Urgroßmutter ja nannte, nahm seine Läuterung erleichtert zur Kenntnis.

Nochmals wollte mein Urgroßvater das Schicksal nicht versuchen. Nach seinem Unfall war er nicht mehr derselbe ungestüme Mann, sondern lernte, sich in Bescheidenheit zu üben. Lodz sah jetzt den Weisen, als den meine Mutter ihn noch gekannt und sehr geliebt hat.

Fünftes Kapitel

Die Erben

1

Den Erben von Gründervätern wird grundsätzlich eher wenig zugetraut. So war es auch mit meinem Großvater, der in der dritten, also kritischen Generation war. Für ihn wurde der unlösbare Konflikt zwischen seiner Sehnsucht nach der verfeinerten Lebensart eines Naturforschers und Goethekenners und der Pflicht, den väterlichen Betrieb zu führen, zum Stoff eines lebenslangen Dramas. Ohnehin sah er sich durch den Umstand, in den Wohlstand hineingeboren worden zu sein, von vornherein dem Verdacht der Verweichlichung, ja, der Schwäche ausgesetzt.

Sein Vater, Wilhelm Lange, hatte etwas beiläufig Weltgewandtes, eine Eigenschaft, die seinem Erstgeborenen völlig abging. Mehr als einmal dürfte mein Urgroßvater sich gewundert haben, wie er eigentlich zu diesem nervösen, ängstlichen Sohn gekommen war, der so unselbstständig war, dass er ihn an die Hand nehmen musste, um ihn zum Antritt seines Ingenieurstudiums in die Schweiz zu begleiten. Der Karle, wie er genannt wurde, hatte keine Frauen, rauchte nicht, trank nicht, achtete auf seine Verdauung und verlor schon früh die Haare. Für so manche Jungen wird das Sohnsein zur Tragödie. Auch für meinen Großvater. Er war und blieb im Schatten seines von ihm abgöttisch verehrten Vaters, zu dem er sich gar keine andere Beziehung vorstellen konnte als zu versuchen, ihm zu gefallen – dafür hätte er alles getan. Seine Abhängigkeit hinderte ihn aber daran, etwas Eigenes zu wagen. Lieber hielt er sich auf der sicheren Seite und blieb zeitlebens im Haushalt seiner Eltern hocken. Nicht nur zur Freude meiner Urgroßmutter, die ihn als fünftes Rad am Wagen sah.

Als ihr Großer sich endlich dazu entschloss, sich im reifen Alter von über vierzig wider Erwarten doch noch an eine Frau zu binden und zu heiraten, soll sie den von Ohrenzeugen verbürgten Ausruf der Erleichterung getan haben: »Endlich bin ich den Kettenhund los!« Sanfter Druck und viel gutes Zureden waren nötig gewesen, ihn dazu zu überreden, sein bequemes Junggesellenleben aufzugeben. Damit leitete er auch die Auflösung einer munteren Clique von anspruchsvollen Industriellensöhnchen ein, deren Mittelpunkt der Lodzer Männergesangsverein war. Seine Freunde Eisenbraun, Oberländer und Weyrauch nahmen ihm seine Abtrünnigkeit nicht wenig übel. Sie hingen immer zusammen, fast mochte man glauben, sie hätten einander geschworen, niemals, niemals, niemals eine Ehe zu schließen.

Alle Lodzer Fabrikantenfamilien, die etwas auf sich hielten, schickten ihre Kinder zur Ausbildung ins Ausland. Weit östlich, auf ihrem entlegenen Außenposten Europas, suchten sie Anschluss an die großen Metropolen Englands, Frankreichs, Deutschlands und der Schweiz. Es ging nicht nur darum, dass die Söhne nachholten, was den Vätern verwehrt geblieben war; es standen auch handfeste materielle Interessen dahinter, man wollte internationale Geschäftsbeziehungen knüpfen. Mein Großvater wurde gar nicht erst gefragt, ob er wirklich damit einverstanden war, in der Schweiz am Technikum Winterthur Ingenieurwissenschaften zu studieren. Er musste sich in die Entscheidung des Vaters fügen, der sich für »Winti« als Zentrum der Schweizer Textilindustrie entschieden hatte.

In der Familie galt es als ausgemacht, dass Karl Lange und sein jüngerer Bruder Georg die Erfolgsgeschichte der Gebrüder Wilhelm und Friedrich Lange wiederholen würden. Karl würde wie sein Vater für die technische Entwicklung, Georg wie mein Urgroßonkel Friedrich für das Kaufmännische zuständig sein.

Vielleicht ist an dieser Stelle die Frage erlaubt, wie es sein konnte, dass eine Familie, die doch von sich selbst glaubte, Anspruch auf das Glück zu haben, so sehr vom Pech verfolgt wurde. Keiner von den so sorgfältig ausgetüftelten Plänen meiner Urgroßeltern trug Früchte. Die wenigsten Probleme machte die zweitjüngste Schwester Manja. Eher unschön und von wenig einnehmendem Wesen, fiel an ihr eigentlich nur die ungewöhnliche Sprachbegabung auf. Damals sah Manja keinen Grund, sich gegen den geltenden Standeskodex für Mädchen aufzulehnen. Sie wurde daher auf ein Mädchenpensionat für höhere Töchter nach Fribourg in der Schweiz geschickt, wo sie Französisch parlieren und sämige Saucen kochen lernte. Am Ende war sie es, die die Vertreibung aus Lodz am Besten überwand und sich in Australien eine neue, wohlsituierte Existenz aufbaute. Besonders ihr Interesse für die feine Küche sollte ihr später bei der Gründung eines Delikatessenvertriebs von europäischen Spezialitäten helfen, die für die Australier wesentlich exotischer waren als etwa Bambussprossen oder Thaigras. Onkel Tomek, ihr Sohn, behauptet steif und fest, sie habe neun Sprachen gesprochen, im hohen Alter sogar noch Chinesischunterricht genommen, um mit den asiatischen Lieferanten von Cocktailgürkchen besser verhandeln zu können. Wie viele stark Schwerhörige war sie sehr misstrauisch und hatte ständig Angst, sie werde betrogen. Manjas für Langesche Verhältnisse ein wenig plumpe Figur, die sie vielleicht ihren niedersächsischen Vorfahren väterlicherseits verdankte, war immer

Anlass für allerhand Kritteleien. Genau wie meine Großmutter versuchte sie erfolglos ihrer Neigung zur Fülle mit immer neuen Diäten zu Leibe zu rücken.

Ganz anders ihre ältere Schwester Hedwig. Schön und hochmusikalisch, stand sie meiner Urgroßmutter sehr nahe. Mein Großvater fand sie rassig wie ein »Araberpferdchen«. Das nervöse Temperament der Mutter hatte sich in der Tochter zu einer Wahrnehmungsfähigkeit gesteigert, die fast an übersinnliche Kräfte grenzte. Von ihrer Begabung, die Zukunft aus Träumen vorherzusagen, wurde in meiner Kindheit mit einer solchen Selbstverständlichkeit gesprochen, dass ich Behauptungen darüber niemals ernsthaft in Zweifel gezogen hätte. Folgende Anekdote ist überliefert: Hedwig sollte zusammen mit Tante Bertha, die ihre Nichte gerne als Gesellschafterin bei sich hatte, eine Reise nach Italien antreten. Am Morgen der Abfahrt saß Hedwig blass und unglücklich beim Frühstück und klagte, dass sie in der letzten Nacht geträumt habe, sie würden beide unterwegs ihr Gepäck verlieren. Nach einigen Tagen werde sie selbst ihre Koffer allerdings zurückerhalten, Tante Bertha aber nicht. Exakt so, wie sie es vorhergesagt hatte, soll es auch unterwegs eingetreten sein, wobei Tante Bertha den Verlust ihrer Habseligkeiten mit der üblichen Gelassenheit hinnahm. Man kann daraus ein Beispiel für sich selbst erfüllende Prophezeiungen machen, gewiss. Man könnte in Hedwigs Begabung aber auch das Wohlwollen der Vorsehung sehen, die sie angesichts aufziehender Weltrevolutionen mit einer außergewöhnlichen Beobachtungsgabe ausgestattet hatte.

Meine Urgroßeltern versuchten ihre Talente zu fördern, ließen sie in Berlin an einem Musikpensionat wie ein adliges Fräulein ausbilden. Kam Hedwig in den Ferien zu Besuch nach Hause, zeigte sie, was sie gelernt hatte, und begrüßte meine Urgroßmutter mit einem so tiefen Knicks, als wäre sie bei Hofe und nicht bloß in der Villa ihrer Eltern zu Gast. Sie kannte die Schwäche ihrer Mutter für gute Umgangsformen und nutzte das aus.

In Winterthur nahm mein Großvater Logis bei einer frommen Beamtenwitwe, die ihr schmales Salär mit Vermietungen aufbesserte. Mit seinem Vater hatte er schon viele Reisen unternommen, aber noch niemals hatte er bei fremden Leuten gewohnt. Von Frauen verstand mein Großvater auch nichts, sonst hätte er vielleicht bemerkt, dass die lästigen Bemühungen seiner Wirtin, ihn zum Katholizismus zu bekehren, nicht allein der Religionsausübung galten. Er strengte sich an, so leise wie möglich die Wohnungstür zu öffnen, aber sofort tauchte sie wie ein Schatten aus ihrer in den Abgründen der dunklen Altbauwohnung gelegenen Küche auf und lud ihn ein, mit ihr eine Tasse Tee zu nehmen. Er war viel zu unbeholfen, um auf ihre Annäherungsversuche einzugehen. Stattdessen diskutierte er mit seiner Wirtin über Moral, zog aber gegenüber ihrer ehernen Frömmigkeit regelmäßig den Kürzeren. Sie sparte an der Heizung, nachts musste er mehrere Lagen schwerer eidgenössischer Federdecken über sich türmen, unter deren Last er das Gefühl hatte, zu ersticken. Sein Zimmernachbar war Musiker und malträtierte meinen hochmusikalischen Großvater mit Proben seiner dilettantischen Kompositionsversuche, die er am Klavier rauf und runter klimperte.

Im Dunkeln quälte ihn das Heimweh, und er verspürte ein heftiges Herzklopfen und Todesangst. Damals begann er große Menschenansammlungen zu fürchten. Im Hörsaal musste er am Rand oder am besten in der Nähe der Tür sitzen, sonst drohte ihn eine Panik zu überschwemmen. Einmal wollte er sich die Haare schneiden lassen. Er betrachtete sich im Spiegel und hatte das Gefühl, er sei sich selbst fremd und kenne den jungen Mann gar nicht, der ihm da gegenübersaß und ihn bleich anschaute. Etwas würgte ihm im Hals, mit halb geschnittenem Haar stürzte er aus dem Friseurgeschäft. Dort konnte er sich nie mehr sehen lassen. Er musste an einem ernsten Leiden erkrankt sein und konsultierte einen bekannten Herzspezialisten in Zürich, um sich von ihm heilen zu lassen. Der Professor untersuchte ihn gründlich, gespannt saß mein Großvater dem älteren Herrn gegenüber und erwartete die Diagnose. »Wenn Sie mal wieder«, sagte er langsam, als spräche er mit jemand sehr Begriffsstutzigem, »im Audimax Herzklopfen bekommen, Herr Lange, dann seien Sie froh, dass ihr Herz noch klopft. Erst wenn es das nicht mehr tut, dann ist es schlimm.« Für diese Auskunft knöpfte ihm der Arzt dreißig Goldfranken ab. Ein Phantasiepreis, mit dem er den eingebildeten Patienten von seiner Hypochondrie kurieren wollte. Es war eine der Geschichten, die sich meine Mutter später immer wieder von ihm erzählen ließ. Sie hörte es so gern, wenn er das Schwyzerdeutsch des Arztes nachahmte. Als überhaupt Erstes hatte der begnadete Stimmenimitator in Winterthur gelernt, wie ein gebürtiger Schweizer zu sprechen. Es funktionierte nach wenigen Monaten schon so gut, dass ihn einmal eine Frau im Gespräch fragte: »Aus welchem Kanton kommen Sie eigentlich, Herr Lange?«

Mein Urgroßvater musste eine erkleckliche Summe Geldes aufbringen, damit sein Sohn als Russe überhaupt zum Studium an einer Schweizer Hochschule zugelassen wurde. In der Familie ist heute noch von einigen zehntausend Goldrubel die Rede, eine astronomische Summe, die mir ziemlich unwahrscheinlich erscheint. Vielleicht ist sie im Laufe der Zeit auch immer größer geworden, weil mein Großvater stolz darauf war, wie viel er seinem Vater wert war. Das hinderte ihn nicht, sich für alles Mögliche andere zu interessieren als für seine Vorlesungen. Wofür steht denn bis heute das kleine Alpenland Schweiz noch, seine Naturschönheiten einmal ausgenommen? Doch wohl für brillante Qualität, teure Preise, Pünktlichkeit, perfekten Service, Sicherheit, Berge, direkte Demokratie, Präzisionstechnologie. Fehlt noch was? Ach ja, Schokolade, aber belgische Pralinen sind trotzdem die besten der Welt. Das alles entsprach meinem Großvater, der sich besonders wegen seiner Vorliebe für Taschenmesser und exakt laufende Chronometer in der Schweiz der Omega-Uhren und Offiziersmesser bestens aufgehoben fühlen konnte. Und auch der Gebrauch des Diminutivs für die Landeswährung – »Fränkli« – war ihm nicht unsympathisch. Dem Jüngling, der unter den Fabrikschloten von Lodz aufgewachsen war, muss die behäbige Republik wie der Gegenentwurf zu seinem bisherigen Leben vorgekommen sein. Das Schöne war, in den Bergen konnte er die Freiheit finden, ohne seine bürgerliche Sicherheit infrage stellen zu müssen.

Körperlich gesehen war er das, was man in unserer Familie einen »Knoten« nannte. Klein von Statur, aber trotzdem sehr muskulös, also in idealer Verfassung, um beim Boxen im Bantamgewicht bis vierundfünfzig Kilogramm anzutreten. Was mein Großvater im Leben niemals lernte, nämlich sich Schwierigkeiten mutig entgegenzustellen, im Boxring überwand er sich selbst und hielt auch schweren Gegnern stand. Für einen Karl Lange muss es eine neue Erfahrung gewesen sein, sich zu wehren und zurückzuschlagen. Darin war er so gut, dass man ihm nach einem Schweizer Meister den Kampfnamen »Lurig« gab.

Als kleiner Mann musste er die Kämpfe aktiv gestalten, aber bei den Leichtgewichten kam es weniger auf die Schlagkraft als auf schnelle, variable Hände an. Seine kurzen Schläge mit der linken Führhand brachten seine Gegner bald aus der Fassung. Im Ring genoss er es, eine Überraschung zu sein. Dazu kann ich eine Erinnerung meiner Mutter beisteuern, die noch genau vor Augen hat, wie es war, wenn Studienfreunde aus Winterthur zu Besuch aufkreuzten. Auch nach so langer Zeit, die Männer waren immerhin schon jenseits der vierzig, also im gestandenen Alter, legten sie sofort ihre Jacketts ab, krempelten die Ärmel hoch, um sich wie Buben zu prügeln. »Die süße Kunst zu verletzen«, hat Cassius Clay alias Muhammad Ali das Boxen genannt.

Mein Urgroßvater hatte nichts gekannt außer harter Arbeit. Sein Sohn, mein Großvater, wendete sich gegen das verkrustete Leben seiner Eltern und trat der Wandervogelbewegung bei, dem »Schweizerischen Bund für alkoholfreie Jugendwanderungen«. Es gibt eine Gruppe bedauernswerter grauer Mäuse, die nie mit einem Spitznamen geehrt werden. Mein Großvater gehörte zu den bemerkenswerten Persönlichkeiten, die ihre Mitmenschen zu allerhand Kosenamen inspirieren. Nur allzu gern ließ er es sich gefallen, von seinen Kameraden wegen seiner feinnervigen Art »Spatz« genannt zu werden. Beim Wandern konnte er ganz auf die ihm verhassten Männlichkeitsrituale verzichten, die damals wie heute in Rauchen und Saufen bestanden, und dafür mit seinen Freunden draußen in der Natur sein. Das Hochgebirge war für den Flachländer eine Offenbarung. Ferner lernte er während des Studiums noch, dass uns Grahambrot, Taulaufen, Bircher-Benner-Müsli und Vollwertdiät wohl gesünder, aber nicht gleich zu besseren Menschen machen. Sein Vater scheffelte derweil in Polen weiter das Geld. Um doch noch etwas für das Geschäft zu tun, trat er der studentischen Technikerverbindung »Industria« bei, deren Sinn und Zweck Freundschaft und Austausch von Ideen war.

Mein Großvater gab sich demnach alle Mühe, den Wünschen seiner Eltern zu gehorchen und wenigstens so zu tun, als strebe er das Dasein eines reichen Fabrikantensohns an. Er ging später sogar weg aus der Schweiz, um an der Technischen Universität in Berlin sein Ingenieurstudium zu beenden. Aber er tat es pflichtgemäß, ohne Freude oder allzu große innere Beteiligung. In Berlin hatte er sich ganz zentral »Unter den Linden« eingemietet. Sein Bursche besorgte ihm den Haushalt, sattelte ihm morgens das Reitpferd, das täglich bei einem Ausritt durch den Tiergarten bewegt wurde. Ordnungsgemäß legte er alle seine Examina ab – und fühlte sich trotzdem in einem unerklärlichen Würgegriff aus Ehrgeiz und Zukunftsangst. Auch wenn er zusätzlich sein Englisch und Französisch mit Privatunterricht perfektionierte und in einem Atelier das Fotografieren erlernte, er konnte vor sich selbst die Sorge nicht entkräften, dass er dem Bild bei Weitem nicht genüge, das ein Lange vor der Welt abgeben soll. Sogar am Geld hatte er wenig Freude. Er kehrte mit 1000 Goldmark nach Lodz zurück und sagte: »Vater, das konnte ich wirklich nicht mehr ausgeben.«

Ganz anders sein sechs Jahre jüngerer Bruder Georg. Ein hübscher Draufgänger, der Lieblingssohn meiner Urgroßmutter, die ihren Standesdünkel gewöhnlich verbarg. Trotzdem hieß sie es gut, dass Georg nichts dabei fand, mit dem Geld seines Vaters um sich zu schmeißen. Stellte er abends seine Stiefel zum Putzen vor die Tür, legte er ein Goldstück für den Diener hinein. Er veranstaltete Gelage, bevorzugte französischen Champagner und aß, in jeder Hinsicht der russische Offizier, der er ja auch war, am liebsten Krustentiere oder Kaviar satt. »Muss es denn immer Kaviar sein?«, fragte ihn mein asketischer Großvater, der mehr von einer anständigen Pellkartoffel hielt. »Das verstehst du nicht, Karl«, antwortete sein Bruder, »es ist ein ganz anderes Aufstoßen.«

Im November 1910 gratulierten vierundzwanzig »Beamte und Meister« der Fabrik dem »Jubelpaar« Emilie und Wilhelm Lange zur Silbernen Hochzeit mit einer Glückwunschkarte, verziert mit versponnenen Allegorien, wie sie wohl nur in Lodz entstehen konnten. Oder in welcher anderen Stadt würde man noch auf die verrückte Idee kommen, rauchende Fabrikschlote von Rosen umrankt darzustellen? An ihren Zweigen erblühen die Porträts meiner Urgroßeltern und ihrer schnurrbärtigen Gratulanten. Man könnte das Foto einfach als ein sonderbar anmutendes Arrangement stehen lassen, wüsste man nicht, dass hier keinesfalls zwei glückliche Menschen gezeigt werden, sondern, ganz im Gegenteil, zwei Menschen, unmittelbar bevor sie das Glück verlässt. Die stolzen Gesichter meiner Ahnen für immer festgehalten im Gefängnis des einen Moments, dessen einzige Bedeutung der Satz ist: »Aufgenommen kurz vor Lenchens Tod!«

Nie konnte meine Urgroßmutter später die Bilder betrachten, ohne sich anzuklagen, dass sie nach Italien gereist waren. Um den ganzen Rummel wegen ihrer Silberhochzeit zu entgehen, waren meine Urgroßeltern abgefahren, ohne eine Adresse zu hinterlassen. Ihre jüngste Tochter, Helene, ließen sie in der Obhut ihrer Gouvernante zurück. Das Kind war mit erst sieben Jahren ihr zärtlich verwöhnter Nachzügler, ihr Nesthäkchen. Meine Urgroßmutter war bereits hoch in den Dreißigern, als die letzte Tochter geboren wurde. Kam die Sprache auf die späte Geburt, wurde die Tatsache, dass sie und ihr Mann sich noch geliebt haben mussten, obwohl sie doch schon lange in getrennten Schlafzimmern schliefen, immer schnell und ein wenig verschämt übergangen. Die Jüngste sollte den Reigen beschließen. 1902 geboren, gehörte sie bereits dem neuen Jahrhundert an.

Bild zur Silberhochzeit meiner Urgroßeltern 1910

Man gab der Gouvernante die Schuld, dass Helene sich die Masern holte. Damals glaubte man, leichtsinniges Verhalten wäre die Ursache, wenn diese häufige Kinderkrankheit zu der gefürchteten Komplikation Hirnhautentzündung führte. Das Fieber stieg, Helene weinte nach ihrer Mutter, die Gouvernante wusste weder ein noch aus, telegrafierte in ihrer Not schließlich meinem Großvater nach Zürich. Er setzte sich sofort in den Zug, fuhr zwanzig Stunden, die ganze Nacht durch, aber seine kleine Schwester war bereits ohne Bewusstsein. Lenchen starb, ohne ihre Eltern, nach denen sie so sehr verlangt hatte, wiedergesehen zu haben.

Mein Großvater glaubte vor Kummer zu vergehen. An jedes berühmte Grandhotel in Italien schickte er ein Telegramm mit demselben Inhalt: »Lenchen gestorben, sofort nach Hause kommen, Karl!« So erfuhren meine Urgroßeltern in Venedig davon. In Hochstimmung waren sie abgereist, nun kamen sie gerade noch zur rechten Zeit, um ihr Kind auf seinen letzten Weg zu geleiten. Von einer gläsernen Kutsche wurde es in einem weißen Sarg durch die ganze Stadt gefahren. Ganz Lodz weinte mit ihnen. Die Lange'sche Familiengruft war riesig, aber nie wurde jemand anderes dort beerdigt außer Lenchen. Ihr kleines Leben war so kurz gewesen, dass die Eltern schon bald nicht mehr wussten, wie ihr Kindergesicht ausgesehen hatte, wie ihre Stimme klang und wie ihr Lachen. Doch dachten sie immer noch an Lenchens Haar, das ihr wie ein schwerer Vorhang bis weit über die Taille gereicht hatte. Zu einem Zopf geflochten, hütete meine Urgroßmutter es wie eine Reliquie. Wenn sie mit einer zärtlichen Handbewegung sanft über die Haarlocke fuhr, beschwor sie die Erinnerung an ihre jüngste Tochter herauf, ein Bedürfnis, das sie mit wachsendem Alter immer häufiger verspürte. Ein Kind zu verlieren, war damals keine Seltenheit, aber der Tod ihrer Jüngsten war der Riss, der nie mehr heilte. Seitdem waren die Langes stehen geblieben, das Leben zog woanders hin.

Solange Gisa und Eva noch klein waren, gehörte es zu ihren allmorgendlichen Vergnügungen, die Treppen hinaufzulaufen und meiner Urgroßmutter einen guten Morgen zu wünschen. Im ersten Stock lebte sie mit ihrem Mann in einer mit Edelhölzern getäfelten Wunschwelt. In ihrem Schlafzimmer, ganz in Zitronenholz, in zart gestreifter Maserung, dessen Gelbton an den Rändern mit schwarzem Mahagoni abgesetzt war, schien die Zeit unwandelbar zu sein. Die Füße der Gondel, einer ungewöhnlich geschwungenen Sitzbank, hatten einen tiefen Abdruck in den handgeknüpften Teppich gestanzt, weil sie immer an derselben Stelle stand. So wie meine Urgroßmutter auf dem Sitzpolster Platz nahm, wenn sie sich vor dem Kommodenspiegel die Haare bürstete oder sich aus einem der

Flakons mit Lavendelwasser oder Chanel parfümierte, so wie die Falten ihres Morgenmantels fielen und wie die Füße in rosafarbenen Pantöffelchen mit Straußenfederbesatz steckten, war es das in allen Details unverrückbare Bild einer längst vergangenen Welt. Mit den allzu vertrauten Handreichungen begann sie den Tag, den sie damit fortsetzte, den Kutscher anzuweisen, den Landauer anzuspannen, weil sie auf den Markt fahren wollte, um einzukaufen. Oft genug kehrte sie nur mit einem Bund Suppengrün oder – wenn es hochkam – sechs Eiern heim. Den Haushalt besorgten die Mädchen, aber meine Urgroßmutter bestand auf ihren Gewohnheiten.

Süßigkeiten galten als ungesund, doch sie hatte immer Rosinen für ihre Enkelinnen im Schrank. Sie öffnete die Tür zu ihrem Einbauschrank, und gehorsam streckten die beiden Kleinen ihre Hände aus, um sich genau fünf Stück zuteilen zu lassen. Manchmal holte sie auch ein schmales, mit Seide bezogenes Album heraus. Es war nicht einfach ein Buch mit Fotos, sondern ein Totem, durch dessen Besitz sie sich im engen Kontakt mit ihren Schutzgeistern, den russischen Zaren, wähnen konnten. Die Aufnahmen zeigten die vier Töchter von Nikolaus II. im Englischen Garten des Alexanderpalastes in Zarskoje Selo, dreißig Kilometer südlich von Sankt Petersburg. Georg, der jüngere Bruder meines Großvaters, hatte als frischgebackener Leutnant der zaristischen Armee die Erlaubnis erhalten, die jungen Fürstinnen beim Blindekuhspielen und beim Toben über Wiesen mit seiner Leica zu fotografieren. Von einer französischen Gouvernante erzogen wie ein russischer Adliger, hatte der gut aussehende Georg Zutritt zur Familie des Zaren erhalten, niemand könnte jetzt noch erklären, wie er es eigentlich angestellt hatte. Die älteste Zarentochter, Olga, war nur drei Jahre jünger als er. »Die mit dem Tuch ist Tatjana, die andere Maria und die Kleine ist Anastasja«, erklärte die Urgroßmutter ihren Enkelinnen. Die Bilder zeigten die im Gegenlicht aufflammenden Umrisse der Birken und nördlichen Tannen des Palastgartens.

Eine Weile erlag ich der Versuchung, der Geschichte dieser Schnappschüsse genauer nachzugehen. Ich erfuhr, dass die Fotografie im Leben der Romanows eine nicht geringe Rolle gespielt hatte und sie auch sonst ständig Alltagsszenen abgelichtet hatten. Die Abzüge waren von einer Gouvernante auf abenteuerlichen Wegen in die USA geschmuggelt und 1983 als *Das Familienalbum der Romanows* veröffentlicht worden. Vielleicht hätte es Hinweise auf meinen Großonkel Georg gegeben. Ich habe das Projekt aber wegen seiner Undurchführbarkeit bald wieder begraben.

Die Urgroßmutter konnte Georgs Bildersammlung nicht zur Hand nehmen, ohne in Tränen auszubrechen. Mit erstickter Stimme wies sie Gisa und Eva an, ganz still zu sein, dann holte sie den Orden hervor, den ihr Sohn posthum, nachdem er im November 1914 bei der ersten russischen Offensive gegen das Osmanische Reich im Kaukasus gefallen war, für seine Tapferkeit erhalten hatte. Sie küsste das silbern glänzende Ding, um etwas Trost zu finden für ihren Kummer. Er war das zweite Kind, das ihr das Schicksal genommen hatte. Als Preis für das Fotoalbum hatten die Urgroßeltern das Leben ihres Sohnes gegeben. Nach einem Gesetz des zaristischen Russlands konnten Eltern einen Sohn freikaufen, wenn der andere in der Armee diente. Für ihren Ältesten, meinen Großvater, der kleiner von Wuchs war und von einem ängstlichen Gemüt, hatten meine Urgroßeltern 1000 Goldrubel bezahlt, damit er nicht eingezogen wurde. So tauschte mein Großvater sein Überleben gegen die stille Verachtung durch seine Mutter ein, die es ihm nie verzieh, dass nicht er, sondern Georg gefallen war.

1968, zufälligerweise (gibt es überhaupt solche Zufälle?)

genau in dem Jahr, in dem mir mein Großvater sein bescheidenes Vermächtnis übergab, reiste die Hochstaplerin Franziska Schanzkowski als angeblich einzig überlebende Tochter des letzten Zaren mit Namen Anastasia Romanowa unter dem allergrößten Interesse der Medien in die USA ein, um sich in Virginia mit einem dreiundzwanzig Jahre jüngeren Genealogen zu verheiraten. Ich selbst erfuhr von dieser Episode aus Uwe Johnsons *Jahrestagen*, der sie verwendet, um sein Bild von der Vergangenheit als eine manipulierbare Größe zu zeigen. Für mich ist diese zeitliche Koinzidenz aber eher der Anlass für einige mythentheoretische Überlegungen, soweit sie den Osten Europas und meine Familie betreffen. Jeder echte Mythos bestätigt im Grunde nur die Zugehörigkeit oder wenigstens die Nähe der Helden zu einem Herrschergeschlecht, um sie für die Erbärmlichkeit der Gegenwart zu entschädigen. So war es auch bei uns. Denn erbärmlich genug war das Leben meiner Großeltern nach dem Krieg. Es war ein Existieren im Mangel. Nicht materiell, keiner brauchte mehr zu hungern. Später bewohnten sie in Wehr eine winzige Eineinhalbzimmersozialwohnung. Doch was heißt schon wohnen? Sie hatten dort ihre wenigen Sachen untergestellt. In Wirklichkeit lebten sie in einem Niemandsland. Wie sie gab es zwölf Millionen Flüchtlinge, aber für die emotionalen Nöte der Rübergemachten, der »Polacken«, wie sie von den Westdeutschen heimlich genannt wurden, gab es keinen Raum im Wirtschaftswunderland BRD. Die Vertriebenen sollten an die Zukunft denken, sich möglichst gut integrieren – und waren schon von daher ohne eigene Identität. Was half es, wenn mein Großvater sich mit den Worten tröstete, sie seien nun »in die Urheimat zurückgekehrt«? Sie waren dort nicht willkommen, und keiner mochte sie wirklich. In dieser Situation gab es für das erlittene Unrecht eindeutig kein besseres Identifikationsmodell als das Schicksal des letzten Zaren und seiner Familie, die 1918 in der sibirischen Verbannung einem Massaker durch die Tscheka (die berüchtigte Außerordentliche Allrussische Kommission zur Bekämpfung von Konterrevolution, Spekulation und Sabotage) zum Opfer fielen. Niemals, behauptet meine Mutter, wäre er über die Hinrichtung von Nikolaus II. wirklich hinweggekommen.

Es scheint einigermaßen sinnlos, einen solchen Satz im Jahr 2008 hinzuschreiben, aber die Wehmut über den Bruch, der mit dem Untergang der Romanows im Leben meines Großvaters eingetreten war, gab meiner Kindheit ihre unverwechselbare Färbung. Das Heimweh nach früher war der Grundton, auf den alles Folgende nur flüchtig aufgetuscht war. Weder die Gegenwart und noch weniger die Zukunft galten etwas in einer Familie, die seit der Russischen Revolution davon gezehrt hatte, den Glanz einer untergegangenen Welt zu beschwören. Ich glaube, mein Vater beobachtete die in der Familie vorherrschende Denkbewegung nach rückwärts mit einer ziemlichen Skepsis, aber er war nicht in der Lage, sie aufzuhalten. Im Rückblick nahm das zaristische Russland mehr und mehr den Charakter eines Goldenen Zeitalters an, in dem alle reich und glücklich gewesen waren. Zumal die Langes sich stets darauf berufen konnten, wie nah sie den Romanows einmal gestanden hatten.

3

Vielleicht hatte mein Urgroßvater sich einmal vorgestellt, dass die massiven Mauern, die in jedem Raum aus einem anderen Holz gefertigten Täfelungen, die bunten Seidentapeten, die geschmackvollen Stuckdecken, die Putten und En-

Manja und Hedwig, Rogi Sommer 1907

gel den Schmerz über den frühen Tod der Jüngsten abwehren könnten, als er den Bau 1912 in Auftrag gab. Tatsächlich aber erreichte er nur, dass die Trauer für immer in seinen Mauern eingeschlossen wurde. Glich schon die Grundsteinlegung der Einzementierung von Schwermut, so setzte der Erste Weltkrieg die unglückliche Geschichte des Hauses fort. Im Frühsommer 1914 gerade fertig gestellt, wurde der Neubau gar nicht erst bezogen.

Kurz bevor Russland im Juli 1914 die allgemeine Mobilmachung befahl und im August der Erste Weltkrieg ausbrach, reist Emilie Lange mit ihren beiden behüteten Töchtern, der erst vierundzwanzigjährigen, aber schon ein wenig sauertöpfischen Manja und der zwei Jahre älteren, sensiblen Hedwig, über das neutrale Finnland nach Kopenhagen. Sie ahnte nicht, dass es mehr als ein Abschied für einige Monate war.

Vier Jahre wird sie mit den Töchtern in der Fremde ausharren müssen, ehe sie nach Kriegsende in die Heimat zurückkehrt. Erst residiert sie in einem Kopenhagener Grandhotel in der Nähe des Tivoli-Parks, später in einer günstigeren Unterkunft. Auch in der dänischen Hauptstadt werden die Lebensmittel knapp, Brot und Butter sind rationiert. Immer steckt die zartere Hedwig zurück, aber eines Morgens reißt sie ihrer Schwester Manja das Frühstücksbrot aus der Hand und stopft es sich in den Mund mit den bitteren Worten: »Ich will mich auch mal satt essen.« Der Rückweg in die Heimat über Russland ist ihnen durch den dort tobenden Bürgerkrieg zwischen Roten und Weißen Garden verwehrt. Die Welt, so wie sie sie kannten und geliebt hatten, sollte meine Urgroßmutter nicht mehr wiedersehen, auch nicht ihren Georg. Depeschen werden hin und her geschickt. Sie erfährt vom Tod des Sohnes, vom Zusammenbruch der russischen Märkte, vom Schwinden ihres Reichtums. Sie nimmt es hin in unerschütterlicher Haltung. Der Krieg will kein Ende nehmen; ohnmächtig sieht sie zu, wie ihre Töchter welken. Am 7. Oktober 1918 wird in Warschau die Zweite Republik ausgerufen, Kongresspolen hatte aufgehört zu existieren.

Nach Ende des Ersten Weltkriegs war Europa total erschöpft und dennoch hektisch überdreht. Falls Hedwig wirklich einmal an eine große Karriere als Pianistin geglaubt hatte, verboten sich jetzt alle hochfliegenden Träume von selbst. Ein zartes, feingliedriges Jugendstilgeschöpf wie sie kränkten die Enttäuschungen, auf die sie nicht vorbereitet war. Sie sah sich zum Mittelmaß verurteilt, eine Knospe, die vom Frost gestreift wurde, ehe sie wirklich aufgeblüht war. Was einmal sanft war an Hedwig, wurde weinerlich, was talentiert war, schrill, und was klug an ihr war, wurde bitter. Verpasste Gelegenheit reihte sich an verpasste Gelegenheit. Sie spielte auf

Wohltätigkeitsveranstaltungen oder privaten Bällen, froh um jede auch noch so armselige Möglichkeit, ihre Kunst unter Beweis zu stellen. Eine einst hoffnungsvolle, nun zweitrangige Pianistin tritt vor ein gelangweiltes Publikum, um Chopin zu spielen. Im nächsten Schritt wäre sie wahrscheinlich Klavierlehrerin geworden. Trotz ihrer Resignation war sie immer noch schön und hätte viele Männer haben können, aber sie bewahrte sich für den unbekannten Prinzen auf.

In der Familie wurde nie über ihre letzten Jahre gesprochen, obwohl der Name Falzmann mit einer Betonung erwähnt wurde, aus der sehr wohl die große Enttäuschung meiner Urgroßeltern herauszuhören war, dass sich ihr Engel mit einer im Wortsinn tödlichen Sicherheit in den Falschen verliebt hatte. Nach außen wurde Hedwig auch vor den Enkeln Gisa und Eva immer als die Begabteste, als das in jeder Hinsicht leuchtende Vorbild herausgestrichen, ihr Freitod als das Scheitern einer Übersensiblen. Nichts sollte das Bild einer Heiligen beflecken. Erst als mein Großvater in einem Altersheim in Freiburg eigentlich nur noch darauf wartete, endlich von der Bühne abtreten zu dürfen, klärte er in einem ihrer vielen Gespräche seine Tochter Gisa darüber auf, was wirklich mit seiner Schwester Hedwig geschehen war. In der Jugend war er ihr Freund und einziger Vertrauter gewesen.

Der Bruder ihrer früheren Französischhauslehrerin Falzmann war groß und stattlich und hatte ein hübsches, dummes Gesicht. Er ging im Haus der Langes ein und aus. Im Ersten Weltkrieg war er russischer Offizier gewesen, danach war er gar nichts mehr. Er habe, schmeichelte er Hedwig, sie schon lange von ferne bewundert, aber sie habe ihn ja niemals beachtet. Sie ging auf sein Werben ein. Für ihn war es naheliegend, dass er seine große Chance ergriff und in die immer noch begüterte Familie Lange einheiratete. Falzmann, der

Filou, habe seine geliebte Schwester zugrunde gerichtet, sagte mein Großvater wehmütig. Hinter jedem Rock war der Mann seiner Schwester her, betrog sie ein um das andere Mal. Wehrlos flieht sie aus der Ehe, das Reisen wird ihr zur Gewohnheit, der Familie entfremdete sie sich mehr und mehr. Manchmal denke ich darüber nach, ob sie tatsächlich ihr·eigenes Ende vorhersah, so wie es immer behauptet wurde. Oder ist der Hellseher blind gegenüber dem eigenen Schicksal? Hedwigs Begabung für das Okkulte war für mich ein Stachel, der Ursprung quälender Befürchtungen, verrückt oder mindestens depressiv zu werden. Es lag gewissermaßen in der Familie. Dabei war sie keine Hysterikerin, sondern sie war gezeichnet von einem lähmenden Unbehagen, einer Angst vor dem Leben. Es dürfte sie demnach kaum überrascht haben, als sie erfuhr, warum ihr Mann schon länger ihr gemeinsames Bett mied. Falzmann hatte Syphilis. Ob er sich die schon als Soldat geholt hatte oder später während der Ehe, man wusste es nicht. Auch darüber, wie er gestorben ist, gibt es keine Berichte.

Als Hedwig von seiner Erkrankung hörte, floh sie wie ein verwundetes Tier nach Finnland, hinauf in den hohen Norden. Zu Hause gab sie vor, sie habe einen Auftritt in Helsinki. Sie liebte das Leben in Grandhotels, die gedämpfte Atmosphäre, die kultivierte Einsamkeit. Es war eine Reminiszenz an glücklichere Zeiten. Äußerlich war sie gefasst, niemand merkte ihr etwas an. Das Zimmer war im fünften oder sechsten Stock, ganz oben waren die Preise etwas günstiger. Sie trat hinaus auf den französischen Balkon und sprang ins Tiefe.

Und wieder stand ein Unglücksbote vor der Tür und überbrachte ein Telegramm. Die Nachricht traf zwei Menschen, die über den Tod nicht mehr weinen konnten, so sehr war er Bestandteil ihres Lebens geworden. Sie lehnten sich nicht dagegen auf, aber es gab bittere Stunden, in denen sie sich fragten, warum die Vorsehung so grausam war, ihnen drei Kinder zu nehmen – und gerade die, die sie für die Vielversprechenden gehalten hatten.

Statt den Geschwistern zur Hochzeit zu gratulieren oder zur Geburt eines Kindes, wurden Friedhofsbesuche die Aufgabe meines Großvaters. Er reiste sogar bis in den Kaukasus, um das Soldatengrab seines Bruders zu suchen, natürlich ohne Erfolg. Besonders lag ihm Hedwigs Grab am Herzen. Die schnelle Route über Russland nach Helsinki war für ihn abgeschnitten. Statt also den weiten Weg über Dänemark mit der Eisenbahn zu fahren, entschloss er sich, von Warschau aus mit einer zweimotorigen Maschine zu fliegen. Da er ziemliche Angst vor diesem Abenteuer hatte, ließ er sich – typisch für Karl Lange – sicherheitshalber von einer ausgebildeten Krankenschwester begleiten, die ihm unterwegs die Hand hielt. Später hat er mit seinen Töchtern ausgiebig darüber gelacht.

4

Was war denn der Leib? In den Augen meiner Urgroßmutter ein hinfälliges Gefäß, Quelle unserer Unruhe und unseres Unglücks. Wo konnte die Trauernde Trost finden in ihrem Schmerz? Zunächst findet die Suchende noch eine Heimat im Puritanismus der Protestanten. Später wird sie Mitglied der amerikanischsten aller Sekten, der Christian Science. Ende des 19. Jahrhunderts war es eine der bekannteren Neugeist-Kirche (Unity Church) nahe stehende Heilungsbewegung, die heute immer noch über zwei Millionen Mitglieder zählt. Der erste Glaubenssatz von »Science« behauptete, dass die Materie ein sterblicher Irrtum sei. Der Mensch aber, als Ebenbild

Gottes, sei vollkommener Geist, der allein durch seine Macht alles Schlechte überwinden könne. Sogar Albert Einstein interessierte sich dafür. Ein Dogma, das nach dem Zweiten Weltkrieg in den erbarmungslosen und massenhaften Zwang zum *Positive Thinking* pervertiert wurde.

Die Anhänger der Gründerin von Christian Science, Mary Baker Eddy, durften weder Krankheit kennen noch Schmerz. Und sie verweigerten jede Behandlung durch einen Arzt. In der Not half das gemeinsame Gebet als einziger Weg zur »Heilung durch den Geist«. Heimlich ließ sich eine enge Freundin der Familie Lange bei sich zu Hause auf dem Küchentisch operieren – und überlebte mit knapper Not einen Blinddarmdurchbruch. Niemals wäre sie in ein Krankenhaus gegangen, niemand sollte davon wissen, aber ihr in aller Stille begangener Sündenfall gegen die Sekte sickerte doch durch. Nicht ohne Häme lästerte man über sie, die so fanatisch war, dass sie bei einer Einladung – meine Mutter war selbst dabei – kochend heiße Pellkartoffeln in die bloße Hand nahm und trotzig schälte mit dem Kommentar: »Materie fühlt nicht.« Mein ewig hin und her gerissener Großvater, der Clown, der Science im Grunde verlachte, aber niemandem wehtun wollte, lag einmal krank im Bett, neben ihm eine Flasche Arznei. Sein Freund Emil kam zu Besuch und fragte pikiert: »Aber Karl, Medizin?« Darauf mein Opa: »Nein, mein Lieber, keine Medizin. Science in flüssiger Form.«

Wie Lodz eine Stadt war ohne Traditionen, ohne Geschichte, gegründet nur zum Zweck, massenhaft Geld zu verdienen, so war auch die neue Glaubensgemeinschaft Christian Science eine Religion ohne spirituellen Untergrund. Eine Erfindung der Moderne, ein schnelllebiges Massenprodukt, das dem gleichen Tauschgesetz folgte wie der Kapitalismus. Wird dort der Wert einer Ware mit der Menge verausgabter Arbeit gleichgesetzt, so konnten die Gläubigen, je mehr Energie sie im Gebet investieren, desto größeren Heilungserfolg erwarten. Mein Urgroßvater ließ es geschehen. Er blieb der gläubige Protestant, zu dem er von seiner Mutter erzogen worden war. Dennoch zeigte er sich nur gelegentlich in der neu gestifteten Johanniskirche, wo die Herren Industriellen ihre gemieteten Plätze in der ersten Reihe hatten. Mit feierlichen Mienen saßen sie auf Stühlen mit extra hoher Lehne wie die ein wenig lächerlichen Kopien der Meister in Richard Wagners Oper *Die Meistersinger von Nürnberg*. Die Idee von einer Heilung durch den Geist kann Wilhelm Lange aus eigenem Erleben nicht ganz fremd gewesen sein, aber das hysterische Sektierertum, zu dem Christian Science seine Anhänger drängte, empfand er als absurd. Hatte er nicht an sich selbst erfahren, welche Energie es kostet, die Schwerkraft des gebrechlichen Körpers zu überwinden?

So kam in Gestalt meiner Urgroßmutter die romantische Utopie von der Macht des Gefühls in die harte Welt der Börsenkurse, Fabrikschlote und kalkulierter Zahlen, in der sich die Langes sonst bewegten. Oder soll man lieber sagen, dass der Drang zum Übersinnlichen, der Glaube an die Magie des Geistes, ein Wahn war, der die Probleme der Familie noch vertiefte?

Die Wunderlehre war aus Amerika nach Lodz importiert worden, um die Dürre zu wässern, die Ehrgeiz, Perfektionismus und harte Arbeit in den Seelen der oberen Zehntausend hinterlassen hatten. Ganz besonders bei den Frauen kam das gut an. Es war keine Religion, die ihren Mitgliedern persönliche Opfer an ihrer Bequemlichkeit abverlangt hätte. Die Gottesdienste, die anfangs im Hause der russischen Familie Ullmann in der Danziger Straße genau gegenüber der Langeschen Villa stattfanden, glichen am ehesten einer Wohltätigkeitsparty, auf der sich die Reichen zum Gebet versammelten. Die Damen erschienen im Pelz und in Robe, ein Diener im Frack sammelte die Kollekte in einen Beutel aus dunkelblauem Samt.

Gisa und Eva gingen allein aus dem Grund gern in die »Kinderlehre«, wie die religiöse Unterweisung für die ganz Kleinen hieß, weil Ullmanns ein Dobermannpärchen namens Snobby und Bobby besaßen. Ihre Namen drückten aus, was sie an Tante Tonja Ullmann besonders anziehend fanden, die für ihre Gäste hinter ihrer Villa, mitten im Stadtzentrum, einen Tennisplatz hatte einrichten lassen, weil es einfach zum guten Ton gehörte. Sie selbst war eine etwas statuenhafte, aber sehr eindrucksvolle Vertreterin des durch die Sowjets aufgelösten ersten Standes; gemeinsam mit ihrem Mann Eduard hatte die Exilrussin in Lodz begeisterte Aufnahme gefunden. Es war immer ein freudiger Moment, wenn die eleganten Hunde zum Tor stürmten, um die beiden kleinen Mädchen zu begrüßen. Die Tiere verkörperten in ihrer Anmut den anspruchsvollen Lebensstil, der in ihren Kreisen gepflegt wurde. Auch wenn Snobby und Bobby scheinbar sehr brav und folgsam waren, die Begegnungen mit ihnen waren immer mit einem gewissen Nervenkitzel verbunden. Mein Großvater hatte seine Töchter eindringlich vor dieser Rasse gewarnt und ihnen eine seiner Lektionen über das unverantwortliche Verhalten der Menschen gegeben, die zum Beispiel die Köpfe von Dobermännern so klein züchten, dass diese Hunde im Alter Kopfschmerzen bekommen, den Geruchssinn verlieren und von daher desorientiert und aggressiv werden.

Viele Geschichten ranken sich um die Ullmanns, ihren sagenhaften Reichtum und ihre Großzügigkeit. Sie sind beispielhaft für die exzentrische Lebensart, die die reichen Cliquen in Lodz damals pflegten. Der Herkunft nach gehörten sie zur untergegangenen Kaste der russischen Aristokratie und waren nach den Wirren der Oktoberrevolution aus Sankt Petersburg, wo der alte Ullmann Professor für Elektrizitätsbauten gewesen war, emigriert. Auf welchen verschlungenen Wegen auch immer, hatten sie von ihren einstigen Besitztümern einiges gerettet und waren nach einer Zwischenstation auf der von Norwegen verwalteten Insel Spitzbergen nach Lodz gekommen. In den Augen der Kinder war die Tante Tonja mit Schmuck üppig wie ein Tannenbaum behängt, und der ganze Glitzerkram ließ sie nicht nur im Abglanz besserer Tage erstrahlen, er ließ auch ihre große Büste noch majestätischer erscheinen. Ich selbst bekam zur Taufe ein türkisfarbenes russisches Emailleei, ursprünglich aus ihrem Besitz. Obwohl Herr Ullmann als Generaldirektor der Lodzer Elektrizitätsgesellschaft und des Zgiersker E-Werks gut verdiente, blieb ihre verschwenderische Lebensweise eine stete Quelle von Gerüchten und Mutmaßungen. Mein Großvater erlebte mit, wie Eduard Ullmann den Wechsel eines Freundes, der jammerte, dass er das geliehene Geld nicht pünktlich zurückzahlen könne, einfach zerriss. Wobei ich nicht sagen kann, was mir damals großartiger erschien, das Wort »Wechsel« oder die generöse Geste. Vielleicht verbirgt sich hinter der Beobachtung meines Großvaters aber noch eine ganz andere Geschichte, denn angeblich hat sich der Gründer der Lodzer Vereinigung von Christian Science auch in der Fabrik der befreundeten Langes engagiert.

Sein überlanger Schlitten hieß im Volksmund immer nur die »Ullmannsche Kalesche«. Der Chauffeur hielt den Schlag auf, und man konnte dem schweren Mann dabei zusehen, wie er sich, zu lahm, die Füße in den weißen Gamaschen hochzuheben, in winzigen Trippelschrittchen zum Haus quälte. Der allgemeinen Meinung nach ist ihm seine körperliche Trägheit später zum Verhängnis geworden. Eduard Ullmann wird auf einer Zugfahrt von Nürnberg nach Lodz auf der Toilette an einem Schlaganfall sterben, ein irgendwie anrüchiges Ende für einen so bedeutenden Mann, der nur dreiundsechzig Jahre alt wurde.

Seine Witwe ließ sich durch den Einmarsch der Deutschen keineswegs einschüchtern. Tante Edith, ihre Schwiegertochter, wurde Zeuge, mit welchem Selbstbewusstsein sie sich bei einem Verhör gegen die SS durchsetzte. Es schadete ihr auch nicht, dass sie, während sie sich zunehmend in Rage redete, unversehens ins Russische verfiel. Sie war und blieb in der Lodzer Gesellschaft eine unangefochtene Institution. Allerdings war Tonja Ullmann auch weitsichtig genug, um zu begreifen, dass nach Stalingrad der Sieg der Roten Armee über die Deutschen unabwendbar war. Es war aus ihrer Sicht eine nur zu verständliche Entscheidung, sich ein zweites Mal in ihrem Leben beizeiten vor den Sowjets in Sicherheit zu bringen und sich nach Zürich abzusetzen. Immerhin bezog sie vom »Verband Schweizerischer Elektrizitätswerke«, der den größten Anteil der Aktien der Lodzer E-Werke besaß, eine Witwenpension. Sie musste sich dennoch pekuniär stark einschränken, das war ungewohnt für eine anspruchsvolle Frau wie sie, die sich in ihrem Einzimmerappartement in theatralischen Klagen über ihre Misere erging. Dabei lebte sie immer noch besser als Tausende von anderen Emigranten. Dennoch hielt sich in der Familie hartnäckig das Gerücht, sie sei in den fünfziger Jahren arm wie eine Bettlerin gestorben. Tatsächlich bekam sie ein fürstliches Begräbnis im Kreise der Züricher Gemeinde der Christian Science.

Besonders wegen ihres heiß geliebten Ziehkindes Wladimir, den sie aus Petersburg mitbrachten, sind Ullmanns aus unserer Familiengeschichte nicht mehr wegzudenken. Diesen ziemlich gut aussehenden Elektroingenieur nannte ich später Onkel Wo, abgeleitet von Waodja, einer Koseform für Wladimir. Er

Meine Urgroßmutter Ida Weber mit ihren
Kindern Eugen und Gertrud um 1905

hatte sich in die jüngere Schwester meiner Großmutter verliebt. Tante Edith, die immer im Schatten ihrer beiden anderen
Schwestern stand, konnte ihr Glück kaum fassen, einen so at-
traktiven Mann zu bekommen. Sie war ihm in fast abgöttischer
Liebe ergeben, die er mit einer gewissen Resignation ertrug.
Der Rest der Verwandtschaft war wegen seines düsteren We-
sens eher kritisch gegen ihn eingestellt. Die Verlobungsfeier
von Wladimir und Edith richteten seine Pflegeeltern, die Ullmanns, stilecht aus. Es wurde ausschließlich Kaviar gereicht,

dazu gab es Krimsekt. Auch diese Völlerei erfuhr ein geteiltes Echo.

Mit dem Geld der Ullmanns hatte Onkel Wo sich in Lodz eine kleine, aber gut gehende Fabrik zur Herstellung von Kunststoffen eingerichtet. Er konnte für sich in Anspruch nehmen, darin ein Visionär gewesen zu sein, aber im Alter erlebte ich ihn als einen enttäuschten Menschen, der schlecht damit fertig werden konnte, dass sich die meisten seiner Träume nicht verwirklicht hatten. Er hatte sich außer für Verfahrenstechnik auch noch für Philosophie und Mystik interessiert, was gerne als Spinnerei abgetan wurde, geradeso, als hätte sich ein neuer Rasputin in die Familie eingeschlichen. Als die Deutschen Polen besetzten, sah es schlecht aus für Onkel Wo, der wie die Ullmanns Deutsch nur mit starkem Akzent sprach und wie sie als Staatenloser lediglich einen Nansenpass für staatenlose Flüchtlinge und Emigranten hatte.

Noch exzentrischer als Ullmanns war ein guter Freund meines Urgroßvaters. Nachdem er Witwer geworden war, entsagte der sehr zum Entsetzen der höchsten Kreise, allen irdischen Reichtümern und zog sich in eine Einzimmerwohnung zurück. Er möblierte sie nur mit dem Nötigsten, mit Bett, Tisch und Stuhl. Für den Fall, dass seine beiden verwöhnten Töchter zu Besuch kamen, hatte er zwei Sessel an der Decke aufgehängt, die er mithilfe eines Flaschenzugs herunterkurbeln konnte. Ein Fall von selbst gewählter Askese, der besonders die Bewunderung – oder war es gar Neid? – meines Großvaters hervorrief.

Der andere Teil meiner Vorfahren, die Familie meiner Großmutter Trudl, spielte in meiner Kindheit eine weniger große Rolle als die Mitglieder der Familie Lange. Durchaus passend für eine Lodzer Familie, hießen sie Weber. Das mehrstöckige Wohnhaus in der Kościuszki-Allee bauten sie erst Anfang der dreißiger Jahre. Mit der Textilindustrie hatten sie allerdings nicht das Geringste zu tun. Die Urgroßeltern Weber aus der Linie meiner Großmutter wurden von Gisa und Eva Omi und Opi genannt. Mein vornehmer Großvater Karl Lange redete sie immer nur als »verehrter Schwiegerpapa« und »verehrte Schwiegermama« an und versuchte, so gut es ging, zu umgehen, sie zu duzen.

Die Webers verkörperten eine andere Seite von Lodz. Kleinbürgerlich und grundsolide, war der Opi bei seinen Enkeln nicht sonderlich beliebt, da er es nicht lassen konnte, ständig an ihnen herumzunörgeln. Umso mehr mochten sie ihre Omi, die zwar aussah wie die Witwe Bolte, aber dafür eine sehr kluge und einfühlsame Frau gewesen sein muss. Ihr schmeckte das Essen, zum Gänsebraten gab es reichlich Soße. Kleckerte etwas auf ihr Kleid, kratzte sie es in einer schwungvollen Bewegung mit dem Messer wieder runter, was der Opi jedes Mal mit einem genervten »Ach Idchen« kommentierte. Er genierte sich vor der Verwandtschaft für seine freizügige Ida. In unerschütterlichem Gleichmut führte sie eine schwierige Ehe mit diesem cholerischen Pedanten, der seine vier Kinder wegen eines einzigen unaufgeräumten Kleidungsstücks stundenlang auf dem kalten Boden knien ließ oder sogar schlug. »Liederlich«, nannte er solche harmlosen Saumseligkeiten, die er eben mit schweren Strafen ahndete. Der »Opi« war Prokurist – auf diesen Titel wurde Wert gelegt – des Schweizer Pharmakonzerns Ciba und verdiente gutes, krisensicheres Geld. Gedankenlos verteilte er an seine sensible Tochter Gertrud, die seit ihrer Pubertät an Migräneanfällen litt, in großen Mengen das Schmerzmittel Cibalgin und legte damit wahrscheinlich ungewollt die Weichen für die spätere Tablettensucht meiner Großmutter. War er auch zu Hause ein echter Tyrann, so hatte er doch die Gabe, sein Geld sehr geschickt zu vermehren. Widerstrebend mussten die Langes akzeptieren, dass im Wettlauf dieser beiden völlig unterschiedlichen Familien der Kleinbürger Weber über den Großbürger Lange triumphierte. Denn zuletzt war es der Opi, der mit seinem umsichtig erarbeiteten Vermögen die vom Unglück verfolgten Langes vor dem finanziellen Ruin rettete. Meine Großmutter aber rannte als jung verheiratete Ehefrau jeden Vormittag zu ihrer Mutter, um sich über ihr Elend in der Danziger Straße auszuheulen.

Meine Urgroßmutter Ida Weber war das dreizehnte von fünfzehn Kindern des in Lodz noch um die Jahrhundertwende sehr berühmten protestantischen Konsistorialrats Engel. Dem war die Frau kurz nach der Geburt des jüngsten Sohnes Eugen weggestorben. Der Knabe wurde für seine schon fast erwachsenen Schwestern Lenchen und Tildchen, die ihm ihr Leben widmeten, zum Schicksal. Er war von Geburt an zum Pastor bestimmt. Es wurde behauptet, er sei von Gott erleuchtet und habe schon in der Wiege Kirchenlieder gesungen. Obwohl er als Protestant durchaus hätte heiraten können, wachten seine Schwestern so eifersüchtig über ihn, dass er, schon um sie nicht zu kränken, ledig blieb. Er starb jung, ohne jemals die Frauen kennengelernt zu haben. Aus Kummer, sagte man. Sein Schreibtisch war fortan ein Heiligtum. Lenchen und Tildchen führten im Haushalt meiner Urgroßmutter Ida Weber das Dasein zweier eingetrockneter Jungfrauen, waren überall dabei und beobachteten die Familie stumm und vorwurfsvoll aus dunkel umränderten Eulenaugen. Meine Mutter aber, das erste Enkelkind in der Familie Weber, wurde mit dem Jordanwasser getauft, das Eugen Engel von einer Palästinareise mitgebracht hatte. Sie hat es immer als gutes Omen für ihr Leben gesehen.

Meine Urgroßmutter Weber trat auf ihre resolute Art in die Fußstapfen ihrer christlichen Vorfahren und engagierte sich ebenfalls in der Armenhilfe, unterstützte besonders hilfsbedürftige jüdische Familien mit Esswaren, Geld und mildtätigen Hausbesuchen, wo sie in den verrotteten Wohnungen furchtlos im Haushalt mit anpackte, kochte und die Kinder versorgte.

Bis zum Ausbruch des Zweiten Weltkriegs waren die Gänsebratenessen bei den Webers eine feste Institution. In den Wintermonaten versammelten sich zirka fünfzehn Personen einmal im Monat für ein gemeinsames Mittagsmahl um den Esstisch. Aber die Gäste waren bei Weitem nicht nur in Liebe verbunden. Da waren außer den alten Webers ihre drei Töchter, meine Großmutter Gertrud, Tante Edith und die freche Tante Illi, eigentlich Ilse. Zwischen den drei Schwestern tobte ein mal schweigend, mal lautstark ausgetragener Konkurrenzkampf, wer von ihnen die Hübscheste und Attraktivste sei, wobei es eigentlich längst ausgemacht war, dass Tante Illi die beiden älteren Schwestern um Längen geschlagen hatte. Noch heute verficht ihre Nichte, nach der ich auf den Namen Ina getauft wurde, die Theorie, die Tante Illi hätte nur den Raum betreten müssen, um die Aufmerksamkeit aller Männer auf sich zu ziehen. Ihr werden zahllose Affären angedichtet, auf jeden Fall scheint es aber so gewesen zu sein, dass ihr unstillbarer Appetit auf Sexualität auch vor den jungen Kerlen aus der Waffen-SS nicht halt machte. Ihr Mann Leo, selbst kein Kostverächter, duldete ihre Seitensprünge. Als es darum ging, ihren Schwager, den Onkel Wo, vor der Deportation in den Teil von Polen, der nicht dem Dritten Reich einverleibt worden war, zu retten, in das sogenannte Gouvernement, konnte Tante Illi ihm mit ihren Beziehungen zu den deutschen Truppen helfen. Er wurde auf die Volksliste gesetzt, sein russischer Name in Peters eingedeutscht, und Tante Edith nannte ihren Ehemann in Gesellschaft fortan Waldemar. Als Russe

*Meine Großmutter (rechts) mit ihrer
Schwester Illi, ca. 1930*

kämpfte er in Holland an der Seite der Deutschen gegen die
Alliierten. Wie durch ein Wunder überstand er die Kriegsjahre unverletzt. Den Deutschen aber fühlte er sich trotz ihrer
Verbrechen wegen seiner neuen Staatsbürgerschaft immer in
Dankbarkeit verbunden, seine militärische Karriere blieb ein
dunkler Punkt in seiner Vergangenheit. Noch lange Jahre war
er von Ängsten gequält, er könne verraten und nach Russland
verschleppt werden.

Ganz anders der älteste Sohn der Webers. Er hieß nach seinem verstorbenen Onkel ebenfalls Eugen, ein Name, der bei
uns mit dem Fluch eines viel zu frühen Todes verbunden zu

sein scheint. Vor der Okkupation von Polen zeigte er noch kein Anzeichen von der Krebserkrankung, die ihn aber schon bald dahinraffen würde. Im Gegenteil, er lud sich bei diesen Festessen Riesenportionen auf, um sich bei seiner Mutter endlich mal richtig satt zu essen. Seine Schweizer Frau Elli, eine Anhängerin esoterischer Gesundheitsbewegungen, wie sie zum Beispiel im Tessin auf dem Monte Verità bei Ascona ausgeübt wurden, servierte ihm aus Überzeugung nur Müsli, Rhabarberwähen und Rohkost, während er sich doch nach einem richtigen Stück Fleisch sehnte. Aus lauter Liebe machte er folgsam alles mit. Mein Großvater Karl dagegen fürchtete »diese Fressereien«, wie er das nannte, weil sein robuster Schwiegervater ihn andauernd zum Zugreifen nötigte.

Onkel Eugen musste zweimal in den Zweiten Weltkrieg ziehen. Zuerst als polnischer Offizier gegen die Deutschen, und nachdem Polen annektiert worden war, für die Deutschen gegen die Russen. Angeblich zog er sich beim Munitionskistenabladen eine Leberquetschung zu, deren Spätfolgen seine Krebserkrankung war. Wie oft hat meine Großmutter Trudl über den für sie unbegreiflichen Verlust ihres Bruders geklagt; es schien ihr ungerecht zu sein, dass ein so guter und junger Mensch früh gehen musste. Bereits vom Tod gezeichnet, ließ er es sich nicht nehmen, 1944 zur Konfirmation meiner Mutter noch die Laudatio auf sein Patenkind zu halten.

5

Die Ehe zwischen meinen Großeltern sei überhaupt nur durch die Vermittlung von Christian Science zustande gekommen, behauptete meine Mutter. Es bedurfte nämlich der tätigen

Meine Großmutter mit 18 Jahren

Nachhilfe einer eifrigen Kupplerin und Freundin, damit mein Großvater auf die siebzehn Jahre jüngere Gertrud Weber aufmerksam wurde. Ein Mädchen damals noch, das sich, total geschmeichelt – trotz der Warnungen ihrer klugen Mutter –, mit meinem Großvater verlobte. Später vertraute meine Großmutter ihren Töchtern an, wie sehr sie es bedauert habe, für ihren Karl die Beziehung zu einem jungen Arzt aufgegeben zu haben, dem sie damit das Herz brach. Zwar hatte sie sich den »begehrtesten Junggesellen von Lodz« gekapert, aber über ihrem Triumph den großen Altersunterschied zwischen ihnen vergessen.

Als mein Großvater seine zukünftige Frau in den Haushalt seiner Eltern einführte, versammelte sich die gesamte Dienerschaft in der großen Diele. Die Mädchen hatten weiße

Schürzen umgebunden. Unter den musternden Blicken wagte meine Großmutter kaum zu atmen. »Das ist keine Frau für den jungen Herrn«, soll die Kravczykova geflüstert haben, die mit dem Scharfblick einer alternden Hausbesorgerin sofort durchschaute, dass die lebenslustige Gertrud in der Familie Lange eine Fehlbesetzung war. Dann kam der Auftritt meiner Urgroßmutter. In einem Kleid, das bis auf den Boden reichte, schritt sie langsam die Treppe hinunter. Meine Großmutter wollte vor Schüchternheit im Boden versinken. Sie wurde nach oben in das lila Zimmer zum Tee gebeten. Hedwigs riesiger Steinway-Konzertflügel stand wie ein Mahnmal mitten im Raum. Meine Großmutter hatte zwar in Leipzig ein Musikinternat besucht, aber sie hätte niemals den Mut besessen, auch nur eine Taste anzuschlagen. Wie sie einander beeindrucken wollten, die beiden ungleichen Frauen. Sie tranken Tee aus hauchdünnem Meissner Porzellan, das in der bebenden Hand meiner Großmutter gefährlich klirrte, während sie einander kritisch musterten. Meine Urgroßmutter entschied, dass die Zukünftige ihres Ältesten lieb, aber ein wenig kleinbürgerlich war. Meine Großmutter lobte dafür die schöne Blumendekoration aus Veilchen und Marschall-Niel-Rosen, sie hätte sonst kaum gewusst, was sie sagen sollte.

Die Hochzeit wurde von den Brauteltern feudal ausgerichtet. Nach der Feier wurden die Frischvermählten entführt und von den sich ohne meinen Großvater verwaist fühlenden Mitgliedern des Jungengesellenklubs Lodz mit großem Hallo zum Kalischer Bahnhof gebracht. Für meine arme Großmutter ein eher zweischneidiges Vergnügen, das ihr bereits einen Vorgeschmack darauf gab, mit wie vielen Menschen sie ihren Ehemann in Zukunft werde teilen müssen. Sie fuhren direkt in die Schweiz. Mein Großvater wollte seine junge Ehefrau seinen Studienfreunden vorstellen. Auch das gab ihr zu denken.

Ganz offensichtlich wollte ihr Mann sich nicht so recht von seiner Jugend trennen. Kein Honigmond für das junge Paar. »Jung verheiratet«, das war sowieso nicht der richtige Begriff. Mein Großvater hatte die vierzig schon überschritten. Auf einem Ball, den besuchen zu dürfen sich meine Großmutter erbeten hatte, forderte ein Verehrer die frisch vermählte Braut mit den Worten auf, die er an meinen Großvater richtete: »Darf Ihre Tochter mit mir tanzen?« Darauf der gekränkte Ehemann steif: »Meine Frau tanzt nicht.« Am liebsten hätte er sich draußen geschlagen. In einem Punkt war er konservativ, er hätte niemals eine Frau geheiratet, die keine Jungfrau mehr war. Auch dass die Rückreise mit Aufenthalt in Meran vonstattenging, konnte meine Großmutter nicht versöhnen. Sie ahnte, dass sie einen furchtbaren Fehler gemacht hatte und wollte sich sofort wieder scheiden lassen – doch sie war schon mit meiner Mutter schwanger.

Die 1914 fertig gestellte Direktorenvilla der Langes war kein Ort, um darin glücklich zu sein. Das hat besonders meine Großmutter zu spüren bekommen, die immer von einem eigenen modernen Heim träumte. Ein kurzes Jahr wollten die Frischvermählten übergangsweise bei den Eltern wohnen, daraus sind achtzehn lange Jahre geworden. Die Zeit verrann einfach, so jedenfalls empfand es Gertrud. Neben den anderen Frauen im Haus, meiner Urgroßmutter und Tante Manja, hatte sie nicht mal den Hauch einer Chance, ein eigenes Leben zu leben. Wenn die Mädchen Ausgang hatten, putzte sie heimlich die Küche, um etwas zu tun zu haben. Auch die Geburt von Eva und Gisa konnte nicht auslöschen, was das Zentrum des Hauses war. Wie ein Schrein war es um den unzeitigen Tod von drei der fünf Kinder von Emilie und Wilhelm Lange gebaut. Auch wenn sie im Grunde immer eine Außenseiterin blieb, versuchte meine Großmutter doch gerecht zu sein und

Meine Mutter 1929, ein Jahr alt

nicht zu vergessen, was man ihr Gutes tat. Sie wusste, dass ihre Schwiegermutter keine großen Worte machte, aber nachdem sie im April 1928 nach einer schweren Geburt von meiner Mutter entbunden worden war, kam meine Urgroßmutter an ihr Wochenbett und legte ihr schweigend 1000 Dollar auf die Decke. Ehe meine Großmutter so recht wusste, wie ihr geschah, war ihre Schwiegermutter schon wieder verschwunden.

Sechstes Kapitel

Der Bienenvater

1

Selma, Adele, Kunigunde, Sonja. Diese vier Damen waren nicht etwa die Großtanten meiner Mutter, sondern das gackernde Quartett ihrer Legehühner. Sie hatten ihr Zuhause auf dem Lagerplatz der Fabrik, an einer geschützten Stelle hinter der Modellschreinerei. Ihre eigentlich harmlose, wenn auch während des Krieges von den nationalsozialistischen Machthabern verbotene Existenz – private Tierhaltung war untersagt –, führt mich tief in das Innerste der Kindheit meiner Mutter.

Morgens, vor der Schule, schlich sie, getrieben von einer ungeduldigen Spannung, die sie sich selbst nicht erklären konnte, zu den Hühnerkäfigen. Sie feuchtete den Zeigefinger mit Spucke an und steckte ihn den Hennen ohne die geringste Scham oder den geringsten Ekel hinten rein, um zu fühlen, ob vielleicht schon ein Ei im Anmarsch war. Selma, das ganz gewöhnliche, unscheinbare Haushuhn war von schier unerschöpflicher Produktivität. Es legte einmal zwanzig Eier in Folge. Nach dieser enormen Leistung reichte seine Kraft nicht mehr aus, eine ordentliche Kalkschale zu bilden. Das einundzwanzigste war ein Windei. Die Henne gönnte sich einen Tag Pause – und produzierte danach emsig weiter. Diese Heldentat ihres Huhnes war für meine Mutter Anlass zu dauerhaftem Triumph. Das Futter für das Federvieh bezahlte meine Großmutter Trudl. Großzügig wie sie nun mal war, fand sie auch nichts dabei, Eva anschließend die frischen Eier noch abzukaufen und dem mageren Etwas von Tochter zur Kräftigung »Goggelmoggel« – das ist rohes Eigelb mit Zucker vermischt – zu schlagen. Meine Mutter erzählte diese Begebenheit stets mit einem übermütigen Lachen, dem ich alles Mögliche entnehmen konnte: eine gewisse Verlegenheit über die eigene Geschäftstüchtigkeit, die Sehnsucht einer Tochter nach der selbstlosen Zuwendung durch die Mutter und den nachwirkenden Stolz über den Fleiß gerade ihrer Hühner. »Bedenk doch, zwanzig Eier in Folge!« Gelächter. »Und am letzten Tag ein Windei!«

Uns Kindern war aber am meisten an der fröhlichen Litanei der altmodischen Hühnernamen gelegen, die sich in einer einzigen auf und ab hüpfenden »Selmaadelekunigunde-« – kurze Pause – »sonja«-Wortschlange aussprechen ließ. Sogar mein Sohn kann sie, nun schon halb erwachsen, ohne Zögern wiedergeben. Im Geiste pflichteten wir unserer Mutter bei, dass Sonja nur Prinzessinnen heißen und es deshalb keineswegs verwunderlich sei, dass die schönste Henne am Ende wegen dauerhafter Legefaulheit in den Kochtopf wanderte. Sie hatte einen engen Beckenstand und einen zänkischen Charakter.

Schon früh hatten wir das Prinzip verinnerlicht, dass wir uns die Welt aneignen, indem wie sie benennen. Wir fühlten, das wahre Wesen der Dinge war ganz und gar in ihren Namen enthalten. In meiner Erinnerung ist dieses kindliche Spiel einer der wenigen Momente, in denen meine Eltern zu einer gewissen inneren Freiheit fanden, und es wurde deshalb von uns begeistert aufgegriffen. Einer der Anzüge meines Vaters wurde wegen seiner düsteren Farbe »Wasserleiche«, ein anderer wegen seiner übertriebenen Eleganz »der Lord« getauft, seine Freizeitjoppe hieß »Affenjacke«, seine »Würstchenschuhe« hinterließen schwarze Häufchen auf dem Küchenboden.

Sonst meistens auf Geschäftreise abwesend, verewigte er sich zu Hause in seinen Sachen. In der Heide beschlossen wir den Tag mit einem Spaziergang, »der großen oder der kleinen Runde«, je nachdem. Im besten Fall waren die Eltern untergehakt, während wir Kinder sie im Rudel umkreisten. Unsere rostigen Autos hießen »Silberpfeil« oder »roter Blitz«, und wir lobten sie dafür, dass sie immer noch hustend und keuchend ihre Dienste taten, obwohl sie längst auf den Schrottplatz gehört hätten. Wir verstanden unsere Mutter, die dem Chaos der Welt zu begegnen versuchte, indem sie sie nach ihren Vorstellungen möblierte – und sei es nur mit Worten.

Vielleicht als Reaktion auf den zunehmenden Verfall ihrer Familie, hatte sie in ihrer Jugend eine hingebungsvolle Tierliebe entwickelt, die nachträglich für manche Anekdote sorgte. Wie so oft konnte man fast den Eindruck bekommen, dass die Mitglieder der Familie Lange nur deshalb ihre unglaublichen Abenteuer erlebten, damit sie später davon erzählen konnten. So wie ich es jetzt an ihrer Stelle ja auch tue. Mit jedem Nestling, den meine Mutter aufzog und rettete, mit jedem Kätzchen, das sie den Fängen des Hausbesorgers entriss, mit jeder Raupe, die sie zum Verpuppen brachte, trotzte sie dem nahenden Untergang einen kleinen Aufschub ab. Bei ihrer Fürsorge vermehrten sich sogar Spinnen in einem einfachen Weckglas. Die Entdeckung, dass sie ein außergewöhnliches Geschick bei der Aufzucht von Tierkindern hatte, machte Eva in Lodz, wo man ihr eines schönen Frühjahrs zwei Blaumeisen brachte. Sie konnte ihren flatternden Herzschlag spüren, wenn sie die Winzlinge in der Hand hielt. Damals glich es einer kleinen Sensation, dass sie sie überhaupt durchbrachte. Aber mein naturkundlich beschlagener Großvater zeigte seiner Tochter, wie man diese Weichfresser artgerecht ernährte. Die Achtjährige kochte Regenwürmer, zerhackte sie und stopfte sie mit Quark vermischt den Daunenbällchen mit der Pinzette in die aufgesperrten Schnäbel. Ihre Zöglinge hatten einen unbändigen Appetit, waren aber bald flügge.

Weniger glücklich endet die Geschichte von Matuchnale (Liebchen), ihrem Zeisig. Auch er war noch sehr klein, als sie ihn bekam. Wenn sie ihn rief: »Matuchnale, ham, ham«, pickte er ihr zutraulich das Futter aus der Hand. Ihr Kinderherz flog dem gelbgrünen und schwarzen Tierchen zu, denn er schien an seiner Gefangenschaft nicht zu leiden. Im Gegenteil, er jubilierte den ganzen Tag mit zurückgelegtem Köpfchen sein unverwechselbares »Di di diddle dä« (volkstümlich übersetzt: »Ziegenfleisch ist zäh«). Zuverlässig kehrte er nach kurzen Ausflügen durch die Stube in den Käfig zurück. Das Vertrauen eines Wildtieres gleicht immer einem unerwarteten Geschenk. Eines Tages aber war der Zeisig verschwunden, ein unvorsichtiger Mensch hatte das Fenster offen gelassen. Der Sünder war nicht zu ermitteln, Eva war untröstlich. Sie bezog Stellung im Park des Landhauses in Rogi, setzte sich auf ihr weißes Kinderstühlchen, nahm den offenen Käfig auf den Schoß und hielt etwas von dem Lieblingsfutter des Zeisigs in der ausgestreckten Hand. Die Stunden vergingen, aber sie rührte sich nicht und wiederholte unablässig ihren Lockruf: »Matuchnale, ham, ham.« Das Kind so zu sehen, es brach einem das Herz. Besonders meine Großmutter wusste nicht mehr, was zu tun war. Nach Tagen gab die Tochter endlich auf. Den Käfig aber hängte Eva mit offener Tür in die Veranda, sie war jung und konnte hoffen.

Und eines Tages geschah ein Wunder. Die kleine Tierfreundin trat morgens auf die Veranda – und das Herz blieb ihr fast stehen. Matuchnale saß in seinem Käfig und pickte so unschuldig sein Futter, als wäre er nie fort gewesen. Nie wieder, behauptet meine Mutter, »habe sie noch einmal eine so heftige Glücksempfindung durchzuckt«. Erwachsene erschienen ihr groß und unberechenbar, umso stärker war ihre Verzauberung durch Tiere. Der Rest der Geschichte ist nur noch ein kurzer Nachtrag. Der Zeisig entschlüpfte ihrer Obhut ein zweites Mal, diesmal in der Stadt. Zurückgekehrt ist er nie.

Ich will es mit Elias Canetti halten, der 1943 in sein Tagebuch eintrug: »In der Geschichte ist viel zu wenig von Tieren die Rede«, und noch von einigen anderen Persönlichkeiten aus der Menagerie meiner Mutter erzählen. Denn eine Kindheit ohne Tiere ist eigentlich nicht wert, als Kindheit bezeichnet zu werden. Ich selbst habe mit der Haltung von Tieren allerdings nie viel Geschick gehabt. Das begann schon in der Heide, wo meine Mutter, nun erwachsen, die Macht über die Kreatur verloren zu haben schien. Die Schildkröte verlief sich im Wald, der Spitzmaus biss die Katze den Kopf ab. Es war, als hätte sich die Natur gegen uns verschworen. Erst wurde unser Bernhardiner auf der Bundesstraße 3 von einem Auto erfasst, und später starb unser Pony ebenfalls den Unfalltod. Unsere Haustiere waren gesteuert von einem rätselhaften Drang, sich der Obhut meiner Mutter zu entziehen und in ihr sicheres Verderben zu rennen.

Nur das »Bambi« war eine Erfolgsgeschichte. Der Epilog zu den glücklicheren Tagen ihrer Kindheit, wo sie noch ungehinderten Zutritt hatte zu dem unermesslichen Reichtum der Natur. Wo Kiki, ihre Schleiereule, neben ihrem Schreibtisch träge die Tage verdämmerte, und Jakob, ihre Elster, nachdem schon das Mädchen wegen fehlender Silberlöffel fälschlich des Diebstahls verdächtigt worden war, im Wald ausgesetzt werden musste. Um auf das Reh zurückzukommen: Mein Großvater hatte es im Wald gefunden, die Ricke hatte es nicht angenommen, das Kitz ließ den Kopf hängen. Zu schwach, um aufzustehen, blieb es auf der Seite liegen. Meine Mutter hatte

179

gerade von meinem Bruder entbunden und fühlte sich schwer und mütterlich. Im festem Vertrauen auf die Geschicklichkeit seiner Tochter, brachte mein Großvater ihr also noch ein weiteres, wenn auch tierisches Baby nach Hause. Nur gut, dass mein Bruder Peter, ihr drittes Kind, so anspruchslos war und selten nach ihr verlangte, denn mit dem Auftauchen des »Bambis« brach hektische Betriebsamkeit in unserem Haus aus. Das Tier drohte zu verenden, ein Anruf beim Tierpark Hagenbeck ergab, dass die Kuhmilch mit Sahne angereichert werden müsse. Nach dem ersten »Schoppen« hob das »Bambi« bereits den Kopf, dann rappelte es sich auf und stakste über den Teppich. Seine unerwartete Existenz verhalf unserer Familie zu einer Super-Acht-Kamera und zu einer kurzen lokalen Berühmtheit. In Scharen versammelten sich die Schaulustigen an unserem Gartenzaun, wenn meine Mutter ihrem Pflegling draußen im Garten die Flasche gab; der Nuckel stammte von meiner Puppe.

Im Laufe meines Lebens bin ich zwei Typen von Menschen begegnet. Die einen lieben Orte, die anderen Landschaften. Die Ersteren streben danach, jeden Platz, an dem sie sich befinden, nach ihren Vorstellungen einzurichten. Auf der Sonnenseite ihres Talents stehen wohlorganisierte Büros, geschmackvolle Wohnungen, gepflegte Gärten; die Schattenseite kennt den Zaun um den Wohnwagen, den Putzfimmel und die Messie-Höhlen. Ja, auch die. Die Menschen aus der zweiten Gruppe sehen in der Welt eher eine Kulisse. Sie bewundern ihre Schönheit, aber sie verspüren nicht den Drang, sie anhaltend zu verändern. Dafür sehnen sie sich stets nach neuen Herausforderungen. Sie wandern einfach weiter. Ihr Metier ist der große Plan, Bücher, Wissenschaft, geistige Genüsse. Sie erklimmen Gipfel und entdecken Pole. Im besten Falle ist das so. Man kann diese rastlose Lebensweise aber auch als Bindungslosigkeit deuten, als eine stete Weigerung, Verantwortung zu übernehmen.

Meine Mutter ist immer jemand gewesen, der sein umfriedetes Gehege liebt. Oft genug hat sie uns Kinder enttäuscht, weil sie sich nicht von zu Hause trennen wollte, wenn es hieß, etwas zu unternehmen. Sie war ein Mensch, der gegen seinen Willen, erst durch die Wirren der Politik, dann durch den Beruf ihres Mannes zum Nomadentum gezwungen wurde. Aber wo Eva auch war, sie begann sofort sich einzurichten. Gemütlichkeit war ein rares Gut in jenen schlimmen Jahren. Gleich nach der Flucht organisierte sie eine zerschlissene rosafarbene Papierkommode, die erst von ihr repariert werden musste. In den in Rot abgesetzten Schubladen hütete sie peinlich genau sortiert ihre wenigen Habseligkeiten. Die ganze Welt in einer Schuhschachtel, das hätte ihr damals genügt.

Ich glaube, sie hätte sonst was dafür gegeben, wenn sie folgende, am Anfang ihrer Ehe liegende Episode hätte ungeschehen machen können. Sie illustriert exakt, wie konträr die Positionen der beiden Menschen waren, die sich meine Eltern nennen. Mein Vater führte seine junge Frau nach Österreich in die Berge, dahin, wo er, der linkische Junge, der mickrige Halbjude, auf den Sommerreisen mit seiner Großmutter glücklich gewesen war. Sie besuchten seine erste große Liebe, das Miezerl, auf ihrem Hof. Das Urbild seiner Kindfrauen war nun eine gestandene Bäuerin – und erschreckte ihn mit ihrer Üppigkeit. Das Walsertal ersoff im Regen, meine Mutter jammerte, dass sie friere, und überhaupt könne sie mit der großartigen Aussicht auf die Berge nichts anfangen. »Soll ich jodeln?«, fragte sie spitz. Mein Vater schwieg. Erkaltet flohen sie an die überfüllte Adria, brachen nach einigen Tagen entnervt den Urlaub ab und kehrten überstürzt wieder nach Hause zurück. »Sehnsucht nach früher«, registrierte mein Vater, ist ein fruchtloses und deshalb sehr gefährliches Gefühl. Anwandlungen gleicher Art begrub er fortan in einer geheimen Kammer seines Herzens.

Für Landschaften oder Umgebungen hat meine Mutter überhaupt keinen Nerv. Das geht so weit, dass sie große Mühe mit der räumlichen Orientierung hat und sich in fremdem Terrain ständig verläuft. Nach Umzügen dauert es jedes Mal Monate, bis sie den Weg zum Kaufmann und zurück ohne Anstrengung findet. In ihren eigenen vier Wänden aber braucht sie dafür niemals etwas zu suchen. »Alles ist zur Stelle.« Als Kind konnte sie viele glückliche Stunden damit verbringen, ihre Schätze zu sortieren. Viele lange und ausführliche Erwägungen galten der Frage, nach welcher Einteilung sie sich dabei richten sollte. Sollten die Murmeln der Größe oder der Farbe nach geordnet werden? Durften die Stecknadeln bei den Nähnadeln liegen? Genießerisch addierte sie im Kopf ihre Geldmünzen. Die getüpfelten Vogeleier, verbotenerweise aus Nestern geräubert, lagerten sicher auf weicher Watte. Der blaue Pelikanfüller mit der feinen goldenen Feder erhielt zusammen mit dem gleichfarbigen Drehbleistift feierlich ein eigenes Fach. Ein tschechischer Soldat wird ihr auf der Flucht die geliebten Schreibgeräte aus der Manteltasche ziehen, gelangweilt, gleichgültig gegen ihre Bitten, ihr diese letzte Erinnerung zu lassen. Die schweinslederne Brieftasche, die mein Großvater als Zehnjähriger von der Industrieausstellung in Kiew 1896 mitbrachte, wurde dagegen gerettet und befindet sich noch heute unter ihren Sachen.

Über all das berichte ich staunend vom Ufer einer banaleren Gegenwart aus, die aus so Vielem besteht und bis an den Rand erfüllt ist von mehr oder weniger beliebigen Massenprodukten. Wir besitzen eben bloß noch Dinge, keine Schätze mehr. Unsere Einkäufe transportieren wir in Plastiktüten, unsere Habseligkeiten bewahren wir in IKEA-Schränken auf, der Stauraum reicht nie. Für meine Mutter haben alle Dinge ihren vorgesehenen Platz, für mich bestimmt sich ihre Ordnung nach dem Gesetz des Zufalls. Wie soll man diese unüberbrückbare Differenz zwischen uns erklären? Es bietet sich an, es mathematisch zu tun: Leibniz versus Gauß. Zwar gilt meine »Vertikalablage«, die sich in schwankenden Papierstößen über Tische, Fensterbretter und den Fußboden ausbreitet, einigen Leuten als anstößig. Aber zu meinem Trost habe ich festgestellt, dass ich trotzdem Schriftstücke häufig in kürzerer Zeit finden kann als meine Kritiker zwischen dunklen Aktendeckeln.

Die ungewöhnliche Begabung meiner Mutter für Systematik, denn eine Begabung muss man diesen besonderen Sinn ja wohl nennen, war ein Seinszustand, der meinem Urgroßvater keineswegs fremd war. Gleichaltrige dagegen standen ihrer Ordnungsliebe – Pedanterie ist das ganz falsche Wort dafür – ablehnend gegenüber. Zumal Eva ihnen von den Erwachsenen ständig als leuchtendes Beispiel vorgehalten wurde. Der Urgroßvater aber glaubte sich selbst in seiner kleinen Enkelin zu erkennen. Er fühlte, was sich hinter ihrer kindlichen Sammelleidenschaft verbarg, der brennende Wunsch, das Dasein ständig zu erneuern. Ob Steine, Schmetterlinge oder Pilze, der Moment des Findens verleiht den Dingen für den Sammler ihre einzigartige Magie. Und nicht nur sprachlich liegen Finden und Erfinden ganz nahe beieinander. Meine Mutter sollte einmal seine Bienen bekommen. Das war die höchste Auszeichnung, die er zu vergeben hatte.

Ich hätte keinen günstigeren Zeitpunkt finden können, um mit einem geliehenen Fahrrad hinaus nach Rogi zu radeln, als bei meinem zweiten Besuch an einem hellen Sommertag Ende Juni. In der hohen Wölbung des Himmels lag ein Versprechen, das auch Gisa und Eva zu Beginn der großen Ferien empfanden. Im Sommer verlegten die Langes ihren Wohnsitz aus der stickigen heißen Stadt in ihr weißes Holzhaus auf dem Lande, nach dessen Spuren zu suchen ich mir jetzt vorgenommen habe. Kein leichtes Unterfangen, denn niemand aus der Familie ist seitdem dort gewesen. Welche Botschaft werde ich ihnen bringen? So geborgen hatten sich meine Mutter und ihre Schwester in Rogi, wie sie es immer vielsagend betonten, gefühlt, dass die Vertreibung von dort einem doppelten Verlust gleichkam. Es war der Verlust der Heimat, aber noch mehr als das zählte die Austreibung aus dem Paradies.

Bevor ich mich auf den Weg machte, hatte ich im Stadtarchiv noch versucht herauszufinden, welches Grundstück ganz genau den Langes einmal gehört hat. Die Straße, die früher an ihrem Besitz vorbeiführte, hatte damals weder einen Namen gehabt noch war sie asphaltiert gewesen, geschweige denn, dass es Hausnummern gab. Ich lasse mir das alte Steuerbuch der heutigen Rogowska-Straße vorlegen, um festzustellen, dass der Name »Lange« in den Unterlagen von 1945 schon nicht mehr vorkommt. Ich blättere vor, ich blättere zurück, studiere die alten Pläne, die exakt angeben, ob Stein- oder Holzhaus, ob Obstgarten oder Wiese. Nichts. Ganz offensichtlich hat sich in den Nachkriegswirren ein Krisengewinnler als neuer Besitzer eintragen lassen. Auch ein Besuch im Grundbuchamt bringt mich nicht weiter. Ich werde weggeschickt, weil ich keinen Dolmetscher mitgebracht habe. Unverrichteter Dinge trotte ich durch die bröckelnde Einfahrt eines ehemals hochherrschaftlichen Palazzos, im Gegenlicht gleicht das zersplitterte Glas in einer schmiedeeisernen Halbrosette einer bizarren Blume.

Trotz meiner Enttäuschung fahre ich los, wähle die Route über die Zgierska-Straße, die einmal das Armenviertel und spätere Ghetto Baluty in zwei Hälften zerschnitt. Von historischen Aufnahmen sind die gezimmerten Brücken über die Hauptstraße bekannt, die die abgesperrten Teilgebiete miteinander verbanden. Die Holzhäuser ohne Kanalisation, in denen die Juden zusammengepfercht wurden, gibt es nicht mehr, die ehemaligen Grenzen des vier Quadratkilometer großen Ghettos sind bestenfalls an neu angelegten Parkanlagen zu erkennen. Auf den teilweise achtspurigen Ausfallstraßen nach Norden herrscht ein chaotischer Verkehr, ein rastloser Strom, der alle Erinnerungen mit sich nimmt. Zurück bleibt die Leere, die die Vernichtung von über 230 000 Menschen hinterließ. Eine massive Zone aus Plattenbauten lässt das Gebiet noch verlorener erscheinen. Zu meiner Erleichterung löst sich die Stadt anschließend allmählich im Grün der Gärten auf. Aufatmend beglückwünsche ich mich mehrmals zum schönen Wetter und meinem Entschluss, mit dem Fahrrad zu fahren – und mache mir so selbst Mut, bis ich schließlich in die holprige Rogowska-Straße einbiege. Im Geiste vergleiche ich, was ich jetzt vor mir sehe, mit dem, was ich aus den Erzählungen meiner Großeltern und meiner Mutter wusste: Vor mir liegt ein lichter Laubwald, unterbrochen von buckligen Wiesen. Um diese Kurve sind sie gefahren, dann um die nächste, einen kleinen Anstieg mussten sie noch bewältigen, während ihre Gedanken vorausflogen zum Tor, in das sie gleich einbiegen würden, während ihnen der Verwalter schon entgegeneilte.

Als mein Urgroßvater 1895 seinen Landsitz in Rogi, damals eine Art Gartenstadt im Norden von Lodz, erwarb, waren fast alle Parzellen an der Bzura schon vergeben. Von der unseligen Bedeutung konnte noch keine Rede sein, die der Name des an sich unbedeutenden Gewässers durch die 1939 an seinen Ufern im Krieg gegen die Deutschen verlorene Schlacht bei Kutno einmal einnehmen würde. Es handelte sich einfach um eine idyllische Auenlandschaft, mit einer Kette von Seen und Teichen, zu denen man das träge Flüsschen aufgestaut hatte. Später klagte mein Urgroßvater zwar immer, dass seine Parzelle Land ein Handtuch von nur hundert Metern Breite, dafür aber tausend Metern Länge sei. Dennoch schätzte er sich glücklich, überhaupt ein Grundstück in der Nähe der Stadt bekommen zu haben, und begann umgehend mit groß angelegten Pflanzungen.

Der Park von Rogi, wie Gisa und Eva ihn vierzig Jahre später kennenlernten, entsprach im Großen und Ganzen dem Ideal eines englischen Landschaftsgartens. Er war gestaltet wie ein begehbares Gemälde, dessen Zentrum der See mit einer S-förmigen Insel war. An seinem Ufer gruppierten sich die Damen in hellen Reformkleidern unter Sonnenschirmen zu lebenden impressionistischen Bildern. Im Hintergrund stieg das Gelände sachte an. So natürlich der Park auch wirkte, es entsprach dem Charakter meines Urgroßvaters, dass dort nichts dem Zufall überlassen war. Sein Garten sollte der Garten Eden sein. Jede Baumgruppe, jede Erhebung, die Blütezeit der Sträucher, die Anordnung der Rabatten, die Gemüsebeete, die Orangerie, die Ställe, alles war in einer Weise durchdacht angelegt, dass sich die ganze Welt noch einmal im Kleinen wiederholte. Wie hätte es möglich sein sollen, dass so etwas Vollkommenes jemals vergeht?

2008 stehe ich auf einer staubigen Sandpiste zwischen zwei

Meine Mutter (links) und Manja, Rogi 1932

Grundstücken, deren Eingangstore – wie hier draußen üblich – mit einer Alarmanlage gesichert sind, und wünsche mir jemanden herbei, der mir helfen könnte, das richtige Grundstück zu identifizieren. Ich frage mich, ob der geliebte Park tatsächlich so düster war wie das moosige Waldstück links von mir. Danach wende ich mich nach rechts und fasse eine große Blumenwiese ins Auge, der See in der Mitte ist an den Ufern mit Schilf und Seerosen überwachsen. Manches deutet darauf hin, dass es sich hier um den einstigen Besitz der Langes handelt. Trotzdem hatte ich mir alles ganz anders vorgestellt. Im Hintergrund stört mich eine neue Villa, die protzig und abweisend wirkt. Ich bin irgendwer, der an einem Gartenzaun steht, eigentlich bin ich niemand. Um mich das Spiel der Lichtflecken, die durch die Blätter fallen.

Gemessen an der Länge ihrer Geschichte war das Glück

der Sommer von Rogi flüchtig wie meine Fußspuren im hellen Sand. Es ist immer noch der gleiche Himmel, die Sonne steht mittags an der identischen Stelle über den Bäumen; sie müssen inzwischen mächtig gewachsen sein. Ein sehr merkwürdiges Gefühl, ich betrachte diese fremden Ländereien, die mir dennoch aus tausend Erzählungen vollkommen vertraut sind. Die schöne, aber keineswegs außergewöhnliche Landschaft enthält ein Rätsel: Ihre Vergangenheit, deren Echo ich schwach, aber deutlich vernehme.

Auch wenn sich die Jahre – wer weiß wie schnell – zu Jahrzehnten summierten, die es nun her war, dass Eva und ihre Schwester auf verschlungenen Pfaden durch den Park gingen, in der Erinnerung führten die hellen Wege sie zurück bis tief in die Paradiese ihrer Kindheit. Dort war immer noch alles so, wie es damals gewesen war: Im Gewächshaus verströmte die gelbe Marschall-Niel-Rose immer noch ihren betörenden Duft. Der Urgroßvater würde es sich nicht nehmen lassen, für besondere Gäste eine Blüte abzuschneiden. Die Silhouette der Urgroßmutter taucht auf, verschwommen erst, jetzt aber ganz deutlich, sie hat das Haar hochgesteckt und trägt einen Weidenkorb in der Hand. Mit prüfendem Blick schlendert sie gemächlich die Blumenrabatten entlang. Nur die schönsten Dolden haben das Privileg, eigenhändig von ihr gepflückt zu werden, um in einer der beiden violetten Lalique-Vasen das Esszimmer zu schmücken. Der ovale Tisch war bereits gedeckt. Der unverrückbare Tagesablauf sah vor, dass sich die Familie zum Mittagessen entweder dort oder auf der verglasten Veranda versammelte. Die Urgroßmutter bestand darauf, dass sich die Kinder zu den Mahlzeiten ein Kleid überzogen. Eine von Gisa und Eva nur widerwillig befolgte Anweisung. Sie liefen am liebsten in kurzen Hosen herum. Hastig schlangen sie das Essen herunter, sie hatten ja sowieso keinen Appetit mehr, weil sie sich den ganzen Tag den Magen mit unreifem Obst, ungeschleudertem Wabenhonig und am offenen Feuer gerösteten Plötzen vollstopften. Danach war Mittagsruhe angesagt. Als es die beiden einmal mit dem – verbotenen – Herumlärmen gar zu toll trieben und meine Urgroßmutter aus dem Mittagsschlaf schreckten, verlangte sie aufgebracht von ihrem Mann, dass er seine Enkeltöchter bestrafe. Wilhelm Lange spürte nicht die geringste Lust dazu. Er berief sich auf den Ehevertrag, demzufolge ihm alles zur Hälfte gehörte, und sagte weise: »Lass meine Hälfte toben.«

Erst als meine Mutter mir, selbst nun fast so alt wie damals der Urgroßvater, eine Handskizze vom Park machen will, stellt sie mit Wehmut fest, dass Vergesslichkeit und die lange Zeit so manche Lücke in das Netz der Wege gerissen hat, die mein Urgroßvater umsichtig hatte befestigen lassen. Besonders im hinteren Teil des Grundstücks, wo schon zu ihren Kinderzeiten die rote Schlacke des Tennisplatzes langsam unter einer wachsenden Grasdecke verschwand, hat sich der Auflösungsprozess dramatisch fortgesetzt.

Es hatte auch einen historischen Grund, warum dieser Teil ihres Besitzes eigentlich nur noch am Rande ihres Bewusstseins existierte. Um die Jahrhundertwende hatte der Urgroßvater dort auf einer kleinen Anhöhe eine kleine Villa erbauen lassen, die auch das Schlösschen genannt wurde. Und hätten noch Zweifel darüber bestanden, was für eine Sorte Mensch er war, der Ablauf des Baus hätte Klarheit gebracht. Denn als der Dachstuhl aufgesetzt worden war, stellte mein Urgroßvater beim Nachmessen fest, dass die Raumhöhen des ersten Stockwerks um Zentimeter von der Zeichnung abwichen – und er verlangte von seinem Architekten, den oberen Teil wieder einzureißen. »Herr Lange, Sie ruinieren mich«, meinte dieser. Darauf Herr Lange: »Sonst bin ich ruiniert, denn ich muss im-

Meine Mutter und Gisa im See 1934

mer daran denken.« Unerbittlich bestand er auf der genauen Umsetzung der Architekturzeichnung. Dieses Schlösschen vermittelte mit seinen farbigen Seidentapeten, den Täfelungen aus verschiedenen Edelhölzern, mit dem schneeweißen Flügel für ihre älteste Tochter Hedwig ein ziemlich genaues Bild von dem Reichtum, über den die Familie Lange einmal verfügte. Als meine Mutter und ihre Schwester im Park spielten, war das nur noch Legende. Im August 1914, gleich nachdem die Deutschen Lodz besetzt hatten, war ein Trupp marodierender Soldaten längs der Bzura nach Rogi vorgedrungen, das Schauplatz erbitterter Kämpfe wurde. Schützengräben wurden ausgehoben. Jahrzehnte später brachte jeder Regen die bleiernen Schrapnellkugeln zutage, die damals abgefeuert wurden. Der Wettstreit zwischen den Kindern, wer am meisten davon fand, war Anlass, atemlos über nasses Moos zu rutschen und mit bloßen Händen das alte Laub zu durchwühlen.

Das luxuriöse Schlösschen hatte die sinnlose Wut der Deutschen erregt, die es in einem Fanal mit Benzin übergossen und bis auf die Grundmauern abfackelten. Sie wollten nur mal sehen, wie so ein Ding brennt, behaupteten sie. Der Erste Weltkrieg veränderte zwar die Welt der Langes, aber erst der Nationalsozialismus zerstörte sie völlig. Meine Mutter jedenfalls kannte von dem Herrenhaus nur das Fundament und zwei große Blumenschalen voller Stiefmütterchen. Ganz selbstverständlich lebten sie alle mit dem, was verschwunden war. Andauernd war von früher die Rede, sodass Gisa und Eva sich längst an die Anwesenheit der Geister derjenigen gewöhnt hatten, von denen ständig gesprochen wurde. Ich glaube, sie hätten sich nicht im Geringsten gewundert, wenn sie von ihnen tatsächlich besucht worden wären.

»Papa, erzähl!«, war der Lockruf, mit dem Gisa und Eva meinen Großvater abends an ihre Kinderbetten holten. Er legte sich zwischen seine beiden Töchter auf den Flickenteppich, seine Stimme schien im Dunklen von sehr weit her zu kommen, während er ihnen genießerisch, mit immer neuen Ausschmückungen, seine Lausbubengeschichten vortrug. Er machte sich selbst zum Helden vieler Abenteuer, ein Däumling, der zwar von geringer Körpergröße, aber dafür umso gewitzter war. So hatte er einst, um anzugeben, seinen Mitschülern vorgeflunkert, er habe infolge eines Unfalls eine Pobacke verloren, die durch eine Silberplatte ersetzt werden musste. Er hatte sich zum Beweis sogar ein Stück Blech in die Hosentasche geschoben, und ließ die anderen fühlen, wie hart sein Hintern war, was ihm den glorreichen Namen »das Karlchen mit der silbernen Pobacke« eintrug. Ein neugieriger Klassenkamerad konnte diese Sache einfach nicht auf sich beruhen lassen, und als mein Großvater einmal so unvorsichtig war, vor ihm auf einen Baum zu klettern, stach er mit einer Nadel zu. Sein unwillkürlicher Aufschrei entlarvte ihn zwar als Lügner, aber Frechheit siegt, und die schrägen Einfälle meines Großvaters gereichten ihm auf die Länge der Zeit gesehen dennoch zum Ruhm. Ein anderes Mal prügelte er sich mit einem Jungen aus der Nachbarschaft. Die empörte Mutter kam nach Rogi, um sich bei meinen Urgroßeltern über den Bösewicht zu beschweren, der ihren Sohn geschlagen habe. Mein Großvater sah sie schon von Weitem kommen, stürzte ins Haus und stopfte sich die Jacke mit einem Kissen aus, damit es aussah, als hätte er einen Buckel. So ein höckeriger Kerl sei das nicht gewesen, meinte die Beschwerdeführerin – und musste unverrichteter Dinge wieder abziehen.

Mein Großvater war ein Meister darin, sich durch Ausflüchte und Notlügen aus der Affäre zu ziehen, und entging dank seiner Schlauheit oft nur mit Ach und Krach einer Bestrafung. Der Urgroßvater konnte sehr jähzornig sein. Um sich zu mäßigen, hatte er sich angewöhnt, laut auszurufen: »Ich hau dir eine!«, ehe er – fast schon wieder besänftigt – nur leicht mit der Hand ausholte. Im Russischen Gymnasium, das mein Großvater besuchte, wurden die Schüler zur Strafe in den Karzer gesteckt. Aber man hatte nicht mit seiner Gelenkigkeit gerechnet, als er einmal dorthin verbannt wurde. Schon bald wurde es ihm in seinem Gefängnis zu dunkel und zu langweilig, er wand er sich durch das Gitter und seilte sich an seinem Gürtel nach unten ab.

Meine Großmutter dagegen musste wohl oder übel gute Miene zum bösen Spiel machen, als ihr Ehemann auf einer größeren Gesellschaft in Rogi seine Gäste mit der Ankündigung, er habe ihnen etwas mitzuteilen, zum Seeufer bat. Als sich alle erwartungsvoll versammelt hatten, zog er seinen Ehering mit großer Geste ab. Mit den Worten: »Ich hab die Ehe satt!« warf er ihn im hohen Bogen ins Wasser. »Aber Herr Lange!«, war der einstimmige Aufschrei. Niemand war eingeweiht. Er hatte sich in der Fabrik eine Kopie seines Eherings aus Messing machen lassen und wollte sehen, wie seine Freunde reagierten.

Fühlte er sich provoziert, kannte mein Großvater keine Grenzen. Wahrscheinlich reizte ihn Kläri, eine Freundin meiner Mutter, die hin und wieder in der Heide zu Besuch war, einfach aus dem Grund, weil sie extrem lange und dünne Beine hatte. Sie pflegte ihre Pantoffeln beim Ausziehen immer sehr ordentlich dicht nebeneinander abzustellen. Er konnte der Versuchung nicht widerstehen und nietete die Schuhe an den Absätzen zusammen. Sie hauchte nur: »Mein Gott!« – und kippte lang und steif wie eine Schranke zu Boden. Heimlich mag meine Mutter, die von der altjüngferlichen Art dieser Berlinerin oft genervt war, vielleicht Schadenfreude empfunden haben, aber sie schalt meinen Großvater aus, der zerknirscht guckte wie ein ungezogenes Kind.

In Rogi gab es damals noch keinen elektrischen Strom. Von daher gingen die Tage auch im Sommer schneller zu Ende und machten Platz für lange Abende voller Schatten. Da war kein Radio, das die Stille um sie gestört hätte, die voller Stimmen und Geräusche war. Es gab kein flimmerndes Fernsehbild, um die Gespräche zu vertreiben, die sie, auf der Veranda um den Tisch sitzend, führten. Der Schein der Petroleumlampe ließ die Nacht schwarz wie Tinte erscheinen. Das ganze Anwesen glich einem schwach erleuchteten Dampfer, der lautlos durch die Dunkelheit trieb. Alle Sinne schärften sich, um die unbestimmte Düsternis zu durchdringen. Die Wand gegenüber war mit wildem Wein und Klematis überwachsen. Sie gehörte zum Bienenhaus und war von einer kleinen Leuchte schwach erhellt. Man konnte schemenhaft die pudrigen Körper und den samtenen Schimmer der weinroten und violetten Ligusterschwärmer wahrnehmen, die ruhelos mit den Flügeln zuckten. Häufig schauten Leute aus der Nachbarschaft vorbei, und ebenso oft tauchte Besuch aus der Stadt auf, der sich rege an den Unterhaltungen beteiligte. Die Unterhaltung drehte sich zuerst um den Alltag, dann um Geschäfte und um Geld, aber ganz selbstverständlich ging man nach und nach dazu über, von der Vergangenheit zu sprechen. Verstorbene Verwandte tauchten auf: Kinder, Onkel, Tanten, Freunde und andere Angehörige kamen und gingen im Rhythmus der Gespräche. Gisa und Eva durften dabeisitzen. Sie merkten sich jede Einzelheit, die ihnen desto bedeutsamer erschien, je häufiger sie wiederholt wurde. An diesen lauen Sommerabenden hatten die Erzählungen von früher etwas Beruhigendes. Damals war ihr Dasein fest auf dem Grund der Zeit verankert. Es schien ganz sicher, dass diese Welt niemals vergehen würde.

Wir sind unser Erinnern? Während ich diesen Satz jetzt schreibe, ist er bereits Vergangenheit. Fraglich ist nur, ob es mehr oder weniger als 99,9 Prozent unseres Selbst sind, die durch die Vergangenheit bestimmt sind.

4

Die Urgroßeltern schüttelten nur den Kopf, aber wenn es darauf ankam, war mein Großvater zu unglaublichen Anstrengungen fähig. Verrückt nach Boxen wie er war, ließ er, als Max Schmeling im Juni 1936 in New York gegen den »Braunen Bomber« Joe Louis kämpfte, einen Generator aus der Fabrik nach Rogi schaffen, weil er unbedingt den Fight im Radio verfolgen wollte. Unbeeindruckt vom grässlichen Knattern der Stromerzeugung, blieb er die ganze Nacht auf, um mit entrücktem Gesicht der Live-Übertragung zu lauschen – und wurde Zeuge, wie Joe Louis in der zwölften Runde k. o. ging. Das war einer der Höhepunkte, an dem er seine unbeschwerte Jugend und sein Draufgängertum wieder zu entdecken glaubte.

Im August desselben Sommers wurde mein Großvater fünfzig. Schon, dachte er sich, aber noch durfte er hoffen. Es lag nicht wirklich ein Segen auf seinem Leben, so viel hatte er bereits begriffen. Er erzählte niemandem, was dabei herauskam, als er am Morgen des 30. August heimlich Bilanz zog, auch nicht, warum er sich vor der Zukunft fürchtete. Er wehrte ab, als man ihm vorschlug, eine große Feier zu veranstalten. Er hätte sich am liebsten ganz gedrückt, aber das ging nicht. Es war ein ungewöhnlich heißer Spätsommertag, an dem im Kreis der engsten Freunde ein Fest in Rogi stattfand. Gerührt quittierte er die große aus Astern gesteckte 50 mit einem verlegenen Lächeln, das er das gesamte Essen über beibehielt. Vielleicht dachte er aber auch schon wieder an seinen schwachen Magen. Später lustwandelten die Herrschaften im Park. Mein Urgroßvater war wie üblich im weißen Sommeranzug erschienen, die Urgroßmutter im Seidenkleid. Gisa und Eva durften die gesmokten Hängerchen tragen, die meine Großmutter aus Rumänien durch den Zoll geschmuggelt hatte. Es waren ihre kleinen Akte des Widerstands, dass sie sich nicht daran hielt, wenn zum Beispiel die Ausfuhr von Trachtenkleidern verboten war. In punkto Obrigkeit zeigte sie grundsätzlich nur wenig Respekt.

Eine Aufnahme von diesem Geburtstag zeigt meinen Großvater auf einem Rennrad, eine Referenz an sportlichere Zeiten. Er ist glatt rasiert und sieht immer noch sehr gut aus. Dennoch hat er das vage Gesicht eines Mannes, der seine wahre Bestimmung verfehlte.

5

Ganz anders mein Urgroßvater, er wusste immer, wohin er gehörte. Wenn ihn in Rogi jemand suchte, er war in seinem Bienenhaus. Eine solide kleine Holzhütte mit spitzem Giebel, umgeben von den Bäumen, die er vor vierzig, fünfzig Jahren selbst gepflanzt hatte. Auf der einen Seite standen die Bienenkästen, auf der anderen ließ sich zum See hin ein Schiebefens-

Mein Großvater auf dem Rennrad, Rogi 1936

ter öffnen. Darunter befand sich ein Tisch mit zwei Stühlen.
Linker Hand war sein Platz, ihm gegenüber saß häufig seine
Enkelin Eva. Um sie herum das träge Summen der Bienen.
Die Arbeiterinnen schwirrten die Einfluglöcher ein und aus.
Der Urgroßvater hatte seinen Bienen Sanftmut, Schwarmträg-
heit und Fleiß angezüchtet, sie beachteten den alten und den
jungen Menschen gar nicht, die da schweigend einander ge-
genübersaßen. Meine Mutter erinnert sich nicht einmal daran,

dass der Urgroßvater, so entfernt wie er ihr damals schon vorkam, sie jemals direkt mit Namen ansprach und Eva nannte. Besuche, die ihm die übrigen Familienmitglieder manchmal abstatteten, duldete er, empfand sie aber meistens als Störung, die ihn von seinen dringend notwendigen Beschäftigungen abhielt.

Für einen Außenstehenden war sein Reich ein Sammelsurium alten Krimskrams, aber trotzdem überschritt man die Schwelle zum Bienenhaus so feierlich, als beträte man einen Tempel. Meine Mutter war magnetisch angezogen von der Wirtschaft des Urgroßvaters, die halb Künstlerwerkstatt, halb Alchemistenküche war. Sie bewunderte seine Dosen mit Farbresten, den Vorrat weicher Lappen, die Schleifpapiere, nach Stärke sortierten Drähte, Bindfäden, Seile. In einem großen Regal hortete er sein altes Werkzeug, das ihm umso lieber war, je länger er es schon in Benutzung hatte. Erst wenn die Holzgriffe vom vielen Anfassen speckig glänzten und schön schmutzig waren, lagen sie ihm gut in der Hand. Die Klingen der Messer zum Schuppen und Filetieren von Fischen waren gefährlich schmal vom vielen Schärfen. Er brauchte nach seinen Sachen nur zu greifen – und wehe, jemand hätte etwas durcheinandergebracht. In einem Fach hatte sich eine Batterie höchst interessant aussehender Fläschchen angesammelt. Mit seinen Tinkturen konnte er die Krankheiten der Bienen, aber auch die Menschen von ihren Stichen kurieren. Für die Bienenzucht benötigte er außerdem eine Wabenzange, Abkehrbesen und eine Waage. Für meine Mutter war die Werkstatt, nicht etwa die Fabrik ihre Schule des Lebens, ein vollkommener Ort mit unbegrenzten Möglichkeiten. Obwohl jede Schnur dreimal verwendet wurde, jeder Draht wieder zurechtgebogen, jeder Nagel vorsichtig gerade geklopft, war es eine Herausforderung, aus dem Wenigen, was zur Verfügung stand, etwas Neues zu basteln. Das Prinzip war: sammeln, improvisieren, reparieren und verbessern.

Zuerst musste ihr der Urgroßvater die Hand führen, aber noch keine sechs Jahre alt, hatte es meine Mutter ziemlich schnell raus, wie man Netze mit der Nadel filiert. Bei der Flickarbeit bewies sie eine Fingerfertigkeit und eine Geduld, die ihm das Herz aufgehen ließ, weil er in ihr eine echte Lange zu erkennen glaubte. Sonst konnte sie kaum still sitzen, aber angesteckt von seiner unheimlichen Ruhe, harrte sie neben ihm auf ihrem Kinderschemel sitzend am Seeufer aus und wartete darauf, dass endlich ein Fisch anbiss. Der alte Mann und das Mädchen beim Angeln schienen ein endgültiges und bleibendes Bild der verzauberten Tage von Rogi abzugeben. Der Urgroßvater ließ seine Enkelin auch dann gewähren, als sie mit einem für sie ungewöhnlichem Appetit von den Kugeln aus altem, matschigem Brot naschte, mit denen eigentlich die Fische geködert werden sollten. Hatte endlich ein Fisch angebissen, bewegte er seinen Fang noch eine ganze Ewigkeit – wie es dem Kind beim Zusehen vorkam – am Ufer hin und her, machte besonders die Karpfen erst müde, ehe er sie aus dem moorigen Wasser zog und vorsichtig vom Angelhaken befreite. Allzu vermooste Exemplare wurden wegen ihres schlammigen Geschmacks in den See zurückbefördert. Karpfen, Hechte, Schleie und Flusskrebse waren die Grundlage für diverse kulinarische Spezialitäten wie Fischsülze oder Fischbällchen. Sie standen ganz oben auf der virtuellen Speisekarte, die meine Mutter später bei unseren gemeinsamen Mahlzeiten immer wieder heraufbeschwor, so lange, bis sich bei uns Kindern ein ausgesprochener Widerwille gegen diese uns permanent als gesund und fettarm angepriesene Ernährungsweise einstellte. Der allgemeinen Vorliebe für Süßwasserfisch tat es auch keinen Abbruch, dass der

Karpfen viele gefürchtete Gräten hat. Eine besonders große blieb meinem Urgroßvater einmal im Hals stecken. Ohne ein Wort zu verlieren, stand er vom Esstisch auf, ging in die Küche, bog sich eine Brotrinde zurecht und holte sich damit den Fremdkörper wie mit einem Angelhaken aus dem Hals. Er hatte nicht mal laut gehustet. Meine Mutter verehrte ihn dafür nur umso mehr.

Die Imkerei gilt häufig als letzte Leidenschaft von alten Männern, die sonst keinen anderen Zeitvertreib haben. Für meinen Urgroßvater waren seine Bienen der Mittelpunkt der Welt. Morgens galt ihnen sein erster Gedanke und abends sein letzter. Er sorgte sich mehr um das Wohlergehen seiner Völker als um das seiner Nächsten. Stets hielt er sich mit der Lektüre von Bienenzüchterzeitschriften auf dem Laufenden. Vor Kurzem war die Einwinterung mit Zuckerwasser eingeführt worden. Das Rätsel der Blütenbefruchtung war erst im 19. Jahrhundert aufgeklärt worden – ebenso wie das Phänomen der Parthogenese (das Schlüpfen der Brut aus unbefruchteten Eiern). Die Wabenrähmchen waren noch keine achtzig Jahre alt und auch die Honigschleuder eine neuere Errungenschaft. Die Sprache der Bienen wurde zwar erst nach dem Zweiten Weltkrieg entdeckt, aber man hatte bereits beobachtet, dass sich diese Insekten in irgendeiner Weise verständigen können, nur wusste man noch nicht genau wie.

Für meinen Urgroßvater war es einmal selbstverständlich gewesen, erster Klasse mit der Bahn zu fahren und dass sein Kutscher bei jedem Wetter stundenlang auf ihn wartete. Er besaß Pelze und eine goldene Repetieruhr. Er hatte seinen Kontostand an dem von Multimillionären gemessen, aber bisweilen beschlich ihn der Verdacht, das Wichtigste verpasst zu haben. Immer hatte er vorwärts gestrebt, aber nur wenig davon war von Bestand gewesen. Drei von fünf Kindern waren

Mein Urgroßvater und meine Mutter Hand in Hand,
Rogi ca. 1930

gestorben, die Fabrik der Misswirtschaft von Verwandten ausgeliefert. Sein langes Leben hatte alles Unwesentliche verschlissen. Außer seinen Rosen gab es nur noch wenig, was
ihm bedeutsam erschien, mehr und mehr hatte er sich dem
verborgenen Leben der Bienen zugewandt. Ihre Geheimnisse
und Wunder fesselten ihn mit unsichtbaren Fäden an ihren
hochkomplexen, strengen Naturgesetzen folgenden Kosmos.
Bienen sind die exaktesten Baumeister der Welt, sie navigieren nach einer inneren Landkarte, führen detaillierte Sonnenstandsberechnungen durch und unterscheiden Hunderte von

Düften. Der Urgroßvater wies meine Mutter darauf hin, dass die Waben immer sechseckig sind, und lieferte die Erklärung gleich mit: Die Natur ist ökonomisch. Um Wachs zu sparen, wählen die Bienen mit dem Hexagon die geometrisch günstigste Form, weil sich dadurch das beste Verhältnis von der Menge des verbrauchten Wandmaterials zum Volumen ergibt.

Es machte dem Urgroßvater weniger aus als ein Mückenstich, wenn sich eine Biene in seiner Kleidung verfing und ihn stach – er war längst immun gegen ihr Gift. Seine Frau dagegen schlang sich große Chiffontücher um den Hut und reagierte fast hysterisch, wenn sich ein Insekt auch nur in ihre Nähe wagte. Vergeblich versuchte er sie davon abzuhalten, die Bienen zu reizen, indem sie wie wild um sich schlug. Zuletzt wurde er ärgerlich, aber um seine Verstimmung zu verbergen, schlug er jenen milden Ton an, mit dem er meistens hoffte, seine empfindsame Emilie zu beruhigen. »Ach Milchen«, seufzte er, wenn sie wieder einmal einen ihrer nervösen Erstickungsanfälle bekam. Meine Urgroßmutter hat uns nämlich außer ihren zarten Knochen auch die Neigung vererbt, sich unter Stress ständig zu verschlucken, was bei den Opfern zu Panikattacken bis hin zu Stimmritzenkrämpfen führen kann. Gisa konnte genau wie ich jahrelang das Haus nur mit einer Flasche Wasser in der Handtasche verlassen. Mein Großvater führte regelmäßig einen Tanz auf, um dem sinnlosen Hustenreiz Herr zu werden, wenn er etwas in die falsche Kehle bekommen hatte.

Es war immer ein Fest, wenn Anfang Juli die erste Honigernte stattfand. Der Zeitpunkt war wichtig, um die einzelnen Sorten voneinander zu unterscheiden. Es dauerte, bis der Urgroßvater seinen Imkeroverall übergestreift, alle Verschlüsse befestigt, die Stiefel mit der Gummisohle angezogen und den

Hut mit dem Schleier aufgesetzt hatte. Ihm wurde ein wenig heiß dabei, und er stieß einen ungeduldigen Seufzer aus. Die Pfeife mit dem glimmenden Knaster klemmte zwischen seinen Zähnen. Zum Räuchern verwendete er Rainfarn. Er nahm den honigschweren Duft der vollen Waben wahr, beugte sich vor die erste Beute und blies eine Rauchwolke in das Flugloch. Das Summen schwoll zu einem giftigen Ton an, die Bienen glaubten, es brenne und flogen aufgeregt herum, dann aber fingen sie an, sich auf Vorrat mit Honig vollzustopfen, wurden träge und sanken im Stock ganz nach unten. Alle Stechlust war ihnen vergangen, und mein Urgroßvater konnte mit seinem Gehilfen die obere Zarge abnehmen und zur Honigschleuder schleppen. Die Schleuder stand in der Garage. Was konnte genauso schmecken wie der frische, goldbraune, schwer vom Löffel tropfende Blütenhonig? Meine Urgroßmutter hätte allerdings liebend gerne darauf verzichtet, wenn mein Urgroßvater nur dafür die Bienen aufgegeben hätte. Überhaupt diente die Honigernte in ihren Augen sowieso nur als Vorwand für Urgroßvaters eigentliche Leidenschaft, nämlich der Zucht von Bienenköniginnen.

Als Vorsitzender des Lodzer Imkervereins zur Pflege der Biene war er hoch angesehen. Ich glaube, es war das einzige Mal in seinem Leben, dass er sich zu einem anderen Amt überreden ließ als dem des Vorstands der »Gebrüder Lange AG«, nur dass er die Sitzungen des Imkervereins ungleich wichtiger nahm. Offiziell konnte er sich als ältester und erfahrenster Imker von Lodz vor dieser Aufgabe nicht drücken. Tatsächlich aber brachte seine Pflicht mit sich, dass er nun auch während des Winters nicht mehr auf die Beschäftigung mit seiner Liebhaberei zu verzichten brauchte. Er widmete sich seiner Aufgabe als Züchter mit einem komischen Ernst und korrespondierte mit der halben Welt über Probleme bei der Tracht, der

Begattung und der Überwinterung. Zum Schreiben benutzte er seinen alten Füllfederhalter. Die Mechanik war längst zerbrochen, der Griff tausendmal mit Zwirn umwickelt. Bei jedem Wort musste er die Feder in die Tinte tauchen, aber das störte ihn nicht im Geringsten. Der Urgroßvater, der absolutistische Herrscher über das Wohl seiner Völker. Er allein bestimmte über ihre Königinnen, so wie es der Zucht und Auslese dienlich war. In kleinen, sorgsam ausgestopften Päckchen mit Luftlöchern wurden die Eierlegerinnen mit der Post zwischen den Züchtern hin- und hergeschickt. Es müsste die damals in Polen verbreitete Sorte *Apis mellifera mellifera* gewesen sein, eine robuste dunkle Biene, bei der Tracht dem im Osten spät einsetzenden Frühjahr angepasst. Heute steht sie auf der Roten Liste der vom Aussterben bedrohten Nutztiere.

Ich brauchte einige Zeit, ehe ich überhaupt ein Gefühl für die Obsession meines Urgroßvaters entwickelte. Von all den obskuren Talenten, die in meiner Familie verbreitet waren, hatte ich spontan am wenigsten Zugang zur Imkerei. Sie schien mir eine ziemlich langweilige, wenig spektakuläre Art zu sein, sich mit Tieren zu beschäftigen. Viel eher hätte ich mich in meinem Großvater wiedererkannt, dessen Begeisterung für die Natur sich in der Bewunderung ihrer Schönheit erschöpfte. Sein Vater dagegen hatte sein ganzes Leben nach Vollendung gestrebt und sich bemüht, das Bestehende zu verbessern. Viel mehr Utopist als sein Sohn, konnte mein Urgroßvater dennoch mit abgehobenen Theorien nichts anfangen. Er war vor allem ein Praktiker, an einer Idee interessierte ihn am meisten die Perspektive ihrer Nützlichkeit. Als ich mir überlegte, warum sich wohl ein Webstuhlfabrikant für Bienen begeistern könnte, stellte ich fest, dass es sehr wohl eine Parallele zwischen Weberei und der Bienenzucht gab. Sie schien mir hauptsächlich auf dem Aspekt der Ordnung zu beruhen.

In allen Kulturen gibt es die Vorstellung, dass die Weberei eine Tätigkeit ist, die den Menschen mit einem universalen System verbindet. Ebenso die Honigbiene. Sie ist kein Haustier, das man zähmen könnte. Ein Bienenstaat organisiert sich erfolgreich selbst. Der Mensch bleibt immer Außenstehender, der nichts tun kann, als günstige Bedingungen zu schaffen. Mehr verlangte mein Urgroßvater Wilhelm Lange also nicht, als die Rolle des Hüters einzunehmen. Meine Mutter war nur allzu bereit, sich in diese archaische Ordnung zu fügen.

Schulklassen kamen nach Rogi. In der strikten Rollenverteilung zwischen Vater und Sohn hielt sich mein Großvater insoweit an seinen Part, als er sich darauf verlegte, Exkursionen in den Park zu organisieren. Das Ziel waren botanische Raritäten wie ein nordamerikanischer Tulpenbaum aus der Familie der Magnoliengewächse oder die blühenden Zitrusbäume in der Orangerie (heute kann man sie in jedem Baumarkt günstig erwerben). Damals glich der Landbesitz der Langes einem sorgfältig angelegten Arboretum seltener Gehölze. Mein Urgroßvater kaufte seine Pflanzen in der Baumschule Späth in Berlin, die seinerzeit eine der größten Europas war. Eine lose Freundschaft verband ihn mit dem Besitzer, von dem er sich jederzeit fachkundigen Rat für seine Pflanzungen einholen konnte.

Der Eindruck von Vollkommenheit, den sein Landschaftsgarten bei den Besuchern hinterließ, ergab sich aus dem Konzept, dass die Anlage einzig dem Wohlergehen der Bienen diente. Die Urgroßmutter durfte die Blumen pflücken, aber was in den Rabatten blühte, richtete sich nach den Anforderungen der Bienentracht. Frühblütler wie Birken, Weiden und Krokusse boten den hungrigen Schwärmen im Frühjahr zuerst Nahrung. Im Mai wurden sie von Löwenzahn und der Obstbaumblüte abgelöst. Über fünfzig Bäume standen auf den Streuobstwiesen im nördlichen Teil des Grundstücks. Das meiste aber brachten im Frühjahr die überall weiß blühenden Robinien. Im Frühsommer kamen die Schmetterlingsblütler: Löwenmäulchen, Lupinen, danach Goldlack, Margariten und Jakobsleiter. Wegen der Bienen hatte der Urgroßvater angeordnet, dass die Blumenwiesen am Seeufer nur zweimal im Jahr gemäht werden durften. Später im Jahr waren die nur zu diesem Zweck gepflanzten Linden an der Reihe und natürlich die Sonnenblumenrabatten. Es ist ein Naturgesetz, dass Bienen »blütenstetig« sind und abernten, womit sie einmal begonnen haben. Nur das Wetter, damit musste der Urgroßvater sich abfinden, war unberechenbar. Bienen sind Sonnentiere, Regen, Kälte und bedeckter Himmel halten die Arbeiterinnen in den Kästen, sie fliegen dann nur aus, um Wasser zu holen. Aus diesem Grund war die Jaucherinne am Stall offen verlegt. Die Arbeitsbienen mögen intensive Gerüche, in Scharen nippten sie an der aromatischen Flüssigkeit.

In der Stadt brauchte man viel, auf dem Land in Rogi brauchte man fast nichts. Es war der Gegenentwurf zur Fabrik mit ihrem Ruß und Schmutz. Und auch wenn man Rogi für vollkommen halten konnte, für meine Mutter waren die Risse in ihrem Arkadien schon unübersehbar, ehe der Krieg ausbrach. Da war ein Gemüsegarten mit vollen Beeten, doch die Urgroßeltern waren alt, die Familie verstreut und dezimiert. Es war eigentlich niemand mehr da, der sie abernten wollte. Im Stall wurden Ziegen, Gänse und Hühner gehalten, der Verwalter verkaufte sie heimlich auf dem Markt. Die Orangerie wurde mit einem Holzofen aufwendig geheizt, doch wer sollte dort lustwandeln? Der gleiche Verwalter, der sich schon damals offenkundig bereicherte, quartierte sich in der Gewissheit, dass die Deutschen den Krieg verlieren würden, während der letzten Kriegsmonate völlig ungeniert im Landhaus der Langes ein, und niemand konnte ihn daran hindern.

6

Früher waren sie auf dem Weg aufs Land immer durch die Zgierska gefahren, eine der Ausfallstraßen, die das spätere Ghetto zerschnitt. Über das holprige Pflaster rollend, hatte meine Mutter die glücklichsten Momente der Kindheit erlebt. Warm eingepackt neben dem Kutscher sitzend, lustvoll die frischen Pferdepupse schnuppernd (lachend hatte sie mir einmal diese kindliche Perversion gestanden), genoss sie die Vorfreude auf ihr geliebtes Rogi. Nach der Okkupation war es damit für immer vorbei. Von den Deutschen war das Landhaus sofort beschlagnahmt worden. Die Langes durften allenfalls das Grundstück betreten, nur der Urgroßvater hatte

Familientreffen in Rogi 1936

noch ein Zimmer behalten. Diese als Demütigung empfundene Maßnahme war für ein Kind Grund genug, die Nazis aus tiefster Seele zu hassen. Umgesiedelte Baltendeutsche – nach den Reichsdeutschen in ihren Augen die Schlimmsten – warteten in ihrem nun als Durchgangsstation missbrauchten Sommerhaus auf die Zuweisung von enteignetem Wohnraum. Zehn und mehr Personen drängten sich pro Zimmer. Das ging nicht lange gut, die Dielenböden brachen und das Holzhaus war bald dem Einsturz nahe. Der Zerstörung im Großen folgte der Zerfall im Kleinen. Und es war fraglich, was sich auf die Dauer als weitreichender erwies.

Meine Mutter litt von allen am meisten. Sie litt mit der düsteren Melancholie eines jungen Mädchens, das sich, erst halb erwachsen, schon um seine Zukunft betrogen sieht. Damals schrieb sie Gedichte, später schämte sie sich dafür: »Wie eine einsame Birke auf der Heide.« Alles, was sie bis dahin gedacht, getan und gelernt hatte, diente nur einem Ziel: Sie sollte einmal die Fabrik der Langes übernehmen. »Kind, du machst es besser«, spornte sie mein Großvater an.

Meine Großmutter dagegen verband mit Rogi – außer den paradiesischen Sommern – auch die Kontrolle durch die Familie Lange. Vielleicht war sie deshalb zunächst nicht einmal so furchtbar unglücklich darüber, dass sie nun ohne große Erklärungen die Sommer mit ihren Töchtern in einem Nachbarort verbringen konnte, der von noch mächtigeren Wäldern umgeben war. Sie liebte es, stundenlang spazieren zu gehen. Ihr Vater, der Urgroßvater Weber, war darüber beunruhigt und kaufte ihr eine kleinkaliberige Pistole mit einem eingelegten Perlmuttgriff. Sie musste ihm versprechen, sie immer bei sich zu tragen. Einmal wurde sie auf einer ihrer einsamen Wanderungen von einem halbwüchsigen Burschen bedroht, der plötzlich aus dem Gebüsch brach. Beherzt zog meine Groß-

Abschied von Rogi: meine Mutter 1944

mutter die Pistole, richtete sie auf ihren Angreifer und brüllte: »*Stui!* Bleib stehen!« Wie vom Donner gerührt, nahm er die Beine in die Hand und rannte davon. Für meine Großmutter eine triumphale Szene.

Ich glaube, unmittelbar nach der Konfiszierung von Rogi fuhren meine Großeltern mit den Töchtern trotzdem noch gelegentlich gemeinsam zu dem Sommerhaus hinaus, aber das waren gedrückte Veranstaltungen, an denen sich Gisa und meine Großmutter bald nicht mehr beteiligen wollten. In Rogi angekommen, holten sie den weißen Gartentisch aus der Veranda, bauten ihn an einer windgeschützten Stelle auf und tranken ihren Tee, der jetzt bitter schmeckte, obwohl er mit dem gleichen guten Wasser zubereitet war wie früher. Sie saßen da und sprachen wenig. Der Park schien wie immer, aber das verwunschene Land von früher konnten sie nicht mehr wiederfinden. An ihrem liebsten Ort auf Erden waren sie so unbehaust, wie sie es schon bald überall sein würden. Aber noch gab es einen kurzen Aufschub.

Bei einem Besuch im Frühjahr 1944 fotografierten sich meine Mutter und mein Großvater gegenseitig in dem sicheren Gefühl, dass es das letzte Mal war, dass sie in Rogi waren. Für beide ein Moment tiefer Wehmut, den sie für die Ewigkeit inszenierten, indem sie sich am Seeufer an den Stamm einer alten Eiche lehnten. Bei meiner Mutter hat man das Gefühl, sie würde am liebsten mit dem Baumstamm verwachsen, damit sie nicht fortmüsse. Es war derselbe Baum, den mein Großvater als junger Mann eigenhändig gepflanzt hatte. Nach den Anweisungen des Gärtners hatte er die fünf Hauptwurzeln symmetrisch angeordnet, sodass nun tatsächlich ein vollkommenes Exemplar herangewachsen war.

Siebtes Kapitel

Das verdrängte Ghetto

1

Der Lieblingswitz meines Großvaters ging so: »Liegt ein Jude mit einem Messer im Rücken am Boden, sein Geschäft ist verwüstet, die Frau erschlagen, die Töchter vergewaltigt. Jemand beugt sich mitleidsvoll über ihn und fragt: ›Tut es sehr weh?‹ Darauf röchelnd die Antwort: ›Nur, wenn ich lache.‹« Selbstironie ist die schärfste Waffe des Schwachen. Das traf auch auf meinen Großvater zu. Mit seinem Humor versuchte er nicht nur meinen Vater auf seine Seite zu ziehen. Mit seinem Humor schützte er sich vor den Anforderungen der Welt.

Alle liebten meinen Großvater, weil er es ihnen leicht machte und sich selbst nicht für voll nahm. »Lange«, sagt er mit todernstem Gesicht, wenn er sich vorstellte, und wartete gespannt auf die Reaktion seines Gegenübers. Schließlich war er nicht mal einen Meter sechzig groß. Meine Großmutter aber ließ sich nicht täuschen, sie wusste, was sich hinter seinen Witzen und Streichen verbarg. Hinter seinen Scherzen lauerte die Resignation. Lieber lachte er über sich selbst, als von jemand anderem ausgelacht zu werden.

Außer einer Unzahl von Geschichten und Anekdoten hatte er eben ein ganzes Repertoire von jüdischen Witzen auf Lager. Saß man in geselliger Runde, dauerte es nicht lange, bis er mit dem einen oder anderen Kabinettstückchen auftrumpfte. Allerdings nur mit durchwachsenem Erfolg: »Kommt Moishe nach Hause und brüllt: ›Sarah, der Meier sagt, das Dovidle ist nicht von mir!‹ Sagt die Frau: ›Beruhig dich! Gerad's Dovidle is von dir.‹« Manchmal lachte nur mein Vater. Eigentlich lachte er ja nicht, er wieherte eher und fletschte dabei ungeniert die großen Zähne in seinem breiten jüdischen Mund. »Wie ein Honigkuchenpferd«, sagte meine Mutter über ihren Mann, in dessen Heiterkeitseruptionen sich das ausdrückte, was der französische Philosoph Henri Bergson über das Gelächter geschrieben hat. Sein Lachen war die rettende Brücke über die Tragik des Seins. Das Exaltierte stand ganz und gar im Gegensatz zu seinem sonst sorgsam beherrschten Wesen und hatte deshalb manchmal beinahe etwas Furchterregendes. Aber im unausgesprochenen Bündnis zweier Gebrannter konnte sich mein Großvater in jedem Fall auf seine Unterstützung verlassen. Es war die bittere Pointe seiner Entwurzelung, dass mein Vater überhaupt erst von ihm, einem Gojim, lernte, dass es so etwas wie einen jüdischen Witz gibt. Die Tragik des Schicksals auf geistreiche Weise ad absurdum zu führen, war eine Denkfigur, die ihm lag. Eine verkitschte, jüdische Folklore, wie sie durch *Tevje der Milchmann*, Ephraim Kishon und Barbra Streisand in *Yentl* unters Volk gebracht worden ist, war damals noch weitgehend unbekannt. Die öffentliche Aufarbeitung der Verbrechen des Nationalsozialismus hatte gerade erst begonnen. Im Alltag aber begegnete man allem Jüdischen mit verquälter Verlegenheit. Waren die Gäste gegangen, überboten sich meine Mutter, mein Vater und meine Großeltern darin, auf die Humorlosigkeit der Deutschen zu schimpfen. Ja, ganz richtig, »der Deutschen«. Der Krieg war über zwanzig Jahre vorbei, aber meine Familie sprach immer noch von sich und den Deutschen.

War es Trotz oder Lust an der Provokation, die mich verleitete, folgende Sätze zu notieren? Wir kamen aus Lodz, aber wir waren deutscher als jede andere deutsche Familie. So wie wir da zusammen am Esstisch saßen, wie wir spielten, wie wir stritten, einander in die vertrauten Gesichter stierten und uns abmühten, das aufkommende Schweigen mit Worten zu füllen, waren wir Strandgut des 20. Jahrhunderts, denn wir waren direkt dem deutschen Drama entsprungen. Gewiss kann man das von unzähligen anderen Familien ebenso sagen. Freilich mit dem Unterschied, dass bei den Flüchtlingen die Vergangenheit nicht vergehen wollte. Ohne die gewaltigen Verwerfungen von Nationalsozialismus, Krieg und Vertreibung hätte es meine Geschwister und mich niemals gegeben. Schon allein deswegen, weil sich meine Eltern sonst nie kennengelernt hätten. Denke ich darüber nach, empfinde ich den gleichen Schwindel, der mich erfasst, wenn ich mir den Moment meiner Zeugung vorstelle, der aus Millionen von möglichen Genkombinationen ausgerechnet jene Eizelle und jenes Spermatozoon wählte, die mich in sich trugen Der Zufall wählte ausgerechnet mich, das ist der springende Punkt an der Sache.

Mein Vater war ein unehelicher Halbjude, Halbwaise und jugendlicher Zwangsarbeiter, ein Überlebender des Todesmarsches nach Theresienstadt. Als ich das von ihm erfuhr, war ich genauso alt wie er bei seiner Internierung. Vierzehn Jahre, eine höhere Tochter, im Sommer war ich das erste Mal allein im Ausland gewesen. Das Wort »Halbjude« hatte ich vorher noch nie gehört. Es war ein Schock, ich bemühte mich, den Sinn dieses kruden Begriffs zu verstehen, aber mein Hirn weigerte sich einfach, Begriffe von Züchtern auf Menschen anzuwenden. Er vertraute es mir unter dem Siegel der Verschwiegenheit an, den Deutschen traute er noch immer nicht über den Weg.

Er hatte überlebt, weil er stark war, niemandem traute und

gelernt hatte, sich nur auf sich selbst zu verlassen. Gefühle konnte er sich dabei nicht leisten. Für diesen Bereich war die Frau, mit der er sich verbunden hatte, zuständig. Die Aufgabe meiner Mutter war es, den luftleeren Raum, das emotionale Vakuum, das ihren Mann seit seiner schweren Jugend umgab, mit Liebe zu füllen. Eine schwierige Pflicht, die sie so gewissenhaft auszuführen versuchte wie alles, was sie tat. Sie verfiel wieder in ihr altes Laster und begann zu schwindeln. Wenn nichts Besonderes geschah, überraschte sie meinen Vater, der abends abgespannt von seiner Arbeit als Vorstand einer Versicherungsgesellschaft nach Haus kam, mit Berichten über alles Mögliche, was ihr am Tag passiert war. Vielleicht einen schweren Unfall, den sie beobachtet, der aber nie stattgefunden hatte. Oder ein junger Mann hatte ihr angeblich auf einer Zugfahrt Avancen gemacht, sie war aber nicht darauf eingegangen. Am liebsten aber erzählte sie von früher. Sie unterhielt uns Kinder mit genauen Einzelheiten aus einer erfundenen Biografie, in der Schuld und Niederlage ausgeblendet waren. Ein Kind nimmt die Dinge wörtlich, es kann nicht verstehen, dass Verklärung die unmittelbare Folge des Verlusts von Heimat ist.

Heute, viele Jahre später, begreife ich allmählich die Unverantwortlichkeit des Beschweigens meiner Eltern. Wahrscheinlich wollten sie nur sich und ihre Kinder vor dem Erlebten schützen, dabei säten sie bei uns Befürchtungen und Verunsicherung. Nach außen trugen sie uns gegenüber Strenge und einen Ehrgeiz zur Schau, der unvermittelt in Gleichgültigkeit umschlagen konnte. Das Dunkle dahinter sah man nicht. Der Krieg war vorbei, sie wollten die Schrecken der Vergangenheit hinter sich lassen, mit dem Resultat, umso unerbittlicher davon eingeholt zu werden. Um uns existierten zwei Welten, eine sichtbare, in der mein Vater Erfolg hatte und gut verdiente. An der Oberfläche passten wir uns an die Regeln an. Der entscheidende Teil aber blieb vor den Augen der anderen verborgen.

Mein Vater selbst strebte nach einem Dasein als Namensloser. Eingesponnen in die Routine des Alltags, war es ihm am liebsten, wenn man ihn übersah. Nur indem er sich durch Selbstbeherrschung als Persönlichkeit fast auslöschte, konnte er die Kontrolle über eine für ihn bedrohliche Realität gewinnen. Irgendwie folgerichtig, dass er Manager in der Versicherungswirtschaft geworden war, wo es für ihn als Mathematiker um Risiken und deren Abwägung ging. Im Leben verließ er sich ausschließlich auf seine Vernunft, ein Gebaren, das meine Schwester Toni einmal ziemlich tiefsinnig als den »Terror der Vernunft« bezeichnete. Bei Diskussionen reichte ihm keiner so schnell das Wasser. Wie oft ist meine Mutter an seinen klugen Sätzen verzweifelt. Für jedes Argument ein Gegenargument. Mit wachsendem Alter starrsinniger werdend, war er nicht in der Lage, eine einmal getroffene Entscheidung infrage zu stellen. »Kauf nicht!«, schrie ihm meine Mutter durchs Küchenfenster hinterher, als er sich auf den Weg zum Notar machte, um den Vertrag für ein altes Fachwerkhaus zu unterschreiben. Sie wollte lieber zugrunde gehen, als dafür von München in ein Dorf bei Heilbronn zu ziehen. Seinem steifen Gang sah sie sein schlechtes Gewissen an. Wenn Blicke töten könnten... Mein Vater drehte sich nicht mehr um und unterschrieb den Vertrag.

Wegen seiner sanften Stimme und seiner ruhigen Art fiel es kaum jemandem auf, wie eingeschränkt sein Gefühlshaushalt war. Die meisten Menschen und die meisten Dinge berührten ihn wenig. Nur was er beschützen konnte, betrachtete er mit einer gewissen Empathie. Die Botschaft an uns Kinder war eindeutig: »Du kannst es nicht, aber ich helfe dir.« Darin lag seine Macht über uns.

Meine Mutter dagegen hätte sich am liebsten vor allen Problemen versteckt. Bisweilen ging sie wochenlang nur zum Einkaufen aus dem Haus. Sie schützte Arbeit vor, aber ich konnte ihr ansehen, wie angespannt sie war. »Wann wirst du endlich erwachsen?«, fragte manchmal mein Vater, wenn sie sich, bedrängt von einer unangenehmen Sache, an ihn schmiegte, um seinen Schutz zu suchen.

Alle hielten sie für ein glückliches Paar. Die Angst meines Vaters vor unkontrollierbaren Gefühlen verstärkte die meiner Mutter vor der Welt. Darin waren sie sich einig. Es hatte sich eine ungute, verlegene Stimmung bei uns ausgebreitet, die sich besonders bei den gemeinsamen Mahlzeiten bemerkbar machte. Erschwerend kam hinzu, dass meine Mutter einfach nicht kochen konnte. Sonntags, wenn mein Vater mit uns aß, verspürte ich vor dem Essen häufig eine heftige Übelkeit. Mein Vater hatte sich zu einem Tyrannen entwickelt, der immer einen Übeltäter fand, den er seines Sitzplatzes am Esstisch verweisen konnte. Ich hatte mich zur glühenden Verteidigerin meiner Geschwister gemacht. Irgendwie nahm meine Beklemmung den breiigen Geschmack zerkochter Salzkartoffeln an, die meine Eltern am liebsten mochten. Wir hatten jetzt wirklich von allem mehr als genug, aber gerade das machte ihnen wohl Sorgen. Sie wurden von dem Gefühl geplagt, sie hätten gegenüber dem Schicksal noch etwas gutzumachen.

Fast zwanghaft beschworen sie zu den Mahlzeiten Geschichten aus der schlechten Zeit herauf. Sie waren niemals satt geworden und mussten sogar die Stärke aus den Kartoffelschalen kochen. Für die großen und kleinen Tragödien, die sich bei uns am Familientisch abspielten, ist folgende, grausame Szene wahrscheinlich nur eine Deckerinnerung. Damit seine Kinder beizeiten begriffen, wie das Brot der frühen Jahre schmeckte, beschloss mein Vater einmal, wir sollten Schweinsohren mit Erbsenpüree essen. Ungläubig starrte ich auf die knorpelige Haut auf meinem Teller, der grünliche Klecks zerdrückter Hülsenfrüchte sah wie Hühnerkacke aus. Schon unter normalen Umständen aß ich fast niemals Fleisch. Ich war sein Liebling und konnte es mir leisten aufzubegehren. Heroisch weigerte ich mich, auch nur einen Bissen zu mir zu nehmen, während die Tränen auf den Teller tropften. Es war eine Lektion in der Härte, die er früher am eigenen Leibe erfahren hatte. Wir bettelten im Chor, er aber blieb unerbittlich. Mit steinernem Gesicht zermalmte er die Schwarten, ich konnte es zwischen seinen Zähnen knacken hören. Wir Kinder heulten inzwischen herzerweichend, zwischen Vater und Mutter entbrannte ein Machtkampf. Meine Mutter gewann ihn – wie meistens – und erlöste uns, indem sie beherzt die widerwärtigen Teile im Mülleimer versenkte. Ich glaube, später hat es ihm leidgetan.

Schon früh spürte das Kind, das ich einmal war, wie sehr das Dasein an sich mit Schuld verbunden ist. Die Tränen meiner Großmutter, wenn wir sie neckten. Die aufgedunsenen Körper der an Kaninchenpest verendeten Tiere auf unserem Grundstück. Das Schulbrot, das ungegessen in meinem Ranzen moderte. Der tief empfundene Sündenfall, überhaupt auf der Welt zu sein. Ich war jung, während andere starben. Diesem Kreislauf zu entkommen, schien aussichtslos. Als einzige Möglichkeit, den in Schieflage geratenen Kosmos wieder ins rechte Lot zu bringen, blieb, ein persönliches Opfer zu bringen. Im bitteren Amalgam der Familienpsychologie fiel mir der undankbare Part zu, »aus Vernunft«, wie mein Vater »seine Große« lobte, zu verzichten und dafür zu sorgen, dass es vor mir allen anderen gut ging. Meine Rolle war mit ein Grund, weshalb ich mit dem Größenwahn eines überforderten Kindes meine eigene Bedeutung für das Universum total überschätzte. Was geschah eigentlich mit den Dingen, die ich nicht beachtete? Ich wusste es nicht. Wortreich entschuldigte ich mich bei meinem alten Fahrrad, ehe ich es beiseitestellte und mit meinem neuen, schönen zur Schule radelte. Ich streichelte meine Buntstifte, wenn sie heruntergefallen waren. Meine Rücksicht ging schließlich so weit, dass ich manchmal das Gefühl haben konnte, mich bei der Tür entschuldigen zu müssen, ehe ich durchging. Etc.

Was war es, was unsere Familie von den anderen unterschied, obwohl wir doch rein äußerlich so gut wie der Durchschnitt waren? Meine Eltern waren junge, gebildete Akademiker und wir vielversprechende, blonde Kinder. Aber nichts von dem, was sie sich für uns erträumt haben, ist eingetreten. Und so wie ich mich später häufig fragte, was eigentlich schieflief in meinem Leben, überlegte sich das auch mein Vater immer öfter. Es entzog sich seiner Kontrolle, warum seine Frau Depressionen hatte und seine Kinder nichts hinbekamen. Das war schwer für ihn zu akzeptieren. Nicht für alles gibt es eine Erklärung, wir standen unter einem ungünstigen Stern. Manche Dinge passieren durch falsche Konstellationen. Das wussten schon die Sternendeuter.

Als Kind wollte ich so sein wie mein Vater. Ich freute mich, wenn Leute feststellten, dass wir uns »wahnsinnig ähnlich« sehen. Ich habe seinen Mund, und es sind seine Augen, die mich im Spiegel prüfend anschauen. Ich habe sogar die gleichen Querfalten auf der Stirn. Besonders lächerlich finde ich, dass mir beim Essen immer ein Krümel an der Oberlippe kleben bleibt, genau an derselben Stelle wie bei ihm. Niemals hätte er mit meiner Auflehnung gerechnet. Aber unsere für Vater und Tochter gewiss ungewöhnliche Nähe endete mit meiner Pubertät. Trotzdem blieb ich sein Liebling, »seine Prinzessin«. Die unerledigten Gefühle meiner Eltern entluden sich bei ihren Kindern in einer Art falschem Rebellentum, mit der sie je nach ihrem Charakter die ungeliebte Welt verbessern, leugnen oder bekämpfen wollten. Besonders ich zerrieb mich in sinnlosen Kämpfen, und niemand konnte mir dabei helfen. Am meisten war mein Vater über die für ihn rätselhafte Wandlung meiner Persönlichkeit verzweifelt. Früher waren wir doch stundenlang miteinander spazieren gegangen. Er begriff einfach nicht, was die Ursache für unseren Zwist war. Das Verrückteste an unserer Auseinandersetzung war: Mit der Ungerechtigkeit der Jungen empfanden wir es als einen Akt von Lieblosigkeit, wie schnell unsere Eltern resignierten und ihre rebellierenden Sprösslinge gewähren ließen. Die Erklärung unserer Revolte aus der Unfähigkeit meiner Eltern zu trauern.

Als wir in der Pubertät begannen, nach unserem Ursprung zu suchen, kam uns entgegen, dass mein Vater eine stimmige Deutung lieferte für seine verhaltene Art zu leben. In der Bundesrepublik ein Jude zu sein, das war zwar kein Grund mehr, sich besonders zu fürchten. Dafür konnte er umso fester in sich einschließen, was das wahre Trauma seiner Kindheit war. Er hatte ohne mit der Wimper zu zucken ertragen, dass er an »Führers« Geburtstag als Einziger ohne HJ-Uniform auf dem Schulhof stand und ihn deshalb alle auslachen und schlagen durften. Aber niemand sollte wissen, dass der gleiche Junge aus Leipzig von seinen Eltern in höchster Gefahr völlig im Stich gelassen worden war und nun bei Pflegeeltern leben musste. Er war das einsamste Kind der Stadt. Um das auszuhalten, blieb nur eins: die Leugnung des Schmerzes. Es musste doch irgendeinen rationalen Grund für sein Leid geben. Welchen Makel trug er an sich, dass ihn sein Vater bei seiner Emigration nach Brasilien in Leipzig einfach vergessen hatte wie ein Gepäckstück. Es gab niemanden, der ihm diese Frage beantwortet hätte. Seine Verlassenheit wog mehr als der Makel, ein Halbjude zu sein.

Zur näheren Erläuterung der Verrücktheit dieser Welt möchte ich noch die Beschreibung einer Aufnahme anfügen, die ein Leipziger Fotograf Anfang 1944 schoss, kurz bevor mein Vater vierzehnjährig wahrscheinlich im KZ-Außenlager Abtnaundorf interniert wurde. Vier hübsche Jungs in kurzen Lederhosen sitzen breit lächelnd auf einem Tisch und lassen die Beine baumeln. Der Junge in der Mitte, durch seinen klaren Blick gut kenntlich, das ist mein Vater.

Diese vorausgegangenen Seiten waren eigentlich für ihn bestimmt, aber er hat sie nie gesehen. Erst nachdem er gestorben war, konnte ich meine Gedanken zu Papier bringen. Ich hätte ihm so gerne noch mitgeteilt, dass alle Schmerzen, alle Erniedrigungen meiner Kindheit längst vergeben seien, aber es war zu spät. Er verließ mich, ohne dass wir uns hätten aussprechen können.

Wenn man es auf die Spitze treiben wollte, lieferte seine Abstammung unserer Familie sogar so etwas wie eine gewisse Bedeutung. Ich konnte sein Geheimnis damals einfach nicht bei mir behalten und renommierte mit dieser Sensation vor meinen Freundinnen. Meine Enthüllung löste bei ihnen in etwa den gleichen Schauder aus wie der Sonntagskrimi im Fernsehen, und für kurze Zeit stieg unverdientermaßen mein Ansehen in der Klasse. In der Schule war gerade der Nationalsozialismus dran.

Was aber war mit meinen Großeltern? Psychologen haben so pompöse Worte wie »posttraumatische Belastungsstörung« und »Flüchtlingssyndrom« zur Verfügung, um die Demütigungen von Vertriebenen zu beschreiben. In groß angelegten Untersuchungen wurde erforscht, welche negativen Auswirkungen es auf die Kinder von Flüchtlingen hat, wenn Eltern ihre wahren Gefühle abspalten. Aber den Weg aus dem Labyrinth von Angst und Schande muss jeder selbst finden. Wann habe ich damit begonnen, mir diese Fragen zu stellen? Ich weiß es nicht mehr. Zu sehr war ich von klein auf an einen Zustand dumpfer Schuldgefühle gewöhnt. Ich suchte den Schlüssel, einen Knopf, um den Schalter umzulegen, aber ich kam dem Verborgenen nicht näher. Ob sie es wollen oder nicht, unsere Eltern sind unser Schicksal. Das Trauma der Vergangenheit wird so lange nicht vergessen, wie es um jeden Preis vergessen werden soll. Der Preis hieß Angst. Bei uns, in der Abgeschiedenheit der Heide, wohin sich meine Eltern Ende der fünfziger Jahre wohl nicht zufällig zurückgezogen hatten, war der Nationalsozialismus noch immer nicht vorbei, die Flucht noch immer nicht ausgestanden. Unsichtbar trug jeder seine Verletzungen mit sich herum.

2

Die Juden hatten nach dem Krieg zu Recht das Mitgefühl der ganzen Welt, die Vertriebenen hatten gar nichts. Sie hatten keine Stimme, außer dem reaktionären Getöse der Sudetendeutschen Landsmannschaft, und wer wollte sich das schon anhören? Nur wer selbst einmal vergebens darauf gewartet hat, dass man sich nach einer schwerwiegenden Kränkung bei ihm entschuldigt, vermag den schwelenden Groll der Millionen Vertriebenen zu verstehen, die stellvertretend für die grausamen Taten der Deutschen büßten. »Alles war weg« – aber nach der gängigen Meinung hatten sie wenigstens überlebt. Auch für meinen Großvater galt: Das Leben ließ sich meistern. Das tat er, indem er kleine »Verbesserungen« daran vornahm. Sie betrafen in erster Linie die eigene Persönlichkeit. Wer könnte es ihm nachträglich verdenken, dass er dabei quasi eine List anwandte, denn listenreich war mein Großvater schon immer. Besonders dann, wenn es darum ging, sich unbemerkt aus der Verantwortung zu stehlen. Was die Nachkriegsgesellschaft ihm verweigerte, er nahm es sich eben und lieh sich einfach eine neue Identität.

Warum war es mir eigentlich vorher nie aufgefallen, wie merkwürdig es im Grunde war, dass meine Großeltern immer von der »Mischpoche« sprachen, wenn sie ihre Verwandten meinten: »Mischpoche ist gut. Nur bese musste mit se sein.« (»Nur böse musst du mit ihr sein.«) Meinen Vater nannten sie scherzhaft auf Jiddisch den »Taten« (»Vater«). Der Song »A jiddische Mame« von Leo Fuld wurde bei uns so lange auf dem Monoplattenspieler abgenudelt, bis auch der Letzte endlich den Text auswendig konnte: »Sie macht aus sich die ganze Welt.« Damit nicht genug, mein Großvater, der begnadete Schauspieler, konnte ja sowieso Jiddisch quasseln, als wäre er in Baluty, im Ghetto von Lodz, geboren. In Ermangelung eines Lexikons fertigte er für meine Mutter ein kurzes Verzeichnis der in der Familie Lange gebräuchlichsten jiddischen Vokabeln an, das ich hier in Auszügen alphabetisch wiedergebe: »*Chuzpe* – dreiste Frechheit; *eppes* – etwas; *koscher* – Speise nach dem Gesetz, in Ordnung; *Massel* – Glück; *Menuwel* – miese Person, auch Tischdame; *Toches* – Arsch, Hintern; *Stuss* – Unsinn.« Erstaunlich finde ich, dass diese einmal ziemlich exotischen Begriffe so weit in den allgemeinen Sprachgebrauch eingedrungen sind, dass die meisten vom Rechtschreibprogramm meines Computers akzeptiert werden.

Mein Großvater war arm, alt und ein schwacher Mensch. Seine eigene kulturelle Spezies, der »Lodzer Mensch«, war seit Ende des Krieges ausgestorben. Dafür wandte er den gleichen talmudischen Scharfsinn, mit dem der jüdische Witz die

Schnorrer, Hypochonder, Heiratsschwindler, Scheinassimilierten und sogar die Opfer des Antisemitismus auf die Schippe nimmt, auch auf sich selbst an und kultivierte den Juden in sich. Erst als es für ihn zu spät war, solidarisierte er sich mit einem Volk, das in den Jahrhunderten seiner Unterdrückung gelernt hatte, über Erniedrigungen zu lachen.

Natürlich übertreibe ich jetzt. Mein Großvater hätte niemals behauptet, er sei Jude – aber lieber, als ein Deutscher zu sein, mimte er den kleinen Moishe. Seine kleine Statur kam ihm da sehr entgegen. Großgewachsene Personen erregten seinen Spott. »Haben die aber einen hohen Wasserfall«, lästerte er. Ich sehe ihn noch genau vor mir, auf dem Kopf das kleine Hütchen, wie er mit den Bewegungen eines Rabbiners beim Thoratanz herumhüpft und dazu singt. Lachend bewahrte er so den letzten Rest an Würde, den ihm sein Flüchtlingsschicksal gelassen hatte. Ein »unendlicher Spaß«. (Der amerikanische Schriftsteller David Foster Wallace hat sein Hauptwerk *Infinite Jest* so genannt.) »Tut es sehr weh?« Natürlich traute sich niemand meinen Großvater das zu fragen. Ja, es tat weh. Aber keiner sollte das wissen. So fügte mein Großvater zu den dreizehn hier bereits vorgestellten Techniken, sich der Verantwortung zu entziehen, noch eine vierzehnte hinzu.

Jahrelang hatte meine Mutter einen Brief aus Brüssel aufbewahrt. Sein Inhalt war der Beweis, dass sich mein Großvater wenigstens einmal als ein »Gerechter« verdient gemacht und einem Juden das Leben gerettet hatte. »Ein gewisser Lipschitz«, wie mein Großvater immer begann, wenn die Rede auf seinen jüdischen Freund kam, hatte sich darin nach Jahren des Schweigens gemeldet. Er berichtete von seinem neuen Leben in Belgien und dankte meinem Großvater noch einmal dafür, dass er ihn damals, 1939, zusammen mit seinem Chauffeur in einem Pkw über die Grenze nach Prag in Sicherheit gebracht hatte. Von dort aus sei ihm die Emigration nach Belgien geglückt, wo er untertauchen konnte. Trotz des großen Leids, das man ihm und seiner Familie zugefügt hatte, schwärmte er, Lipschitz, immer noch von früher, von Lodz und den Lodzern. Der Freundschaftsdienst meines Großvaters machte ihn zwar noch nicht zu einem Widerstandskämpfer, aber erleichterte ein wenig sein schlechtes Gewissen. Irgendwie plagte ihn stets Sorge, dass er einst im Himmel bei der Frage nach seiner Mitverantwortung für das Schicksal der Juden in Lodz nicht so einfach davonkommen würde.

3

Ohne Geschichte haben wir kein Gesicht. Ich erkannte meines kaum, als man mir in Lodz den Spiegel vorhielt. Maria zeigte mir das Bild von jemandem, für dessen Sentimentalitäten es in der polnischen Gegenwart keinen Platz gibt. Geben darf, sollte man wohl besser sagen. Maria stammt aus Lodz, ihr Mann ist jüdischer Herkunft. Sie zählen sich zu einer kleinen intellektuellen Elite, die das gesamte Verfügungswissen über die Geschichte der Stadt für sich beansprucht. Für Maria und ihre Freunde ist die Vergangenheit ein straff organisiertes Terrain, zu dem nicht jeder einfach Zugang bekommt. Für mich dagegen existierte nur eine Ära voll wild wuchernder Berichte, Spekulationen und Schuldgefühle. Ich war also auf alles Mögliche gefasst, doch nicht auf die Unversöhnlichkeit, die mir in ihrer Behauptung entgegenschlägt: »Kein Pole, kein Jude wird jemals Mitleid mit einem Deutschen haben.« Mit diesem knappen Satz schneidet sie den Raum zwischen uns in zwei ungleiche Stücke. Das größere Stück gehört jetzt ihr. Was hätte ich ihr entgegensetzen können? Sie ist im Recht, wenn man sich darauf zurückzieht, Geschichte von sehr weit entfernt, gewissermaßen aus der Vogelperspektive zu betrachten. Deshalb sage ich dazu nichts. Aber in meinem Kopf hat sich ein großartig klingender, bei näherer Betrachtung nicht mehr ganz neuer Satz breit gemacht. Nämlich, dass wir schon viel zu lange von »den Polen«, »den Juden«, »den Deutschen« sprechen. War ich nicht nach Lodz gekommen, um ganz aus der Nähe das eine kleine Schicksal meiner Familie zu finden? Ich war mir auf einmal ganz sicher: Gerechtigkeit kann es niemals im Großen, sondern nur im Einzelfall geben.

An diesem schwülen Frühsommernachmittag kommen Maria und ich uns nicht näher. Ich bin misstrauisch gegen ihr für mich zu gewerbsmäßiges Gedenken, sie wiederum lässt nicht gelten, was ich über ihre Stadt zu sagen habe. Ich versuche Maria zu beschreiben, warum mir Lodz so verloren erscheint, obwohl es draußen auf der Piotrkowska (der Petrikauer) vor Menschen wimmelt. Trotz aller großzügig über die Fassaden verteilten Farbe ist den Häusern an der einstigen Prachtstraße anzumerken, dass von denen, die später hierher zogen, keiner so recht etwas mit ihnen anfangen konnte. Noch immer gleichen die meisten neuen Geschäfte flüchtig aufgebauten Kiosken, die ebenso schnell wieder abgerissen werden könnten. Die Pläne, Teile der Altstadt in eine Art Freiluftmuseum zu verwandeln, sind Rettungspläne für eine bereits aufgegebene Stadt, deren Bevölkerung kontinuierlich sinkt. Denn seit damals gibt es diesen Ort eigentlich gar nicht mehr. Was uns heute an Lodz gefällt, ist nur eine Fassade, dahinter liegt eine versunkene Stadt. Nur wenige erinnern sich noch an sie. Sie hatte einmal viele Stimmen. Sie alle gingen für immer verloren. Statt der unterschiedlichen Erzählungen, die sie einmal ausgemacht haben, gibt es hier nur eine von früher, sie handelt von Schuld und Sühne. »Wir liegen zu nahe an Warschau«, rechtfertigt Maria den Niedergang von Lodz, die von meiner Theorie nichts wissen will. Aber die Geographie hat einen immanenten Prozess nur beschleunigt. Von der Beschädigung durch die Geschichte hat sich Lodz nie wieder richtig erholt.

Ich habe meine Mutter schon öfter weinen gesehen. Aber noch nie sind mir ihre Tränen so nahe gegangen wie an jenem Sonntag in dem Sommer, nachdem ich das zweite Mal in Lodz war. Es war meine Schuld, dass sie flossen. Wie so oft in letzter Zeit plauderten wir von früher. Mir war klar, es war nicht richtig, derart zu insistieren. Irgendwer sollte mir Einhalt gebieten, aber ich musste es einfach wissen. Ich war so erfüllt von meinen neuen Kenntnissen über das Ghetto von Lodz. Draußen, vor dem Fenster, flogen silbrige Samenfäden durch die Luft. »Also«, fragte ich, »ihr müsst doch irgendetwas bemerkt haben?« Sie wehrte ab: »Nein, wir haben nichts bemerkt.« Das »Nein« schrie sie jetzt fast. Warum tat ich ihr das an? Warum wollte ich mich zum Richter aufschwingen über jemanden, der damals ein Kind war? Wir wussten beide, was die Grundlage meiner Selbstgerechtigkeit war. Das zufällige Glück, eine Nachgeborene zu sein. Aber ich konnte noch immer nicht aufhören. Frage: »Ihr habt doch ganz in der Nähe gewohnt?« Antwort: »Rogi war beschlagnahmt. Wir sind nur noch ganz selten durchgekommen.« Jetzt weinte sie. »Das Schicksal der Juden beschäftigt mich viel mehr, als du denkst. Ich war ein Kind. Es war Krieg. Wir hatten Angst.« So sehr ich es mir auch wünschte, wir haben keine Helden in der Familie. Weit und breit keine Widerstandskämpfer.

Wir wohnten schon lange in der Heide, als eine junge Generation ihre Eltern aufforderte, das Schweigen über den Nationalsozialismus zu brechen. Der Eichmann-Prozess in Israel und die Auschwitz-Prozesse in Frankfurt hinterließen eine tiefe Bestürzung in der Bevölkerung. Erst jetzt erfuhr meine Mutter aus der Presse, was wirklich mit den Lodzer Juden geschehen war. Im *stern* habe sie zum ersten Mal Bilder aus Konzentrationslagern gesehen und der Anblick der ausgemergelten Leichen habe sie jahrelang verfolgt – so behauptet sie, und ich habe keinen Anlass, an ihren Worten zu zweifeln. Unabhängig davon haben mir die Töchter von Gisa erzählt, dass auch ihre Mutter unfähig sei, über das Ghetto zu sprechen, ohne in Tränen auszubrechen, und Gisa sei eine unsentimentale Frau, die sonst niemals weine.

In diesem Zusammenhang will ich einige Skulpturen vorstellen. Sie interessieren mich im Moment weniger aus künstlerischen Aspekten als aus dem Grund, dass meine Mutter sie modellierte. Sie hat bildhauerisches Talent, das war von Anfang an klar, doch es mangelte ihr an den richtigen Sujets. Was lag in diesem Fall näher, als sich an die Mythen der eigenen Kindheit zu halten? Das ausgemergelte Gesicht eines Kindes, der Faltenwurf seines Hemdchens und die bittend erhobenen Hände. Meine Mutter nannte ihre Skulptur »Das Ghettokind«, die Vorlage stammt aus Roman Vishniacs grandiosem Bildband *Die verschwundene Welt*, der das ostjüdische »Schtetl« unsterblich machte. Es ist die Figur, die sie am häufigsten verkaufte, doch ich mochte sie nie. Dann »Der Thoratänzer«, den sie in einem Film sah und der sie an ihre Kindheit erinnerte; die charakteristische Silhouette kennt man von Marc Chagall. Und schließlich »Nathan«, der Kopf eines Greises, angeblich während einer Israelreise gesehen. Diese Skulpturen schienen realistisch und wahrscheinlich deshalb irgendwie kitschig? Eine andere Erinnerung an das Ghetto war einfach nicht zugelassen.

Was den Nationalsozialismus betrifft, sitzt man als Unbeteiligter irgendwie immer auf einem hohen Ross. Mit keinem

Vorwurf kann man jemanden besser einschüchtern, als ihn auch nur in die Nähe einer Mitschuld zu rücken.

4

Über vierzig Jahre nach Kriegsende und fast zeitgleich mit dem Fall des Eisernen Vorhangs erschien 1990 unter dem Titel *Unser einziger Weg ist Arbeit* die wichtigste Veröffentlichung über das Ghetto von Lodz. Es ist der Katalog zur gleichnamigen Ausstellung, die im Jüdischen Museum in Frankfurt eine aus vierhundertfünfzig Bildern bestehende Diaserie mit vorher unveröffentlichten Aufnahmen präsentierte. Die Diapositive waren 1987 in einem schlichten Holzkoffer bei einem Salzburger Antiquar aufgetaucht, thematisch gruppiert, jedes einzelne Rähmchen sorgfältig beschriftet. Was an den Bildern zunächst besonders verstörte, war ihre von der üblichen Sehgewohnheit abweichende Farbigkeit. Die Erinnerung an den Holocaust ist ein Film in Schwarz-Weiß. Der Briefwechsel des Finanzleiters der Ghettoverwaltung, Walter Genewein, mit der I.G. Farben Berlin überliefert seine Beschwerden über die Fehlfarben der Abzüge seiner Agfacolor-Umkehrfilme. Der Buchhalter, der im amtlichen Auftrag fotografierte, bestand auf einer korrekten Ausführung. Auf einem Bild ist er selbst beim Geldzählen abgelichtet. Seinen Schreibtisch hat er mit einem Stängel rosafarbenen Phlox geschmückt. Ins Blau- und Rotstichige verzerrt, wirken seine Aufnahmen wie gefrorene Sequenzen eines Albtraums, in dem wir große Angst verspüren, ohne zu wissen, warum. Erst auf den zweiten Blick erschließt sich, wovon der Schrecken der Bilder eigentlich ausgeht. Betrachter wie zum Beispiel der in Lodz geborene Schriftsteller Jurek Becker, die das Ghetto überlebt hatten, sagen alle das Gleiche aus: Sie erkennen zwar die örtliche Umgebung wieder, manche der abgebildeten Gebäude stehen noch bis heute, nicht aber, was damals dort geschehen ist. Die Aufnahmen bewegen sie nicht. Zu sehen sind das Ghetto, beiläufige Straßenszenen, gepflasterte Gassen, Eisenbahnwaggons, Aborte, Holzhäuser, Gräberfelder. All das unter einem großen weißlich-blauen oder grünlichen Himmel. Man sieht die Feuerwehr, die Juden-Polizei, die Fäkalienabfuhr. Allen Bildern gemeinsam ist ihre hallende Leere. Tatsächlich drängten sich im Ghetto bis zu 160 000 Eingeschlossene in qualvoller Enge.

Soweit Menschen abgebildet sind, wirken sie seltsam entrückt. In ihrer Starre spüren wir die inszenierte Normalität. Wir müssen sie als gespenstisch empfinden, weil wir den Abgrund unter der harmlosen Oberfläche kennen. Die Kuratoren der Ausstellung, Hanno Loewy und Gerhard Schoenberger, hielten es damals für nötig, die Fotos mit weiterem authentischen Material zu umgeben. Vielleicht hatten sie recht. Wir können unseren Augen nicht trauen.

Es blieb lange ein Rätsel, welchen Zweck Geneweins Bilder hatten, da sie sich völlig von den sonst bekannten Schnappschüssen unterschieden, mit denen im Osten die »Fotografen in SS-Stiefeln« ihre grausamen Taten fürs Erinnerungsalbum festhielten. Doch gehen Forscher heute davon aus, dass Genewein den amtlichen Auftrag hatte, das Leben im Ghetto in einer Art Scheindokumentation wiederzugeben.

Lange Bildstrecken sind der »Ghettoindustrie« gewidmet, denn im Gegensatz zu Warschau war das Ghetto von Lodz ein funktionierendes Arbeitsghetto und somit ein unabkömmlicher Faktor der Rüstungsindustrie. Und darin bestand auch die leere Hoffnung auf ein Überleben des »Ältesten der Juden«, des Ghettokönigs von Nazis Gnaden, Mordechai Chaim Rumkowski, der seinen Leuten verkündet hatte: »Unser einziger

Weg ist Arbeit.« Er ging 1944 mit einem der letzten Transporte nach Auschwitz ins Gas. Noch 1940 hatte Rumkowski dem Oberbürgermeister von Lodz seine jüdischen Fachleute angepriesen und vorgeschlagen, dass »die Behörden das Rohmaterial liefern und die Arbeitslöhne festsetzen. Die Arbeiten werden im Ghetto ausgeführt...« Hans Biebow, der Leiter des Ghettos, hatte zunächst einen »Ankauf« der Besitztümer der Juden zu einem Spottpreis angeordnet. Zwischen November 1940 und August 1942 erwirtschaftete er einen Profit von 18 181 600 Reichsmark. Der monatliche Gewinn aus der Sklavenarbeit der Juden betrug demnach etwa eine Million Reichsmark. Die pro Einwohner täglich zugestandene Nahrungsmenge waren sechshundert Kalorien.

Der Österreicher Walter Genewein fotografiert Menschen bei der Arbeit: Er fotografiert sie in der Weberei, Strickerei und Schneiderei. Nur flüchtig blicken sie auf. Er fotografiert Frauen beim Teppichwirken, in der Wäscherei, beim Strohschuhflechten und in der Sattlerei, Männer mit verschlossenen Gesichtern an Werkbänken, in der Möbelfabrik, bei der Nagelherstellung, Knaben über zehn beim Einsatz in der Schlosserei. Hätte die Nachwelt nur diese Zeugnisse, sie wüsste nichts über das Martyrium der Hungernden im »Wartesaal des Todes«, wie Jean Améry die Ghettos nannte. Unbeabsichtigt überlieferte Genewein aber auch die Bilderwelt eines pervertierten Verständnisses der Ghettowirklichkeit, in der die Machthaber stolz darauf waren, dass alles ordentlich und ruhig zuging. Es wird vermutet, dass man Werbefotos bei der Hand haben wollte, um den Leistungskatalog der Ghettoindustrie zu dokumentieren, wenn es darum ging, Unternehmen davon zu überzeugen, Aufträge ans Ghetto zu vergeben.

Geneweins Aufnahmen sind Suchbilder. Wir schauen mit dem sezierenden Blick der Herren, der Nazis, auf ihre Opfer –

und bekommen nur zu sehen, was sie selbst sehen wollten. Dafür aber erhalten wir unerwartet Antwort auf die brennendste Frage der Nachgeborenen an ihre Eltern: »Was habt ihr gewusst?« Sie sahen das Unrecht nicht. Mit dem gleichen Empfinden von Recht und Ordnung, das uns Geneweins Aufnahmen vermitteln, wurde von den Nationalsozialisten kaltblütiger Völkermord begangen. In Lodz, aber und auch in der Danziger Straße bei den Langes daheim, tröstete man sich mit dem Schein der Normalität über das nagende Unbehagen am Ghetto hinweg.

Das war das letzte und schlimmste Kapitel der Arbeitsstadt Lodz: Die Bestimmung der Juden zur Vernichtung durch Arbeit, während sie doch bis zuletzt hoffen mussten, sich durch ihren Fleiß und ihre Ausdauer zu retten. Nach der Enteignung und Plünderung seines Vermögens war »der arbeitende Jude … für uns ein auszubeutendes Kapital«, so in dem Buch *Unser einziger Weg ist Arbeit*. Er deckte die Kosten für seinen Unterhalt selbst und war von entscheidendem Nutzen für die deutsche Industrie.

Die außerhalb des Ghettos aber sagten sich: »Konnte denn verloren sein, wer arbeiten durfte? Gab es nicht sogar Ghettogeld, Altenheime, Krankenhäuser, Postwesen, Arbeitsamt, Schulen, Kulturhäuser? Wozu brauchte der Jude eine Juden-Polizei, wenn er nicht im Grunde kriminell veranlagt war?« Nachrichten sickerten durch über den Ghettokönig Rumkowski, der unermesslich reich geworden und umgeben von seinen Getreuen wie ein Despot über seine Untertanen herrschte.

Vom Haus der Langes in der Danziger Straße war das Ghetto höchstens einen Kilometer entfernt, aber die Reise zu einem anderen Planeten hätte nicht weiter sein können. Am Schild »Wohngebiet der Juden« endete das irdische Territorium, dahinter lag eine unsichtbare Stadt. Durch einen unüberbrückbaren Abgrund von der übrigen Welt getrennt, war ein Drittel der 700 000 Einwohner von Lodz in ihr verschwunden. Mit Bretterzaun und Stacheldraht hermetisch von der Außenwelt abgeriegelt, das unbefugte Verlassen war bei Todesstrafe verboten. Deutschen und Polen war es untersagt, sich dem Zaun von außen auch nur zu nähern. Der Sperrbezirk hatte von seinen Herren, den Nazis, den Namen »Ghetto von Litzmannstadt« erhalten, von seinen Bewohnern wurde er der »Krepierwinkel Europas« genannt. Heimlich aber sagten sie »Welt« oder »Kosmos« oder ganz einfach »die Stadt«, um auszudrücken, dass es der Anfang und das Ende von allem war. Ein winziger Archipel, auf dem sich die Verlorenen drängten, jeden einzelnen Tag erfüllt von dem Gedanken: Noch lebe ich. Sie lebten von einer Brotzuteilung zur nächsten, von »Aussiedlungsliste« zu »Aussiedlungsliste«, in ständiger Angst vor Deportation. Vier Jahre dauerte der Leidensweg der Lodzer Juden. Vier Jahre hielt sie der Funke Hoffnung am Leben. Nur achthundertsiebzig von ihnen überlebten in einem Versteck. In vier Jahren wurden Kinder geboren, es wuchsen Kinder heran, es wurde geliebt, geheiratet, gefeiert, gelacht, geweint, gestorben. (Von all diesen Tätigkeiten ist eigenartigerweise im Deutschen nur »sterben« ein starkes Verb.) »Unser Dasein, immer am Rand des Todes, hat eine sehr einfache Form bekommen … Man hat für uns bereit: Gewehr, Typhus, Galgen, Tod«, so notierte es der Schriftsteller und Ghettobewohner Oskar Rosenfeld in sein Tagebuch. Bis zuletzt aber konnten die Verbrecher vor ihren Opfern den Schein von Normalität aufrechterhalten. Dennoch kursierten furchtbarste Gerüchte. Bei den Eingeschlossenen wechselte Überlebenswille mit totaler Resignation. Um alle Spuren ihrer Schandtaten zu verwischen, wird im August 1944 das Ghetto von den Nationalsozialisten aufgelöst. Als Rosenfeld am Verladebahnhof Radegast mit 76 000 anderen Unglücklichen in den Güterwagen für den Abtransport nach Auschwitz getrieben wurde, war ihnen immer noch nicht klar, was sie draußen erwartete: Die Gaswagen von *Chełmno* (Kulmhof), die Massengräber im dazugehörigen »Waldlager« und die Öfen von Auschwitz.

Was nicht existiert, kann auch nicht bemerkt werden. Also nahmen die Langes auf dem Weg nach Rogi vom Ghetto nicht mehr wahr als ein Menschengewimmel, das hoch über ihren Köpfen auf den Holzbrücken am Koscielny-Platz (Kirchplatz) und der Hohenfelder Straße wogte. Sie empfanden den Anblick emsiger Geschäftigkeit als beruhigend und schoben die Gedanken weg, dass die Elenden zwischen verschiedenen Arbeitsstellen, Lebensmittelzuteilungen und Schwarzmarkt ununterbrochen unterwegs sein mussten, um ihre Existenz zu fristen. Ebenso wenig wollten sie später wahrhaben, dass das Ghetto sich langsam leerte, bis es schließlich eine Totenstadt war. Sie machten sich vor, es läge am Tag, an der Uhrzeit, am Wetter. Dafür registrierten sie im Vorbeifahren umso genauer die beiden vertrauten Türme der Maria-Himmelfahrt-Kirche. Was sich jedoch im Inneren des Gotteshauses verbarg, hätten sie niemals für möglich gehalten, wenn man es ihnen erzählt hätte. Besonders mein Großvater nicht, der immer sagte: »Die Deutschen machen das nicht.« Pelze stapelten sich dort, Mäntel, Schuhe, Schals, Hüte, Decken, Porzellan, Uhren. Die gestohlene Habe von Menschen, die noch vor wenigen Monaten ihre Nachbarn gewesen waren.

Nach dem Krieg betreiben die polnischen Arbeiterkinder in den Ruinen des Ghettos ihre eigene Archäologie. Unter Schutt und Asche der gesprengten Elendsquartiere kommen unaufhörlich Schuhe hervor, verkohlte Knöpfe, Lumpen und angekokelte Seiten Papier. Das erzählte mir ein Fotograf, der in Baluty geboren und aufgewachsen ist.

In der Danziger Straße hatte man sehr schnell gelernt, was Angst ist. Der Einmarsch der Deutschen im September 1939 unter brausenden »Sieg-Heil«-Rufen der »befreiten deutschen Minderheit«. Lodz begräbt seine ersten Kriegstoten, noch dürfen sie öffentlich beweint werden. Im Oktober werden die vier polnischen Westprovinzen, darunter das Wartheland mit der Stadt Lodz, dem Deutschen Reich eingegliedert. Der Rest Polens, mit den Städten Warschau, Krakau, Lemberg und Lublin, war von den Deutschen zwar annektiert, erhielt aber als Generalgouvernement nur den Status eines angrenzenden Nebenlandes. Es wird Schauplatz des entfesselten Terrors der Nationalsozialisten werden.

In Lodz werden am 9. November die ersten Juden öffentlich hingerichtet, einen Tag später die vier Synagogen in Brand gesteckt. Meine Großmutter schlich fast täglich an der Ruine der prächtigsten Synagoge vorbei, wenn sie ihre Eltern in der Kościuszki-Straße 65 besuchen wollte. Schon ein falscher Blick konnte die Gestapo aufmerksam werden lassen.

Was würde noch geschehen? Juden werden amtlich registriert, mit dem Davidstern gekennzeichnet, sie erhalten Berufsverbot und werden enteignet. Nach schweren Misshandlungen wird Chaim Rumkowski zum »Ältesten der Juden« ernannt und gezwungen, eine Liste von 50 000 Namen für die Aussiedlung ins Gouvernement zusammenzustellen. Im Dezember 1939 wird die Kościuszki, diese den Langes so vertraute Parallelstraße, zum Schauplatz des nächsten Aktes. Sie hielten die Töchter im Haus, die mussten die Augen schließen und sich selbst die Ohren verstopfen. Nur nicht die verzweifelten Schreie und die brutalen Kommandos hören, die von drüben herüberdrangen, während die Waffen-SS Haus um Haus brutal von den jüdischen Bewohnern »säuberte«.

Die gewaltsame Konzentration der jüdischen Bevölkerung

auf die nördliche Altstadt und das Elendsviertel Baluty ist im Februar 1940 fast abgeschlossen. 160 000 Menschen drängen sich auf 4,13 Quadratkilometer in 31 000 Wohnungen, siebenhundertfünfundzwanzig davon verfügen über fließendes Wasser. Diesen Zahlen ist nichts hinzuzufügen. Die Kloake schwamm auf den Straßen, man stahl sich gegenseitig die Eimer, um seine Notdurft zu verrichten. Im Winter 1939/1940 lernten die Langes, ins Leere zu starren, wenn ihnen die Willkür begegnete. Sie lernten, was es bedeutet, hart zu sein. Sie lernten die falsche Süße des Selbstbetrugs kennen. Sie lernten mit den Wölfen zu heulen. Im April 1940 wurde das Ghetto geschlossen und zum Sperrgebiet erklärt. Danach fing die Schule für Eva und Gisa wieder an.

Ich nenne die Namen der Schlimmsten. Sie stehen für das Böse schlechthin. Heinrich Himmler, »Reichsführer«-SS und Kommissar für völkische Angelegenheiten. Reinhard Heydrich, Chef des Reichssicherheitshauptamtes, Organisator des Holocausts. Arthur Greiser, Reichsstatthalter und Gauleiter des Reichsgau Wartheland. Hans Michael Frank, Generalgouverneur Restpolens. In Krakau residierte er auf der Burg Wawel, dem Stammsitz der polnischen Könige, sein Beiname: der »Schlächter von Polen«. Der Bremer Kaufmann Hans Biebow, Leiter des Litzmannstädter Ghettos, untergetaucht, gefasst, hingerichtet. Ich nenne die Zahlen der Toten. Millionen, Hunderttausend, Tausend. Die, die durchkamen, zählen nach Hunderten. Das Unbegreifliche in Begreifliches zerlegen (Arno Schmidt).

Alle Sätze darüber sind Tatsachen in Vergangenheitsform. Es sind Sätze, wie sie in Geschichtsbüchern stehen. Es sind Sätze darüber, was damals in Lodz geschehen ist. Es sind Sätze, an die wir uns klammern, um nicht ins Bodenlose zu fallen. Es sind Sätze aus Wörtern, die wir in Anführungszeichen setzen, damit wir sie aussprechen können. Wir sagen, das und das sei geschehen. Aber von damals zu berichten, heißt zu scheitern, denn es kann keinen Begriff für Völkermord geben.

Ich beende diesen Abschnitt mit dem Wissen, dass die Aufgabe zu groß für mich ist. Tage liegen hinter mir, in denen ich nach Worten suchte, während meine Skrupel gleichzeitig wuchsen. Ich schreibe Sätze auf und verwerfe sie wieder. Alles dazu ist längst gesagt.

5

So merkwürdig es klingen mag, für meine Großmutter waren die Jahre der Okkupation eine glückliche Zeit. Aus der unzufriedenen, ewig weinenden Frau meines Großvaters war eine kleine Sekretärin geworden. Es machte sie glücklich zu arbeiten, obwohl keiner in der vornehmen Familie Lange das gutheißen wollte. Vor die Wahl gestellt, ihre Hausangestellte aufzugeben oder eine Arbeit anzunehmen, entschied sie sich für das Letztere. Eine Lehrerin kam ins Haus und brachte ihr Kurzschrift und mit zehn Fingern blind Schreibmaschine zu schreiben bei. Sie war selbst am meisten überrascht, wie schnell ihre Auffassungsgabe war, obwohl sie eigentlich hätte darauf kommen können, dass eine Klavierspielerin auch gut an den Tasten der »Erika« ist. Morgens wies sie das Hausmädchen an, was es zu essen geben sollte, dann beeilte sie sich, auf das Polizeipräsidium zu kommen, wo sie in der Registratur beschäftigt war. Zuerst zuckte ich zusammen, als ich davon erfuhr, aber einmal davon abgesehen, dass meine Großmutter sich ihren Posten nicht aussuchen konnte, habe ich den schwachen Trost, dass es auch unter den Nazis eine Meldebehörde geben musste.

Wie leicht ließ sich meine Großmutter entflammen? Es brauchte nur ein großer starker Mann in ihrer Nähe zu sein und sie geriet ins Träumen. Natürlich kam es, wie es kommen musste, und sie verliebte sich in ihren Chef. Das war kein kleiner Flirt mehr, sondern ein richtiger Skandal. Mein Großvater, der sich ja längst mit ihren Affären abgefunden hatte, duldete stillschweigend ihre neuerliche Eskapade. Aber ihr Liebhaber war verheiratet. Die betrogene Ehefrau tauchte eines Tages in Hut und Mantel gemeinsam mit ihrem Ehemann bei meinen Großeltern in der Danziger Straße auf, um die Sache zu klären. Die halbwüchsigen Töchter Gisa und Eva wurden weggeschickt, obwohl sie längst die Liebesbriefe ihrer Mutter gefunden hatten und genau Bescheid wussten. Die Angelegenheit wurde schlussendlich unter den Tisch gekehrt, und mein Großvater, der Mann mit dem großen Herzen, verzieh seiner ungetreuen Frau. Nicht ganz sicher ist, ob ihr Seitensprung damit auch wirklich beendet war. In jedem Fall hat sie sich nachher besser vorgesehen.

Lange hatte mein Großvater gebraucht, bis er sich im August 1944 endlich zu der Erkenntnis durchrang, dass es aus war. Die Russen hatten die Ostfront überrannt. Unaufhaltbar rückten sie nach Westen vor. Wieder einmal hatte seine Schwester Manja recht behalten. Seit der Schlacht von Stalingrad hatte sie unaufhörlich prophezeit: »Die Deutschen werden den Krieg verlieren.« Wie außer sich hatte sie in ihrem Wohnzimmer wieder und wieder die Russlandkarte vor Eva und Gisa ausgebreitet und sie mit der Nase auf das gestoßen, was doch jeder vernünftige Mensch auch so hätte erkennen können: »Das ist Russland, und so klein ist dagegen das Deutsche Reich.«

Die Zeichen waren nicht mehr zu übersehen. Erst wurde meine Mutter zum Arbeitsdienst eingezogen. Seit sie im April sechzehn geworden war, musste sie zusammen mit anderen Mädchen an den Wochenenden und abends für das WHW (Winterhilfswerk) Spielzeug anmalen. Ein ihr verhasster Dienst an der Volksgemeinschaft, von der sie sich am liebsten ferngehalten hätte. Ihre Oberschule war jetzt ein Lazarett, einige Schulfreundinnen hatten sich sogar als freiwillige Krankenschwestern gemeldet. Die Schülerinnen erhielten nun Unterricht im imposanten Poznanski-Palais, in dessen prunkvoll überladenem Interieur sie sich völlig fehl am Platz fühlten. Um die Jahrhundertwende vom reichsten Fabrikanten von Lodz, einem polnischen Juden, als privates Wohnhaus erbaut, war es nach der Okkupation sofort beschlagnahmt worden.

Die Stadt leerte sich zusehends. Viele Reichsdeutschen brachten sich und ihre Familien in Sicherheit, nicht ohne mitzunehmen, was sie den Polen und Juden gestohlen hatten.

Sehr bald würden auch die Langes die Heimat verlassen müssen. Heimlich begannen sie mit den Vorbereitungen, um die Wertsachen der Familie auszulagern. Kein Außenstehender durfte davon erfahren, da sie sonst der »Zersetzung« und des »Defätismus« beschuldigt worden wären. Noch halfen ihnen ihre Beziehungen. Auf dunklen Wegen organisierte mein Großvater einen Eisenbahnwaggon. Offiziell wurde seine Ladung als »kriegswichtiges Sackleinen« deklariert. Den Urgroßeltern gegenüber tat mein Großvater so, als sei die Auslagerung nur vorübergehend. Sonst hätte er niemals ihr Einverständnis erhalten. Doch insgeheim wusste er, dass es die Zeitenwende war. Hitler würde es hinwegfegen, aber seine Familie ebenso. Er konnte das Unheil nicht aufhalten, dafür legte er all seinen Ehrgeiz in die sorgfältige Planung des Abtransports ihrer Habseligkeiten. Es sollte unbedingt klappen. Vieles wollte bedacht sein. Fast ekelte er sich vor sich selbst, aber er empfand beim Ausklügeln der geschicktesten Maße für die Porzellankisten, bei der sorgfältigen Wahl der besten Polsterung, beim Bau der übrigen Kästen eine Art Glückgefühl. Obwohl es sehr schwer war, sich zu entscheiden, was sie mitnehmen und auf was sie verzichten wollten, stellte sich bei ihm ein vergessen geglaubtes Gefühl der Erwartung ein, ähnlich wie bei einem Kind in der Weihnachtszeit oder einem Fieber vor einer großen Reise. Sogar mein Urgroßvater erwachte aus seiner Abwesenheit und beteiligte sich an den Vorbereitungen. Er steuerte die Vorschläge für die Aufschriften auf den Etiketten der Kisten bei. Ein langes Sinnieren darüber, wie sie ihren Besitz am besten sortieren sollten, war vorausgegangen. Mit Sorgfalt, Langmut und Ordnung wollte er sich gegen das drohende Chaos von Vertreibung, Heimatlosigkeit und Not stemmen. Der Haushalt der Industriellenfamilie Lange sollte nicht einfach untergehen. Noch wähnten sie sich im Besitz der Mittel, um die Krise zu überleben. Das war die eigentliche Botschaft, mit der mein Großvater in seiner schönsten Handschrift nach den Anweisungen meines Urgroßvaters die Aufkleber versah. Jeweils mit Schrägstrich voneinander getrennt, stand dort: »Damasttischwäsche (groß)/Taschentücher – Vater (div.)/Frackhemd –Vater (alt)/ Kleid – Lenchen (weiß).« Zur Kante auf Kante gefalteten Weißware packte die Urgroßmutter noch Säckchen mit Lavendelblüten dazu. Das Etikett, auf dem stand: »Zopf – Lenchen/Fotoalbum Petersburg – Georg/ Orden – Georg (kl. Schachtel)/Geige – Georg (Original)/Kinderbild – Eva (Pastell groß)«, war ein wenig verwischt, als wäre beim Schreiben eine Träne darauf getropft.

Manchmal habe ich mir ausgemalt, wie ein Archäologe wohl die Schichten ihres früheren Lebens interpretiert hätte, wenn er den in Schlesien liegen gebliebenen Waggon aus einem Haufen Schutt ausgegraben hätte. Zuunterst das Schwere, die Kisten mit Geschirr und Silber. Was hätte ihm zum Beispiel der Kasten mit den feinen Scherben über die versunkene Welt der Langes gesagt?

Während seines Studiums in Berlin hatte mein Großvater in einem Antiquitätengeschäft eine Meissner Falkengruppe erstanden und dafür ungewohntes Lob für seinen Kunstsinn eingeheimst. Schon aus diesem Grund hätte er sich niemals freiwillig von diesem Klassiker des Modelleurs Johann Joachim Kändler getrennt, dessen berühmten Namen er stets mit Stolz erwähnte. Ebenso wenig wie die anmutige Tiergruppe durfte die große blaue Delfter Kaminvase von den Kindern berührt werden. Eine gewisse Befriedigung verschaffte ihm allein die Tatsache, dass sie richtig gewählt hatten und ihr Porzellan aus den bekanntesten Manufakturen stammte, aus Meißen und Delft. Der Anblick der Kostbarkeiten war so vertraut, dass sie sich nicht damit abfinden wollten, diese Sachen fremden Menschen zu überlassen. Unerträglich schon die Vorstellung, wie grob sie mit der Sammlung aus der Rüster-Vitrine im Wohnzimmer der Urgroßeltern umgesprungen wären. Sie hatten über Jahrzehnte jedes Stück einzeln zusammengetragen. In Dresden war das Service mit dem obligatorischen Zwiebelmuster gekauft worden, die Schmuckteller in Wien. Nichts davon haben sie jemals wiedergesehen.

Ein riesiger Täbris-Teppich bedeckte fast den gesamten Boden der Diele im Erdgeschoss. Er war schon länger nicht mehr gründlich gereinigt worden. Vier Personen waren nötig, um den sechs auf acht Meter großen Teppich mit seinen rötlichen Ornamenten auszuklopfen und zusammenzurollen. Er wurde in wasserdichtes Segeltuch genäht, mitsamt ihrer Pelze und Daunendecken. Noch Jahrzehnte später wird mein Großvater das verschollene Verzeichnis der unersetzlichen Kostbarkeiten unsichtbar in seinem Kopf herumtragen und es wie ein Inventar seiner Verzweiflung wieder und wieder durchgehen.

Wer heute den Lesesaal des Lodzer Stadtarchivs am alten Freiheitsplatz, Platz Wolności, betritt, hört sofort ein unablässiges Rauschen. Es kommt von den altmodischen Lesegeräten, bei denen der Rollfilm mithilfe zweier wechselseitiger Kurbeln über die erleuchtete Mikrofichebühne gezogen wird. Schweigende Menschen starren angestrengt blinzelnd auf die matten Bildschirme, in dem Verlangen, die Vergangenheit möge sich ihnen offenbaren. Manchmal sind es ältere Polen, die in den Kirchenbüchern nach Hinweisen stöbern über verschollene Verwandte und verlorene Besitztümer. Die meisten der Anwesenden, fast immer sind es Frauen, suchen aber in den über fünftausend Akten aus dem Archiv der Ghettoverwaltung nach den Spuren der Ermordeten. Geisterhaft huschen Aufschriften wie: »Der Älteste der Juden in Litzmannstadt Ghetto Abteilung für Meldewesen und Statistik«, »Eingesiedelt am…, gestorben am…, geboren am…, ausgesiedelt am…« über die Schirme. Eine gespenstische Stadt der Namen, die wir vergeblich dem Vergessen zu entreißen suchen. Das schabende Geräusch der Mikrofilme ist in Wahrheit das Rauschen der Zeit, das aus dem Hades nach oben zu uns dringt, ehe es sehr bald die Erinnerung endgültig mit sich nimmt. Eine Geisterbeschwörung der sonst namenlosen Opfer. Ich muss das Wort Autoren wie Oskar Rosenfeld und Oskar Singer überlassen. Niemand im Ghetto konnte ihre geheimen Aufzeichnungen lesen. Doch Singer sorgte sich, ob je ein Mensch, ein Dichter wird verdeutlichen können, »wie wir hier gelebt haben und gestorben sind«. Sie schrieben für die Nachwelt, als wären sie schon tot. Keiner von ihnen überlebte.

Achtes Kapitel

Mädchen auf der Flucht

1

Von vielen letzten Momenten der letzte. Am 2. Januar 1945, vier Menschen dicht beieinander in der Diele der Danziger Straße 84 in Lodz. Die vertraute Umgebung, in wenigen Augenblicken wird sie für Gisa und Eva nur noch die Dekoration ihrer Sehnsucht nach früher sein. Die Szene wird ausgeleuchtet von denselben Art-déco-Lüstern, die ich dreiundsechzig Jahre danach immer noch vorfinde, als ich dem Haus einen verspäteten Besuch abstatte. »Ihr müsst jetzt gehen«, drängte mein Großvater. »Beeilt euch!« Eva und Gisa wollten nicht. Nicht jetzt. Noch nicht. Niemand sprach aus, was alle fühlten. Die Schwestern würden nie mehr zurückkommen. (»Was ist das stärkste Wort, das du kennst?« Antwort: »Nie mehr.«) Waldmann, der Dackel, bellte wie verrückt und machte Männchen. Wenn er bettelte, konnte er stundenlang auf den Hinterpfoten stehen. »Ich kann dich nicht mitnehmen«, jammerte meine Mutter und brach in Tränen aus. »Er wird es gut haben beim Kutscher«, sagte mein Großvater. Sie wussten beide, dass es eine Lüge war. »Los jetzt, sonst verpasst ihr den Zug.«

Warum gingen sie nicht? Mein Großvater trat ungeduldig von einem Fuß auf den anderen. »Sie sind doch noch so jung« – jetzt weinte auch meine Großmutter –, »hoffentlich passiert ihnen nichts.« –»Wartet noch!« Gisa stürzte zur Vitrine, Eva hinter ihr her. Als hätten sie sich abgesprochen, zerrten sie

Meine Mutter mit Dackel Waldmann 1942

gemeinsam das Familienalbum aus der Schublade und rafften wie besinnungslos die kostbaren Fotos zusammen, die mein Großvater immer so sorgfältig in die Zelluloidecken geschoben und dabei seine Töchter ermahnt hatte: »Seid vorsichtig beim Blättern!« Eva hatte sich eine Umhängetasche aus der alten Segeltuchjacke meiner Großmutter genäht. Hastig stopften sie die Bilder zu dem dicken Bündel Geldscheine, das ihnen meine Großmutter zugesteckt hatte. Die beiden Mädchen fragten nicht, woher sie so viel hatte. Geld deckt alles zu, besonders in der Familie Lange. Niemand sagte mehr ein Wort. Dann gingen sie zur Tür. »Der liebe Gott behüte euch.« Mein Großvater küsste sie auf die Stirn. »Geht jetzt.« – »Wir sehen uns in Siegersdorf!«, rief ihnen meine Großmutter nach. Unten fiel die Tür ins Schloss. Sie stürzte zum Fenster im Zimmer ihrer Töchter, um ihnen nachzuwinken. Sie wollte ihnen nachrufen: »Kommt zurück!« Wie konnte sie ihre Kinder alleine hinaus in die Gefahr ziehen lassen? Vielleicht war es doch nicht richtig gewesen, den Mädchen zu gestatten, über die Feiertage aus Schlesien anzureisen, wohin man sie vorsorglich bereits im Spätsommer geschickt hatte. Sie sahen schick aus in ihren taillierten Wintermänteln mit nerzbesetzten Kapuzen. Wegen Evas Stiefeln hatte es Knatsch zwischen den Schwestern gegeben. Irgendwo hatte meine tüchtige Mutter Leder aufgetan und sich daraus ein Paar Stiefel machen lassen, als ahnte sie, welche Fußmärsche ihnen noch bevorstanden. Gisa trabte in grauen Gummistiefeln mit Reißverschluss neben ihr her. Das war eine dieser Nebensächlichkeiten, die sich einem für immer ins Gedächtnis einbrennen.

Der Morgen eines klaren kalten Januartages graute heran. Keine Zeit, sich noch einmal nach dem Elternhaus umzudrehen. Es hatte geheißen, dass heute ein Zug Richtung Westen abging. Die Mädchen mussten rennen, wenn sie ihn am Kalischer Bahnhof noch erreichen wollten. Falls er überhaupt fuhr, falls sie überhaupt einen Platz in einem der ungeheizten, von Frontsoldaten überfüllten Waggons bekamen. Falls. Sicher war nur, dass es fast zweihundertachtzig Kilometer von Lodz bis nach Siegersdorf an der Queis waren. Ein Punkt auf der Grenzkarte zum Reich. Mehr oder weniger willkürlich ausgewählt von meinen Großeltern, in der vergeblichen Hoffnung, dass es irgendwo in Europa einen Platz gäbe, wo ihre Töchter und meine Urgroßeltern in Sicherheit wären.

Was hätten meine Großeltern machen sollen? Als im Sommer 1944 klar war, dass alles den Bach hinunterging, verfielen sie als letzten Ausweg darauf, ihre schwierigen Töchter zu den Urgroßeltern nach Schlesien zu schicken, »auszulagern«, sagten sie im Scherz. Schlesien war zum Luftschutzkeller für das ganze Reich geworden. Hunderttausende aus West- und Mitteldeutschland hatten Zuflucht in den Städten und Dörfern rechts und links der Oder gesucht. Freunde trieben trotzdem ein Untermietzimmer in Siegersdorf auf. Bei der »Metzgerei Schulz« kamen sie in Kost. Frau Schulz wollte eigentlich nicht, aber für die »zwei jungen Mädles« machte sie eine Ausnahme. Aus ihrer Wurstküche stiegen die fettgetränkten Dämpfe von Weißwurst und Debreziner auf. Wenigstens würden sie immer gut zu essen haben, tröstete sich mein Großvater.

Ich musste auf der Landkarte lange suchen, um Siegersdorf zu finden, das heutige Dorf Zebrzydowa. Von Schlesien und den Grenzen dieser alten Kulturlandschaft habe ich sowieso nur eine sehr ungenaue Vorstellung, ich verbinde etwas Unangenehmes damit. Ungefähr das gleiche ungute Gefühl, wenn ein lange erfolgreich verdrängtes Problem aus dem Gedächtnis auftaucht. Von den Karten Europas ist der Begriff »Schlesien« seit August 2008 sowieso endgültig verschwunden. Es gibt nur noch eine schlesische Landsmannschaft, schlesische Klöße, süßsaures schlesisches Himmelreich. Dazu das Sonett »Threnen des Vatterlandes« des schlesischen Barockdichters Andreas Gryphius, anno 1636 von ihm verfasst angesichts der Zerstörung Glogaus im Dreißigjährigen Krieg: »Wir sind doch nuhmehr gantz / ja mehr den gantz verheeret! / Der frechen völcker schaar / die rasende posaun / Das vom blutt fette schwerdt / die donnernde Carthaun / Hat aller schweis / vnd fleis / vnd vorraht auff gezehret.«

Kommt die Rede auf diesen vergessenen Landstrich, taucht der Begriff »Schlesien« grundsätzlich in altdeutschen Lettern vor mir auf. In den düsteren Wäldern gehen der Zauberlehrling Krabat und Rübezahl um.

Was mag aus den Leuten geworden sein, bei denen meine Urgroßeltern damals in Ullersdorf unterschlüpften? Richard Herschel war ein früherer Angestellter in der Langeschen Fabrik, ein tüchtiger Ingenieur, der durch ein Patent auf eine »vorzügliche Fadenbremse« reich geworden war, das ihm mein Großvater zur eigenen Verwertung überlassen hatte und der sich deshalb zur Dankbarkeit verpflichtet sah. So erzählten es meine Großeltern jedenfalls später und waren nachträglich froh über ihre Großzügigkeit.

Aus den behüteten Bürgertöchtern waren zwei Wildkatzen geworden. Eigentlich hätten sie ja im schlesischen Bunzlau das Gymnasium besuchen sollen, aber seit dem Sommer 1944 hatten sie kaum noch ein Schulzimmer von innen gesehen. Wer wollte das schon kontrollieren? Wilhelm und Emilie Lange etwa, die hockten in Ullersdorf zehn Kilometer entfernt von Siegersdorf bei Herschels in einem Mansardenzimmer, verfluchten Hitler, den »böhmischen Gefreiten«, und weinten ihrem Lodz nach.

Im November war Gisa fünfzehn geworden. In diesem Spätherbst regnete es wie aus Kübeln, danach wurde es eiskalt. Jeden Tag rechneten sie mit dem Schlimmsten. Was sollte eigentlich aus ihnen werden? Abends, wenn sich die Nacht vor das Fenster schob und sie vor Kälte nichts tun konnten, als im Bett zu liegen, unterhielten sie sich leise über früher und was sie später mal machen wollten. Sie glaubten immer noch, wenn der Krieg vorbei wäre, kämen sie wieder nach Hause zurück. Zwischen den Sätzen ließen sie lange Pausen, sie hatten sich angewöhnt, ängstlich ins Dunkle zu lauschen. Aber sie hörten nur ringsum die Hunde bellen. Sie dachten an die armen Menschen, die nachts auf der Flucht waren. Sie hatten die ersten erbärmlichen Trecks durchziehen gesehen. Das Warten auf das, was die Zukunft bringen werde, war für sie unerträglicher als die Angst.

Die Metzgerfrau konnte sehr gut kochen und war, obwohl es eigentlich Lebensmittelkarten gab, mit der Zuteilung nicht kleinlich. Aus Langeweile aßen sie eine ganze Menge. Als wäre das Leben wie immer, machten sie häufiger mit der Enkeltochter von Schulzes Ausflüge in die Umgebung. An einem kalten Novembermorgen brachen sie zum Wandern ins Siebengebirge auf. Uschi war ein wenig rundlich und schwitzte trotz der kühlen Luft. Plötzlich sah sie mit einem Ausruf des Staunens an sich herunter: Die Fasern ihres hellblauen Angorapullovers waren mit Abertausenden winzig kleiner Wasserperlen besetzt, die in der spätherbstlichen Sonne funkelten. Die Zeit blieb stehen, wie das öfter vor großen Ereignissen geschieht, und mit den letzten fallenden Blättern senkte sich Stille über das Dorf an der Queis. Dann brach nach Weihnachten der Sturm los.

Es war ganz ruhig in Lodz, unheimlich ruhig. Wer nicht geflohen war, verkroch sich voller Angst im Haus und wartete auf Befehle des Oberbürgermeisters, wie sie es gewohnt waren. Die Verwaltung zögerte immer noch, die Order zur Räumung zu geben. Keinesfalls wollten sie als »Feiglinge« oder »Defätisten« dastehen. Noch am 12. Januar 1945 schilderte Staatssekretär Werner Naumann vom Reichspropagandaministerium in vollkommener Verblendung vor einer tausendköpfigen Zuhörerschaft in Posen (Poznań) die Lage in den rosigsten Farben und sagte den »Endsieg« vorher. Gauleiter Greiser schwor, dass niemals ein Russe einen Fuß in den

Warthegau setzen werde. Währenddessen hatte längst die Großoffensive der Roten Armee begonnen, und Marschall und Generalstabschef Georgi Konstantinowitsch Schukow war unermüdlich auf dem Vormarsch nach Westen. Noch zwanzig Tage – und man würde von dem Vorort von Lodz-Grunow her das Grollen der Panzerfäuste hören.

Die beiden Schwestern wussten nicht, ob sie jemals in Siegersdorf ankommen würden. Am Bahnhof Lodz dunkle Menschenströme. Nach vielem Rangieren schob sich langsam die Lok heran. Ansturm, wildes Gedränge, Eva und Gisa hielten sich aneinander fest und ließen sich in den Waggon zerren. Männerhände begrapschten sie: »Na, Frollein, ganz allein unterwegs?« – »Nee mit meiner Schwester.« Das war Gisa, frech wie immer. Sie hatten noch nicht mal ihre Tage. Sie kauerten sich auf den schmutzigen Gang, machten sich klein auf ihren Koffern. Heimlich umklammerten sie die Umhängetaschen. Endlich ein leises Rollen, sie fuhren. Die Zugtür ließ sich nicht schließen, der Fahrtwind war fast unerträglich kalt. Rot glühende Funken flogen draußen vorbei. Sie dösten kurz ein. Ein furchtbarer Ruck. Sie waren auf freier Strecke stehen geblieben. Verschorfte Schneefelder schimmerten in der Dämmerung. Schwarze Punkte bewegten sich darauf. Vielleicht Panzer. Was ist los? Rufe, Kommandos, im ersten Schrecken krampfte sich ihr Herz zusammen. Dann rumpelte der Zug wieder los. Sie nahmen sich bei den Händen und schworen stumm, wir halten zusammen, während draußen verdunkelte Dörfer und Städte vorüberglitten. Sie hatten jetzt keine Angst mehr.

Dafür empfanden sie einen Überschwang, der aus der überwältigenden Erkenntnis kam, dass es nun kein Zurück mehr gab. Ganz nah am Abgrund hatten sie doch die Freiheit hinunterzuspringen. Sie wussten nicht, ob sie ihre Eltern jemals wiedersehen würden. Sie waren fünfzehn und sechzehn und hatten das ganze Leben noch vor sich.

2

Sie waren auf der falschen Seite der Oder geblieben. Der Schicksalsfluss, die Oder. Nur auf dem westlichen Ufer wäre man in Sicherheit gewesen. Fast alles von dem, was später geschah, erklärt sich aus diesem historischen Irrtum, in Schlesien Zuflucht gesucht zu haben. Zur Erläuterung ein Blick auf die Landkarte mit dem Verlauf der Ostfront im Januar 1945. Anfang Januar stehen die durch die gleichzeitig laufende Ardennenoffensive stark geschwächten Truppen der deutschen Wehrmacht an der Weichsel einer zehnfachen Übermacht durch die Rote Armee gegenüber. Ab dem 12. Januar erfolgt der mit einem ungeheuren Einsatz an Menschen und Material geführte Großangriff der Sowjets. Die militärischen Operationen der Russen bestimmten Wege und Richtung der flüchtenden Zivilbevölkerung, die sie zusammen mit den deutschen Truppen vor sich hertreiben und überrollen. Nur wer rechtzeitig auf das rettende Ufer, also über die Oder gelangte, war vorerst in Sicherheit. Die Langes gehörten nicht dazu. Die Familie hatte sich im Januar 1945 gerade in Schlesien wiedervereint, als sie schon wieder weitermussten. Dabei wurden meine Großeltern von ihren Töchtern getrennt. Ohne Eva und Gisa verschlug es sie nach Sachsen. Bis April blieb die Front an der mittleren Oder stehen. Als das Wetter besser wurde im Mai und der Krieg offiziell schon zu Ende war, mussten die Langes aus Sachsen abermals vor den Russen und Tschechen fliehen.

Am 15. Januar 1945 gab es im Weichselbogen keine zu-

249

sammenhängende deutsche Front mehr, Lodz befand sich in höchster Alarmbereitschaft. Am 16. Januar explodiert der erste Tieffliegerangriff über der Stadt. Sirenen jaulen, meine Großeltern gehen nicht in den Keller. Eine Nachricht jagt die andere: Der Kalischer Bahnhof ist ein Trümmerhaufen, die Bahnstrecke nach Kutno unterbrochen. Die am Bahnhof bereitgestellten Züge liegen fest. Sonst waren keine größeren Schäden zu verzeichnen. Es kommt zu apokalyptischen Szenen, verzweifelte Menschen stürmen die wenigen vorhandenen Lastwagen. Eine Mutter schreit vergeblich um Hilfe, sie ist schon auf der Ladefläche, ihre beiden kleinen Kinder bleiben alleine zurück. Nachts glüht im Osten der Himmel rot, und die Erde bebt vom Geschützdonner der russischen Artillerie. Am Morgen des 17. Januar haben die Russen den Stadtrand erreicht. Bei den Langes sind die Koffer gepackt. Aber immer noch zögern sie. Draußen hat es inzwischen fast 30 Grad minus. Gerüchte kursieren, die Zivilbevölkerung würde doch noch evakuiert. Meine Großeltern pfeifen drauf. Polnische Freunde kommen und gehen. Beschwören sie, nicht in die Kälte zu fliehen, sie hätten doch niemandem etwas getan. Vierzig Jahre war ihre Kravczykova ihnen treu ergeben, jetzt beobachten meine Großeltern misstrauisch jeden ihrer Schritte. Sie ist ihnen plötzlich fremd geworden. Die Alte fleht sie ebenfalls an zu bleiben, weint, sie werde sie beschützen. Meine Großeltern wissen es besser. Was also hält sie noch? Mein Großvater gibt vor, er wolle kontrollieren, ob nichts vergessen wurde. Noch einmal geht er durch alle Zimmer. Das wievielte Mal?

Den Tag verbringen sie hinter zugezogenen Vorhängen. Immer wieder fällt der Strom aus. Aber meine Großeltern wagen sowieso nicht, das Licht anzuknipsen, flüsternd beraten sie sich im Halbdunkeln. Draußen laute Schritte, Stimmen, Lachen, Rufe, mehrmals Rütteln an der Eingangstür. Wann werden die Russen kommen und mit dem Kolben die Tür einschlagen? Wann? Meine Großeltern warten bis nachts um zwei. Vorsichtig öffnen sie die Tür zum Hof, eine Petroleumlampe blakt. Beißende Kälte löst sofort das Gefühl aus, vernichtet zu werden – sie müssen sich zwingen, den ersten Schritt nach draußen zu tun. Dann spüren sie vor Aufregung nichts mehr. Fast sind sie erleichtert, endlich, es geht los. Sie hätten keine Minute länger zögern dürfen. Wer erst am Morgen des 18. Januars loskam, wurde von der Russischen Front überrollt und musste die »Straße des Todes« wieder zurückgehen, der unbarmherzigen Rache der Polen und Russen ausgeliefert.

Vor dem Stall ein mühsam unterdrückter Schrei, der Landauer ist fort, gestohlen. Es ist sinnlos, meinen Großvater drängt es zurück ins Haus, meine Großmutter zieht ihn jedoch weiter. Sie müssen es wenigstens versuchen, zu Fuß zu gehen, schon allein der Kinder wegen, die auf sie warten. »Lass alles stehn!«, flüstert meine Großmutter.

Nur mit dem Nötigsten treten sie hinaus auf die eisglatte Chaussee. Herr und Frau Lange ganz alleine auf sich gestellt, der Atem steht wie eine gefrorene Fahne vor dem Mund. Sie lauschen. Auf der Straße rennen Menschen, als würden sie gejagt. Sie wenden sich westwärts, Richtung Konstantynów. Pferdewagen rollen langsam an ihnen vorbei. Niemand beachtet die beiden grauen Schatten am Straßenrand, das Herz will ihnen sinken. Der Weg, der vor ihnen liegt, ist allzu weit. Gerade als sie verzweifeln wollen, hilft noch einmal das Schicksal in Gestalt eines nur flüchtig bekannten Ehepaars – ich habe schon im zweiten Kapitel davon berichtet. »Herr und Frau Lange, steigen Sie ein.«

Von da an hörte die Zeit auf, ein Kontinuum zu sein. Sie leben nur noch von einem Moment zum nächsten, der den

Unterschied zwischen Leben und Tod ausmachen kann. Später, wenn sie versuchten, sich an diese erste Etappe ihrer langen Reise zu erinnern, übertraf das Gefühl von Kälte noch bei Weitem das Gefühl von Angst. Eine tiefe, bis in die Knochen gehende Erstarrung, weniger von der Witterung herrührend als von ihrem umfassenden Verlust. Hin und wieder gehen sie ein Stück neben dem Wagen her, um Erfrierungen vorzubeugen. Kälte – die Emanation des Bösen? Über ihnen das unendliche Sternenmeer des Januarhimmels. Darunter ist der Horizont in allen Richtungen von Bränden erleuchtet.

Der Treck ein fast unentwirrbares Durcheinander von Fuhrwerken, dazwischen hastende Fußgänger. Sie ziehen hochbeladene Handwagen hinter sich her, Frauen schieben Kinderwagen. Der Zug der Verzweifelten ist eine schwarze Schlange in verschneiter Landschaft. Auf der spiegelglatten Straße ist ein Vorwärtskommen nur schleppend möglich. Überholen ausgeschlossen, die Straße muss für die Wehrmacht frei bleiben. Ständig landen Wagen im Graben. Sie bleiben liegen, sich selbst überlassen. Alle paar Kilometer kommt der Zug der Flüchtenden stockend zum Stehen. Sie werden von vermummten polnischen Milizen kontrolliert. Jedes Mal breitet sich eine Schockwelle in ihrem Inneren aus. Ist alles zu Ende? Sind diesmal sie dran? Vor ihnen wird eine Frau nach Wertsachen durchsucht, die Uhr wird ihr vom Arm gerissen, jammernd streift sie freiwillig den Trauring vom Finger. Hat ein Foto dabei von ihrem Sohn in deutscher Wehrmachtsuniform »Hitler, Hitler«, schreien die Milizionäre, als sie das Bild entdecken und spannen schon die Pistole. Ein Offizier geht dazwischen, die Frau bricht laut heulend zusammen.

Jetzt zeigte sich, dass meine Großeltern nicht nur aus reiner Menschenfreundlichkeit mitgenommen wurden. Ihre Bekannten schweigen klug, als die Kontrollen auf Polnisch fragen:

»Woher, wohin?« – »Nach Glogow (Glogau), zu Verwandten«, antwortet meine Großmutter in perfektem Polnisch. Sie durften weiterfahren. Meine Großmutter hatte ein Kopftuch umgebunden, den Nerzkragen ihres Wintermantels abgerissen und gab sich als polnische Bäuerin aus. Die Deutschen hätten ihr den Ausweis abgenommen, behauptete sie jedes Mal, wenn sie angehalten wurden. Mit beiden Händen umklammerte sie einen Laib Brot. Nicht mal im Krieg stiehlt man einer Frau ihr einziges Brot. Heiliges Brot. Früher in Lodz hatten sie drei Kreuze auf einen Laib geritzt und ihn gesegnet, ehe sie ihn anschnitten. Niemals ließ meine Großmutter ihr Brot aus den Augen, hielt es beim Schlafen wie eine Puppe im Arm. Niemand durfte davon essen. Sie wusste, was Soldaten im Krieg mit Frauen machen, sie hatte von den Leibesvisitationen gehört, auch dass sie in jede Öffnung gucken. Also bohrte sie ein kleines Loch in das Brot und stopfte ihr Verlobungsgeschenk in das weiche Innere. Manchmal, wenn sie sich allein glaubte, fühlte sie vorsichtig nach, ob der Schmuck noch da sei. Der Ring war gut und gerne 300 000 Reichsmark wert. Nicht mal mein Großvater wusste davon. Das also war die List meiner Großmutter, die sich vorgenommen hatte, ihre Familie vorm Verhungern zu retten.

Die kalte Morgendämmerung zeigt ihre fahlen, erschöpften Gesichter. Noch immer keine Bewölkung, es wird ein eisiger Tag werden. Mit leeren Augen suchen die Flüchtenden ängstlich die Landschaft ab. Die kleinen Wäldchen, die Felder, die im letzten Jahr keiner gepflügt hatte. Ein Haus, Gruppen von Häusern, qualmende Ruinen. Immer noch fahren deutsche Panzer ostwärts. Sie schauen ihnen mit Bangen nach. Hinter ihnen schwillt das Grollen der Front. Die Rote Armee ist ihnen hart auf den Fersen. Einmal kommt jemand mit heißem Kaffee, dankbar nehmen meine Großeltern ihn an. Sie haben immer noch Durst, und mit steifen Fingern schmelzen sie Schnee in einer Konservendose. Der alte Schnee macht den Hunger nur größer. Könnte man doch schlafen und nie mehr aufwachen. So zogen sie pausenlos weiter, über Städte und Dörfer, mit den nie wieder vernommenen Namen: Lutomiersk, Szadek, Warta und Kalisch.

Nach vier Tagen und Nächten erreichten meine Großeltern endlich Krotoszyn. Sie klagten nicht, aber sie waren am Ende ihrer Kräfte. Um sie undeutliche Bilder wie hinter einer schmutzigen Glasscheibe. Sie selbst in einem Zustand passiven Dösens, jäh herausgerissen durch laute Alarmrufe. Dann ein unfassbarer Ausbruch von Lärm und Gewalt. Irrsinnig ohrenbetäubend explodiert der Himmel über ihnen. Tieffliegerangriff: »Runter!« Sie werfen sich in den Schnee, pressen sich dicht an die Erde, die freundliche Erde nimmt sie in ihren Bodenfalten auf und beschützt sie. Verwundete, Tote. Das schrille Wiehern der getroffenen Pferde. Chaos! So schwer es ihnen fällt, sie lassen Pferd und Wagen im Stich und schlagen sich zu Fuß zum Bahnhof von Krotoszyn durch. Ihre einzige Chance.

Auf dem Bahnhofsvorplatz, in den Wartesälen, an den Gleisen – überall lagern Menschen, die auf ihren Habseligkeiten sitzend den Tod durch Erfrieren erwarten. Es ist Nacht, auf dem Gleis steht ein Lazarettzug unter Dampf. Posten patrouillieren, ihre Zigaretten glimmen rötlich. Zwei Schatten warten im Dunkeln. Sie passen einen günstigen Moment ab, schleichen sich in den Zug und verstecken sich in der Toilette. Natürlich wurden sie dort herausgeholt und sollen sofort aussteigen. Meine Großmutter wirft sich auf einmal an die Brust des Kommandanten, klammert sich an seine Revers und weint, sie müsse zu ihren Töchtern. Bis Glogau durften sie mitfahren, sogar im Abteil sitzen, dann wurden sie an die Luft gesetzt. Meine Großeltern hatten Glück – oder es haftete doch noch ein Hauch ihrer feinen Herkunft an ihnen, aus jenen Tagen, als sie es gewohnt gewesen waren, dass man ihnen Platz machte und Rücksicht auf sie nahm. Als ob für sie reserviert wäre, fanden sie sofort Platz im D-Zug nach Frankfurt an der Oder. Und wie in den Zeiten von Fahrkarten und Fahrplänen steigen sie im heutigen Żagań nach Siegersdorf um, von dort ging es weiter nach Ullersdorf... Sie hatten es geschafft, sie waren »gerade noch rausgekommen«. Nur das zählte in diesem Moment. Die Strapazen, die hinter ihnen lagen, verblassten hinter dem Glücksgefühl, ihre Töchter wiederzusehen.

Aber sie hatten keine Stätte, an der sie bleiben könnten. Ein paar Adressen in der Tasche, aber sonst keine Zukunft und kein Ziel. Drei kurze Wochen waren sie im schlesischen Exil alle wieder zusammen: die Urgroßeltern, meine Großeltern und Tante Manja. Sie war von Freunden mitgenommen worden. Verzweifelt wartete sie auf eine Nachricht von ihrem Sohn Tomek. Er war noch an der Front. Gisa und Eva kamen mit dem Bähnchen von Siegersdorf angefahren. Ständig schwankten sie alle zwischen Hoffnung und Verzweiflung. Dass das Unglück nicht aufzuhalten sei, konnten sie sich einfach nicht vorstellen. Sie wollten nur allzu gerne den Parolen glauben, dass der Russe niemals über die Oder käme: »Wer was anderes sagt, wird erschossen!« Beinahe wäre es so für meinen Großvater ausgegangen. In dieser letzten Kriegsphase wurde er, der nie eine Waffe in der Hand gehalten hatte, noch zum »Volkssturm« eingezogen. Er pochte auf seine pazifistische Einstellung, hängte sein Gewehr an einen Brückenpfeiler und machte, dass er davonkam.

1856, im Jahr der Niederlage Russlands im Krimkrieg geboren, hatte mein Urgroßvater insgesamt vier Kriege erlebt. Gewonnen hatte er selbst keinen. 1875, zwei Jahre vor dem Russisch-Türkischen Krieg nach Lodz zurückgekehrt, brach nach einer glücklichen Pause von über einem Vierteljahrhundert 1904 der Krieg Russlands gegen die Japaner aus, 1914 der Erste Weltkrieg, als Folge die Oktoberrevolution, 1939 begann der Zweite Weltkrieg mit dem Überfall Deutschlands auf Polen. Die Kapitulation im Mai 1945 sollte mein Urgroßvater noch miterleben.

Am 12. Februar geleitet ihn mein Großvater hastig zu einem Pferdefuhrwerk. Meine Urgroßmutter folgt mit einer Pelzdecke über dem Arm, ihre dünne Greisenstimme zetert aufgeregt. Die Russen rücken an, sie müssen sofort auf die Bahn. Sie hat Sorge, dass bei dem überhasteten Aufbruch etwas vergessen wurde, und weint außerdem um ihre Habe, die sie aus Lodz bis hierher nach Schlesien in Sicherheit gebracht hatten und die sie jetzt aufgeben müssen. »Das ist egal, Mutter, komm jetzt«, befahl mein Urgroßvater, sonst sprach er kein Wort. Mit ausdruckslosem Gesicht nahm er hin, dass er, neunundachtzigjährig nun, auch aus der letzten Heimat, einem Mansardenzimmer im Schlesischen, vertrieben wurde. Ausgesetzt auf die Straßen Europas, hatte er keinen Ort, an dem er begraben werden konnte.

Zur gleichen Zeit, als sich meine Großeltern mit meinen Urgroßeltern mit dem Pferdewagen von Ullersdorf Richtung Lauban, heute Lubań (Arno Schmidt ist von dort in den Westen geflüchtet), langsam in Bewegung setzen, befindet sich die deutsche Bevölkerung im zehn Kilometer nördlich gelegenen Siegersdorf in totalem Aufruhr. In der Nacht fahren Gisa und Eva durch lautes Klopfen hoch. Völlig aufgelöst und im Nachthemd ruft ihre Vermieterin: »Der Iwan ist gleich da, ihr müsst raus, Mädchen. Beeilt euch. Haut ab! Haut ab! Solange ihr noch könnt.« Hastig schmeißen sie ihre Siebensachen in den Koffer, ihre Wirtin drängt sie in Richtung Tür. Vor Tagen schon hatten sie einen kleinen Handwagen organisiert. Draußen ist die Straße erfüllt von rennenden und rufenden Menschen: »Weg! Weg! Der Russe ist über die Oder und steht schon am Bober.« Der Bober ist ein Grenzfluss zwischen der Lausitz und Schlesien. Es gibt kein Halten mehr, der Boden schwankt unter ihnen, wie bei einem Erdbeben fühlen sie die Straße vom Dröhnen der nahenden Panzer schwanken. Nieselregen, dazu hatte Tauwetter eingesetzt. An solch tiefen Schlammwegen war auch die deutsche Wehrmacht in Russland gescheitert. Das Wägelchen mit seinen kleinen eiernden Rädern wird zunehmend zum Hindernis, die beiden Mädchen beißen die Zähne zusammen und ziehen ihn mühsam vorwärts. Vor sich haben sie den massigen Rücken des schlesischen Metzgermeisters Schulze, neben ihm seine weinende Frau, an ihrer Seite ihre Freundin Uschi, die Enkelin. Den Schlüssel ihres Hauses haben die Schulzes im Garten vergraben, als würden sie bald zurückkommen. Jeder von ihnen hat nur einen kleinen Rucksack bei sich. Auch ihre Wirte hatten sich bis zu diesem Tag sicher gefühlt und sich bis zuletzt an den »Endsieg« geklammert.

Dichter Nebel setzt ein, es gibt keine Wälder und Wiesen mehr, nur noch eine graue, schwankende Masse von Leibern und das Scharren und Schlurfen Tausender Füße. Gisa und Eva trotten wie im Traum vorwärts, wie durch einen endlosen Tunnel. Scheinbar sind Stunden vergangen.

Immer wieder gerät der Zug ins Stocken. Die Mädchen

schauen auf. Vor ihnen Schulzes, sie konferieren leise. Die Metzgerleute zögern, dann reden sie auf die Schwestern ein. Sie sollen mit ihnen umkehren. Obwohl es ihnen aufrichtig leidtut, sagen Gisa und Eva »nein«, sie warnen ihre Bekannten sogar, zurückzugehen. Vergeblich. 100 Reichsmark schulden ihnen die Schwestern noch für den Mittagstisch. Einen hässlichen Augenblick lang ist meine Mutter erleichtert, dass sie das Geld behalten kann. Später quälte sie deshalb ein schlechtes Gewissen. Jetzt sind sie ganz allein auf sich gestellt. Wie sollen sie ihre Eltern jemals wiederfinden? Weiter! Sie zerren an dem Leiterwagen, er steckt fest. Mit einem schmatzenden Geräusch löst er sich aus dem Dreck. Auf sein plötzliches Nachgeben nicht gefasst, fallen beide übereinander in den Schlamm. Sie heulen nicht, sie lachen. Sitzen mit dreckverschmierten Gesichtern am Straßenrand, ihre Mäntel triefen vor Feuchtigkeit. Sie lachen so laut, dass sich die fliehenden Menschen nach ihnen umdrehen und glauben, die beiden seien verrückt geworden.

Den Wagen lassen sie stehen. Er bleibt zurück bei den anderen Dingen, den zerbrochenen Fuhrwerken, den überzähligen Koffern, dem verendeten Vieh, den verlorenen Holzschuhen, den Bibeln, den Fotoalben, den Decken, den Feldpostbriefen, den Puppen und Teddys, die wie eine Spur der Kapitulation die Wege der Flüchtenden säumten.

Gisa wird später behaupten, dass es ihre Idee gewesen sei. Sie fragten sich auf die Ortskommandantur eines Dorfes durch, dessen Namen sie längst vergessen haben. Gisa, ganz die herrische Großbürgerstochter, verlangte einen Zuständigen zu sprechen. Meine Mutter stand verlegen lächelnd daneben. Die Herren sind im Aufbruch, sie haben Order, alle Unterlagen zu vernichten und sich danach abzusetzen. Unter ihnen auch ein »junger, sehr gut aussehender Arzt« und sein Mitarbeiter. Erstaunt blickten sie auf die beiden jungen Mädchen, die außer Atem und aufgeregt vor ihnen stehen und verlangen, zu ihren Eltern gebracht zu werden. »Wir waren jung, wir waren erzogen, wir hatten Geld«, fasst Gisa sechzig Jahre später die Situation für mich zusammen.

»Meine Damen«, sagte der Militärarzt, nachdem er ausgiebig ihre Beine gemustert hatte. »Wir können Sie nicht in den Westen bringen, aber nach Prag.« Später taten sie so, als hätten sie in der ersten Aufregung ganz vergessen, dass sie meinen Großeltern – für den Fall, sie würden getrennt – in die Hand versprochen hatten, direkt zum vereinbarten Treffpunkt nach Bad Wilsnack zu kommen. Die jüngere Schwester meiner Großmutter hatte dort im Ost-Brandenburgischen mit ihren zwei kleinen Kindern bei einem Bekannten Unterschlupf gefunden. Nein, die Tante Edith, die war ihnen viel zu streng. Da wollten sie lieber die Gelegenheit ausnutzen und nach Prag mitfahren.

Welche andere Wahl hätten sie gehabt? Spätestens seit dem Sommer hatten sie begriffen, dass es im Kampf ums Überleben für sie eine neue Waffe gab: das Verlangen der Männer. Besonders Gisa hatte es mit fünfzehn schon ziemlich gut raus, eine erotische Erfahrung anzudeuten, die ihrem Alter überhaupt nicht entsprach. Den trägen Augenaufschlag hatte sie vielleicht vor dem Spiegel geübt. Nicht gelernt haben konnte sie aber diesen ganz bestimmten Ausdruck von Kühle, der ihre Verehrer wünschen ließ, für sie zu leiden. Ihr irgendwie immer etwas anzüglich wirkendes Lächeln hatte seinen einmaligen Reiz in einem ganz offensichtlichen Schönheitsfehler. Ein schiefer Vorderzahn schien ihren Mund irgendwie verletzlich zu machen, ausgeliefert an Küsse, die sie nicht zu erwidern gedachte. Instinktiv wusste Gisa, dass die Macht der Frauen in einem Versprechen liegt. Das war eine Sache, die meine Mutter einfach nicht kapierte. Sie fragte sich immer, warum die Männer auf ihre Schwester flogen. Sie dagegen blieb das bockige Kind, das verführt werden will.

In der Not zusammengeschweißt, waren Eva und Gisa ein ungleiches Paar. Beim Fotografieren streichelte die Kamera Gisa, meine Mutter kam fast nie gut raus. Einander sehr ähnlich und doch grundverschieden, waren ihr Charakter und ihre Träume die gegensätzlichen Varianten des gleichen Themas, nämlich dem Untergang der Familie Lange. Ich könnte jetzt eine Menge Worte über meine Großmutter verlieren und warum sie in ihrer jüngeren Tochter erst eine Lolita, »Nymphette« sagte man früher, und später einen Vamp sehen wollte. In einem unbedachten Moment entfuhr ihr einmal der Satz: »Gisa, achte auf deine Beine, sie sind dein größtes Kapital.« Gerade so, als wäre ihre Tochter ein Filmstar oder müsse unbedingt unter die Haube. Meiner eitlen Großmutter war es am allerwichtigsten, dass ihre Töchter gut bei der Männerwelt ankamen.

In rascher Fahrt verlässt ein VW-Kübelwagen mit heruntergelassenem Verdeck ein Dorf im Niederschlesischen. Der zitternde Scheinwerfer packt Bäume und Gehöfte, ehe er sie zurück in die Schwärze sinken lässt. Die fußlahmen Menschen, die sich auf der aufgeweichten Straße Richtung Westen dahinschleppen, schauen neidisch dem roten Auge hinterher, das bald in der Nacht verschwunden ist. Auf den Rücksitzen meine Mutter, inzwischen gewaschen und gekämmt, daneben Gisa, ebenfalls notdürftig gereinigt. Gisa versucht gute Stimmung zu machen, plappert munter von Lodz und der elterlichen Fabrik. So freundlich ihre Retter auch waren, klarsichtig müht sie sich, kein Schweigen aufkommen lassen, damit sich die Männer gar nicht erst irgendetwas einbilden. Vorne reicht man sich die Schnapsflasche hin und her.

Ich weiß nicht, ob ihr uniformierter Retter folgenden Monolog tatsächlich laut gesprochen hat, aber es wäre ihm zuzutrauen gewesen: »Alles ist aus, Mädchen. Wenn wir es nicht mit dem Wagen schaffen, versucht euch bis nach Prag durchzuschlagen. Und von da aus in den Westen. Einige Wochen wird General Schörner die schlesische Front noch halten können. Wartet nicht zu lange, Prag wird fallen, und die Roten werden nicht ruhen, bis sie in Berlin vorm Reichstag stehen. Vor mir braucht ihr keine Angst zu haben, wir tun euch nichts. Ich habe schon so viel Scheiße erlebt, ich will vor dem Herrgott nicht noch die verlorene Unschuld zweier Kinder verantworten müssen.« Er schaute nach hinten, die »Kinder« lagen im tiefen Schlaf.

Später, beim Austreten, hören sie Flugzeuge hoch über ihren Köpfen durch die Wolken des Nachthimmels jagen, sie ahnen nicht, dass Dresden schon in Schutt und Asche liegt. Gegen Morgen wird das Auto von einem Posten aufgehalten. Gemurmel. Bald danach erneuter Stopp, dann fahren die Männer rechts ran. Sie sind unrasiert, ihre Augen liegen vor Erschöpfung tief in den Höhlen. Über ihnen klumpen sich Wolken wie geronnene Milch zusammen. Der Arzt sagt: »Wir können nicht weiter, es gibt kein Benzin mehr. Ihr müsst gleich aussteigen. Wir bekommen Schwierigkeiten, wenn euch jemand in unserem Auto sieht.« Die beiden Soldaten bringen ihre Passagiere trotzdem bis zum Bahnhof von Turnau (Turnov), kurz vor der Grenze zur Tschechoslowakei. Die Züge fahren noch. Sie kaufen sich eine Fahrkarte zweiter Klasse nach Prag. Meine Mutter erinnert sich bis heute genau daran, wie gut ihr die Erbsensuppe geschmeckt hat, die jemand im Zug verteilte.

Das Protektorat Böhmen und Mähren war bis Anfang 1945 von allen direkten Kriegseinwirkungen verschont geblieben.

Auch die Versorgungslage war um einiges besser als im Deutschen Reich. Auf Karten gab es fast alles zu kaufen. Die Front war weit, und Prag, die goldene Stadt an der Moldau, schien unzerstörbar, außerhalb der Reichweite der alliierten Bomber – so glaubte man jedenfalls. Wie zuvor in Dresden wiegte man sich auch in Prag in der trügerischen Illusion, dass das »Paris des Ostens« niemals zerstört werde. Am 14. Februar 1945 allerdings geschah das Unerwartete: Zweiundsechzig amerikanische Bomber näherten sich gegen Mittag von Westen her der böhmischen und mährischen Hauptstadt. Der Bombenregen setzte über dem linken Moldauufer in Smíchov ein, zog sich entlang der damaligen Mozart-Brücke zur Prager Neustadt und ging bis zum Stadtviertel Vinohrady über reine Wohngebiete nieder. Die Menschen werden auf der Straße überrascht. Siebenhundert Tote, zahllose Verletzte, zerstörte Häuser, die Kirche des weltberühmten Klosters Emmaus ist eingestürzt. Es konnte nie ganz aufgeklärt werden, weshalb der Angriff erfolgte. Heute vermutet man, dass sich die Piloten ganz einfach verflogen und eigentlich Dresden oder Torgau als Angriffsziel hatten.

Einen Tag nach der Katastrophe kamen Gisa und Eva auf dem Prager Hauptbahnhof an. Steif und müde blinzelten sie in das grelle Tageslicht. Die Zerstörung um sie herum nahmen sie gar nicht wahr, sie waren zu sehr mit dem überwältigenden Eindruck beschäftigt, den die hügelige Stadtlandschaft auf sie machte. Sie kannten ja nur Lodz, flach und staubig wie eine Garnisonsstadt im Wilden Westen. In den Wochen der Flucht hatten sie fast vergessen, wie eine Trambahn aussieht, ein Blumengeschäft am Bahnhof, Bäckereien, Buchhandlungen, Cafés, Kinos. Sie wanderten wie verzaubert durch die Prager Neustadt. In Lodz verdüsterte ein Wald von Fabrikschloten den Blick, Prags Himmel wird von hundert schönen Türmen bewacht. Sie mussten nicht lange überlegen, wo sie hin wollten. Sie schlugen den gleichen Weg ein wie zuvor ihre Eltern und Großeltern, wenn sie reisten: nämlich zum feinsten Hotel der Stadt. Mit dem unbedingten Gefühl, einen Anspruch darauf zu haben, steuerten Gisa und Eva zielstrebig das Hotel Ambassador am Wenzelsplatz an. Das Jugendstilhotel war legendär, meinen Großvater hatten sie von den Luxussuiten und dem Komfort der Bäder schwärmen hören. Keine fünfhundert Schritte entfernt der finstere Petschek-Palast – um das Gestapoquartier machten die Menschen in Prag so gut es ging einen großen Bogen. Das Ambassador war nach und nach zur standesgemäßen Absteige für Wehrmachtsoffiziere und hohe SS-Chargen verkommen. Die machten ziemliche Stielaugen, als die beiden Mädchen hereinschneiten. Hinter der Schwingtür, in Richtung des weitläufigen Foyers mit seiner Kassettentäfelung sowie den farbigen Friesen und Seidentapeten, schlug Gisa und Eva eine fröhliche Wolke aus Licht und Stimmengewirr entgegen. Unter dem riesigen Deckenspiegel erschienen die beiden Flüchtlinge noch verlorener, aber sie wollten sich keinesfalls ihre Unsicherheit anmerken lassen und gingen schnurstracks zur Rezeption. Der Portier schaute erst ungläubig, dann misstrauisch. Sie hielten ihm ihre blauen Ausweise für Volksdeutsche und ein Geldbündel unter die Nase und machten ihm weis, dass ihre Eltern bald kämen, um sie abzuholen. Unschlüssig wendete er ihre Papiere hin und her. Sie fingen an, unruhig zu werden, tauschten Blicke. Doch schließlich rückte er achselzuckend einen Zimmerschlüssel heraus, gegen Vorkasse, versteht sich. Die Zeiten waren schlecht, da kam jeder Gast recht.

Der Liftboy schafft ihren abgeschabten Pappkoffer ins Zimmer. Trinkgeld will er nicht annehmen. Kaum ist die Türe geschlossen, schauen sie sich glücklich um. Sie lassen sich freudig aufs Bett sinken. Sie wissen, wo sie heute Abend schlafen werden. Das allein war schon ein Geschenk. Und ein Bad mit viel Seife. Im Spiegel erkannten sie sich kaum wieder. Zwei Fremde schauten ihnen entgegen. Sie sahen älter aus. Älter und reifer.

Oft und oft haben sie später über die Flucht gesprochen. Sie versuchten die einzelnen Stationen zu rekonstruieren, deren Abfolge nach und nach in ihrem Gedächtnis verschwamm und sich schließlich zu einem einzigen, sich über Monate hinziehenden Gehetztsein summierte. Davon ausgenommen war und blieb ihre Zeit in Prag. Trotzdem konnten sie sich niemals ganz darüber einig werden, was damals wirklich geschah. Hätten Gisa und Eva einmal genauer darüber nachgedacht, wären sie vielleicht darauf gekommen, dass sie nicht genau wussten, was sie überhaupt von ihren Erlebnissen preisgeben wollten. Ihre Reise hatte eine gleichsam offizielle Version, die besagte, dass sie ihre Eltern verloren hatten und anschließend, der Not gehorchend, nach Prag geraten waren. In dieser Lesart war nichts davon enthalten, wie sehr sie ihr großes Abenteuer eigentlich genossen. Sie wollten sich einfach amüsieren, mit dem Leichtsinn von jungen Mädchen, denen die Zukunft egal ist. Ihr Wunder von Prag dauerte zehn Tage – und ist erkauft mit dem niemals zu tilgenden Verdacht, dass damals etwas »passiert« sein könnte. Mit ihrer unnachahmlich lakonischen Art räumte Gisa mir gegenüber in einem einzigen Satz mit allen Gerüchten auf: »Keine von uns ist defloriert worden.«

Sagen wir es mal so: Die beiden brauchten nicht sehr lange, um darauf zu kommen, wie sie ihr Geld sparen konnten. Die Soldaten in ihrem Hotel schienen ganz wild darauf zu sein, die zwei unschuldig aussehenden Dinger einzuladen.

Sie hatten kleine Wäsche gewaschen und über die Heizung

gehängt, aber sie wussten nicht, was sie abends anziehen sollten. Sogar einen Schlafanzug hatten sie dabei und Evas neues Nagelnecessaire, aber jeweils nur einen Rock und Pullover zum Wechseln. »Egal«, entschied Gisa, »Hauptsache saubere Wäsche.«

Nach dem Essen wollten sie erst nur ganz still in einer Ecke der großen Lounge sitzen, und wie gebannt sahen sie dem Treiben der Gäste zu. Endlich hatten sie Zutritt zur erregenden Welt der Erwachsenen, in der Männer in Uniform und ein paar wenige Damen, gut angezogen und bedeutend älter als sie, sich die Zeit damit vertrieben, einen Haufen Geld aus dem Fenster zu werfen. Europa versank in Schutt und Asche, dort bemühten sich lautlose Kellner, ihren Gästen jeden Wunsch zu erfüllen. Rauchschwaden waberten im gedämpften Licht. Lautes Gelächter. Es herrschte eine verzweifelte Lustigkeit, unterlegt mit leiser Barmusik. Sie waren in einem Alter, in dem Autoritätspersonen, vor allem in Uniform, eine enorme Anziehungskraft ausüben. Gespannt warteten sie ab, was passieren würde. »Was macht ihr denn hier, Kinder?« Eine ungefähr dreißigjährige, demnach uralte Frau in einem langen Abendkleid stand neben ihnen und betrachtete sie mit wissenden Augen. »Sekt?« – »Nein danke, wir trinken nicht.« Sie fühlten sich wie in einem alten Vorkriegsfilm. »Aber Lust ins Kino zu gehen, das habt ihr bestimmt?!« Sie sagten nicht nein.

Das Licht ging aus. Marika Rökk erschien auf der Leinwand. *Die Frau meiner Träume*, ihr zweiter Farbfilm. Sie lehnten sich in ihren Sesseln zurück. Schlagermusik fiel über sie her wie ein warmer Regen, der aber auch das schlechte Gewissen brachte. Was wohl die Eltern machten? Wie lange war es schon her, dass sie das letzte Mal in Lodz im Kino waren und *Die große Liebe* mit Zarah Leander anschauten? Sie waren so schrecklich aufgeregt gewesen. Der Film war erst ab achtzehn, und sie hatten Angst, nicht reinzukommen, obwohl sie in Begleitung ihrer Mutter waren. Gisa konnte keine Sekunde aufhören zu schnattern, Eva war leichenblass. Meine Großmutter hatte ihnen Seidenstrümpfe geliehen, in ihren Hackenschuhen konnten sie kaum gehen. Ihre Lippen waren knallrot angemalt, und sie waren sauer, dass sie deshalb besonders jung aussahen. Gertrud Lange musste sich das Lachen verkneifen, als ihre Töchter mit todernsten Mienen auf wackligen Beinen an der Kinokasse vorbeistaksten, aber das hätte sie sich niemals anmerken lassen. Der Kartenabreißer in Livree ließ sie mit einem Zwinkern durch. Davon geht die Welt nicht unter, wird er sich vielleicht gedacht haben, die Durchhalteparole schlechthin. Plötzlich hatten Eva und Gisa Tränen in den Augen. In Prag steppte die Rökk wie ein Derwisch über die Bühne.

Ihre neue Freundin fragte nicht, wie alt sie waren, aber sie durften mit auf ihr Zimmer im Ambassador. »Setzt euch«, befahl sie. Vor den bewundernden Blicken der Mädchen schienen ihr Raubtierzähne zu wachsen. In einem Sessel kauerte ihr etwa neunjähriger Sohn, der bleich und übernächtigt auf seine Mutter gewartet hatte. »Mein Prinz, holt mir jetzt Zigaretten aus dem Foyer«, befahl sie ihm. Ihr Begleiter, ein junger Offizier, der mit im Kino gewesen war, nahm sie fest in die Arme und küsste ihren parfümierten Hals. Von einem Foto auf dem Nachtisch schaute der Ehemann den beiden mit strengem Gesicht zu.

Ihre Tage in Prag widmeten Gisa und Eva einem touristischen Programm, das der Wiedergutmachung ihrer nächtlichen Vergehen geschuldet war. Wie reuige Sünder stiegen sie den Hausberg, den Hradschin, über die steile Treppe hoch, obwohl es auch einen bequemeren Weg gab – und langweilten sich gottergeben beim Besichtigen der Burg. Sie warfen sogar einen Blick in den Dom, zur Sicherheit, falls mein Großvater sie später danach fragte. Unruhig durchstreiften sie die Gassen der Altstadt. Auf jeden Fall hatten sie Stoff genug, um sich einen genauen Bericht für später zurechtzulegen. Die Weltgeschichte hatte ihnen eine kleine Atempause verschafft. Nicht einmal die Jahre der Okkupation, des Terrors und der Bespitzelung durch die Gestapo hatten vermocht, den toleranten und kosmopolitischen Geist der Vielvölkerstadt Prag zu zerstören. Immer schon war die böhmische Stadt Zentrum der europäischen Emigration gewesen. Erst die Welle der Russen 1918, dann, ab 1933, die Emigranten aus Deutschland, und jetzt nahm Prag auch sie für eine kleine Weile gnädig auf.

Ihre Begeisterung verbrauchte sich allerdings schneller, als sie am Anfang gemeint hatten. Das Geld schmolz dahin wie der Schnee in der Sonne. Gisa und Eva bekamen es allmählich mit der Angst zu tun. Bald mussten sie in ein billigeres Hotel ziehen. Auch sonst häuften sich die schlechten Nachrichten: die Katastrophe von Dresden; die Rote Armee stand entlang der Oder-Neiße-Linie achtzig Kilometer vor Berlin. Sie hatten keine Ahnung, wie es weitergehen sollte. Mit nachlassendem Elan über ihren Ausflug in die Freiheit flammte ihr alter Streit wieder auf, wer von beiden die Hübschere und Attraktivere war. Bald sah sich meine Mutter – wie zu Hause – in die gewohnt undankbare Rolle gedrängt, das *background girl* für Gisas große Auftritte zu geben. Sie fühlte den Groll in sich wachsen. Dann hatte sie es auf einmal satt. Sie ließ ihrer Wut freien Lauf, heulend warf sie Gisa vor, sie denke immer nur an sich, und verließ türenknallend das Hotel Paris, in das sie umgezogen waren. Ihr war der sympathische Doktor B. in den Sinn gekommen, der sie im Ambassador immer eingeladen hatte. Sie – und nicht die Gisa. Der würde sie es endlich mal zeigen. Sie dachte an seine sanfte Stimme und verdrängte den unangenehmen Eindruck, dass er altersmäßig an der Grenze zum Tattergreis war, so jedenfalls kam es ihr vor. Trotzig marschierte sie geradewegs in den Gesellschaftsraum des Ambassador. Als mildernden Umstand konnte sie anführen, dass er äußerst gepflegt und als Fabrikantensohn eine standesgemäße Bekanntschaft war, zudem immer in Zivil. Er war nicht im Mindesten erstaunt, als sie hereinschneite, tat vielmehr so, als hätte er sie längst erwartet. Sie speisten zusammen opulent zu Abend.

Die ganze Flucht hatte mir Gisa bei einem Besuch in Freiburg erzählt. Aber als wir auf Prag zu sprechen kamen, wurde sie merkwürdig schweigsam. Am nächsten Tag brachte sie mich mit dem Auto zum Bahnhof. Sie wartete, bis ich aussteigen und zum Zug gehen musste, ehe sie sich ermannte. Wie ein kleines Mädchen, das hin und her gerissen ist zwischen dem Wunsch, etwas ganz Wichtiges zu erzählen, aber die eigene Schwester auch nicht verpetzen will, rang sie sich ein paar Sätze vom Herzen, die auf Folgendes hinausliefen: »Die Eva hat mich damals in unserem Hotel allein sitzen lassen und die Nacht woanders bei einem älteren Mann verbracht. So, jetzt weißt du es.« Irgendwie traf es mich, dass meine Mutter ihre jüngere Schwester für einen Mann einfach im Stich gelassen haben soll. Indes war Gisa jenseits aller berechtigten

Entrüstung immer noch anzumerken, dass sie ihrer braven Schwester diesen Leichtsinn nie zugetraut hätte. Sie selbst hätte diesen Unfug nicht nötig gehabt. Komplexe kannte sie keine. Ihr war die Selbstzerstörung fremd, mit der schwache Menschen ihre Grenzen überschreiten, um sich selbst und anderen etwas zu beweisen.

Meine Mutter bereute nichts. Wie so häufig verschanzte sie sich hinter ihrer Naivität und behauptet bis heute, sie habe damals einfach »nur wunderbar geschlafen«. Sie hatte wohl das Glück, auf einen Liebhaber pubertierender Mädchen gestoßen zu sein, der sich durch Zärtlichkeit und Rücksichtnahme auszeichnete und sich weitgehend damit begnügte, ihr beim Schlafen zuzuschauen. Zum Abschied überreichte er seiner kleinen Gespielin seine Karte, in der Hoffnung, sie einmal wiederzusehen. Ihre spektakuläre Eskapade war für meine Mutter beides: Triumph und Erniedrigung. Wie immer lag die Wahrheit irgendwo dazwischen. Im Verhältnis zur Gisa hatte sie sich wahrscheinlich Respekt verschafft. Doch die Geheimnisse, die die Schwestern voreinander hatten, wuchsen zwischen ihnen lautlos wie Gras.

Aus irgendeinem Grund hatte sich ihre mondäne ältere Freundin aus dem Ambassador darauf versteift, den Schutzengel zu spielen. Sie riet ihnen eindringlich, aus Prag zu verschwinden, ehe es zu spät sei. Sie nervte sie mit der Frage: »Ob sie denn gar niemand hätten, keine Verwandten, wo sie hin könnten?« Sie hörten das Flehen in der Stimme dieser harten Frau, die längst wusste, dass der Nazi-Spuk, an den sie ihr Leben verschwendet hatte, sehr bald hinweggefegt sein würde. Sie hatte recht, es blieben noch zwei Monate bis zur Kapitulation und bis zum Aufstand von Prag. Gisa und Eva nickten ernst. Es stimmte, irgendwann mussten sie wieder zu ihrer Familie, aber erst wollten sie noch ein wenig ihre Freiheit genießen. Schließlich fanden sie einen Ausweg. Gisa kam ihre Brieffreundin Frauke aus Hamburg in den Sinn, Reichsdeutsche und BDM-Mädel, mit der sie – wie es für eine Volksdeutsche Pflicht gewesen war – von Lodz aus korrespondiert hatte. ·

Die Zugverbindung nach Hamburg ging über Dresden und Berlin. Wobei das Wort »Verbindung« natürlich rein fiktiv war für ihre Reise auf Raten. Bereits am Bahnhof bereuen sie schon ihren Entschluss, Prag zu verlassen. Der Bahnsteig ist schwarz vor Menschen, ein Brausen wie das zornige Summen eines gewaltigen Bienenschwarms schwillt an, als endlich die Lokomotive des D-Zugs nach Berlin langsam heranschnauft. In Trauben hängen die Ausreisewilligen an den Türen, beim Einsteigen werden Gisa und Eva fast zerquetscht. Sie lassen sich von der Panik forttragen, schreien und schlagen um sich, jetzt wollen sie mitgenommen werden, um jeden Preis. In einer Masse von Leibern sind sie zwei zuckende Elementarteilchen, die um ihr Überleben kämpfen. Auf die Straßen und Züge Europas geworfen, haben die Flüchtlinge aufgehört, Individuen zu sein. Sie sind Nummern in einer wahnsinnigen Statistik von zwanzig Millionen Menschen ohne Obdach.

Angst ist jetzt wieder ihr Begleiter, Angst vor Tiefffliegern, Angst, endgültig auf der Strecke liegen zu bleiben. Bei jedem Halt schnürt sich die Kehle zusammen. Benommen sitzen sie in zugigen Wartesälen herum, abgeschoben, stehen sich an Nebengleisen wartend die Beine in den Bauch. Mehrfach wird von Helfern warme Suppe und Tee ausgeteilt.

Irgendwie erreichten sie Dresden. Aber Dresden gab es nicht mehr. Der Hauptbahnhof ein ausgeglühtes Stahlskelett, sie werden über den Neustädter Bahnhof umgeleitet. Schweigend stehen die Menschen am Fenster des Zuges und starren ungläubig auf die Ruinen der Geisterstadt, die schemenhaft vorübergleiten. Niemand, der es sah, konnte diesen Anblick vergessen.

Auf ihrer Irrfahrt durch Sachsen waren meine Großeltern nur Tage nach der »Katastrophe«, wie sich mein Großvater notierte, über Bautzen nach Dresden-Lockwitz geleitet worden und hatten schaudernd das Weite gesucht. Sie dankten ihrem Herrgott, dass sie nicht das gleiche Schicksal wie Tausende andere erlitten, die Zuflucht in der unzerstörten Elbstadt gesucht hatten und elendiglich umkamen. Vom Schicksal ihrer Eltern wissen Eva und Gisa nichts.

Neuntes Kapitel

Das nackte Leben

1

In Hamburg hatte man die zwei Herumtreiberinnen in dem kleinen Reihenhaus in Farmsen recht freundlich empfangen. Zwar kam ihnen die Mutter von Gisas Freundin, Frau Steffen, eine hagere Norddeutsche in Schürze und mit Dutt wie eine echte Nazi vor. Trotzdem schien sie sogar so etwas wie Schuldgefühle gegenüber den beiden Flüchtlingen zu empfinden und brachte sie notdürftig im Keller unter. Das ländliche Farmsen schien in der Vorfrühlingssonne eine unzerstörbare Oase zu sein. Tagsüber siegten bei den Schwestern die Jugend und Zuversicht. Im Dunkeln aber kamen die bösen Geister auch in den Norden der Hansestadt. Sie kündigten sich mit lauten Sirenen an. Jede Nacht Fliegeralarm, wer könnte sich daran gewöhnen? Ihnen klapperten die Zähne vor Angst. Wovor sie aber schließlich kapitulierten, das war die Steckrübensuppe der guten Frau Steffen, wobei sie besonders unangenehm fanden, wie steif ihre Gastgeberin, die beim Sprechen über den spitzen Stein stolperte, das Wort »Steckrüben« intonierte. Einige Wochen hatten sie Tag für Tag ergeben diese Spezialität aus der norddeutschen Hungerküche gelöffelt, dann hatten sie endgültig die Nase voll. Sie warteten das Mittagessen gar nicht mehr ab, sondern machten sich in aller Herrgottsfrühe wie erlöst durch ihren Entschluss zum Bahnhof Dammtor auf, um endlich zu Tante Edith nach Bad

Wilsnack zu fahren. Nicht mal in den allerschlimmsten Hungerzeiten hätten sie sich diese dünne Suppe wieder in ihren Teller gewünscht.

Brief einer verzweifelten Tante Edith aus Bad Wilsnack an ihre Mutter, meine Urgroßmutter Weber: »Ich kann die Verantwortung für zwei so hübsche junge Mädchen nicht länger übernehmen. Das musst du Trudl sagen. Was ist, wenn der Russe kommt und ihnen etwas antut, weil sie mir nicht gehorchen? Trudl muss sich selbst um ihre Töchter kümmern.«

Tante Edith machte sich keinerlei Illusionen über den Ausgang des Krieges, aber auch nicht über ihre Nichten Gisa und Eva. Wenn sie ganz ehrlich sein sollte, hielt sie die Töchter ihrer älteren Schwester für zwei ziemlich verwöhnte Dinger. Als ob die beiden die einmal gefasste Meinung ihrer Tante auch tatsächlich bestätigen wollten, wurde sie mit den aufsässigen Rangen kaum fertig, die im März 1945 plötzlich unangekündigt bei ihren Bekannten vor der Tür gestanden hatten und um ein Plätzchen zum Bleiben baten. Sie lagen bis mittags in den Betten eines Pensionszimmers und gaben dauernd Widerworte. Zu guter Letzt schickte sie Gisa und Eva nach Ehrenberg in Sachsen, wo inzwischen meine Großeltern zusammen mit den Urgroßeltern bei einem Großbauern untergekommen waren. Tante Ediths Unnachgiebigkeit verursachte eine unausgesprochene Verstimmung in der Familie. Meine Großmutter fühlte sich von der jüngeren Schwester in ihrer Erziehung kritisiert – und war natürlich gekränkt.

Nachträglich gesehen hat Tante Edith mit ihren Befürchtungen recht behalten. Als die Rote Armee in Bad Wilsnack einmarschierte, wurde sie selbst mehrfach vergewaltigt. Sie ertrug diese Demütigungen mit einem heute unfassbaren Mut. Auch machte sie niemals einen Hehl daraus, was sie erlitten hatte. Ihre damals elfjährige Tochter Ina erinnert sich, dass sich ihre verzweifelte Mutter weinend im Kleiderschrank versteckte und trotz allen Bittens und Bettelns nicht herauskommen wollte.

Den Berichten nach setzte im März herrliches Frühlingswetter ein. Mein Urgroßvater saß trotzdem immer frierend im Mantel in der Stube der Großbauern Hentzschel und aß in Gesellschaft seiner Emilie die Morgensuppe. Viel Gutes ist über die Großzügigkeit dieser Bauernfamilie aus dem sächsischen Straßendorf Ehrenberg zu berichten, in deren Hof die Langes mehr oder weniger zufällig durch das Kreiskomitee eingewiesen wurden. Zusammen mit Tante Manja und den Urgroßeltern waren sie vor den anrückenden Russen tagelang ziellos in Sachsen herumgeirrt. Mit Tausenden hatten sie sich in die Züge gedrängt, hatten die Urgroßeltern in die Güterwagen gezerrt, während der Urgroßvater krampfhaft seinen Stock umklammerte und ständig nach seiner Brille tastete, ohne die er fast blind war. Sie waren die wenigen Kilometer von Görlitz nach Löbau, nach Bautzen, nach Bischofswerder, nach Dresden, von Pirna bis Ehrenberg mehr oder weniger im Kreis gefahren. Eine Herde Menschenvieh, herumgeschoben von Flüchtlingsstelle zu Flüchtlingsstelle, von Dorf zu Dorf weitergeschickt. Bis die Langes endlich ein wenig zur Ruhe kamen, in Ehrenberg bei Hohenstein. Sie hatten längst vergessen gehabt, was ein Bett war und wie eine ordentliche Mahlzeit schmeckte. Emilie und Wilhelm Lange, fast achtzig und achtundachtzig Jahre alt, hatten alle Strapazen mit bewundernswerter Langmut ertragen, aber jetzt schienen sie vom Unglück fast aufgezehrt. Nur ihr unbeugsamer Charakter hielt sie noch aufrecht. Ihre hoheitsvolle Strenge beeindruckte auch die Bauern, die ihnen eine gute Schlafstelle zuwiesen und sie tagsüber im Warmen sitzen ließen.

Die Urgroßeltern hatten bald aufgehört, sich um ihre in

Schlesien liegen gebliebenen Sachen zu sorgen. Um ihren Besitz zu trauern, das überließen sie ihren Kindern. Im Gegenteil, sie hätten es sogar als Last empfunden, von Meissner Porzellan und Tafelsilber speisen zu müssen. Von solchen Gewohnheiten waren sie wie durch eine unüberbrückbare Kluft getrennt. Ja, der Urgroßvater belächelte insgeheim den Eifer, mit dem er früher Reichtümer und Geld angehäuft hatte. Für den Augenblick begehrten sie nicht mehr als ein warmes Plätzchen, von dem sie nicht gleich wieder vertrieben würden. Doch das war eine vergebliche Hoffnung, sie waren ja erst am Anfang ihrer Odyssee.

Wer sich jetzt vorstellt, dass die Langes überglücklich waren, wieder vereint zu sein, den muss ich ziemlich enttäuschen. Für einen kurzen Moment erkannten Gisa und Eva die beiden älteren Leute kaum wieder, die ihnen um den Hals fielen. Ihre Eltern waren viel kleiner als erwartet – und die Verheerungen durch die letzten Monate in ihren Gesichtern nicht zu übersehen. Eva und Gisa fühlten sich schuldig, weil sie unterwegs Vater und Mutter fast vergessen hatten. Mit einem Aufwallen von Zärtlichkeit betrachtete meine Mutter den Mann, den sie »Papa« nannte. Als sie ihn umarmte, registrierte sie erschrocken, wie zart und knochig sein Rücken geworden war. »Ich bin ein schlechter Vater«, klagte er sich mit wehem Blick auf seine Töchter an. »Ich kann nicht für euch sorgen. Aber ich habe immer das Beste gewollt.« Sie waren die Menschen, die Gisa und Eva am meisten liebten, aber seit ihrer Ankunft fragten sie sich, wer eigentlich die Kinder und wer die Erwachsenen waren. In Wirklichkeit handelte es sich weniger um ein Wiedersehen, sondern viel eher um einen Abschied. Gisa und Eva hatten zwar ihre Familie gefunden, nicht aber einen Vater und eine Mutter. Meine Großmutter schien sich nach Art der Frauen, die daran wachsen, wenn sie gebraucht werden, ein klein wenig besser zu halten als mein Großvater. Trotzdem entgingen ihren Töchtern die dunklen Ringe unter ihren Augen nicht.

Auch wenn sie es eigentlich endgültig lassen wollte, am Morgen ihres siebzehnten Geburtstags lag meine Mutter noch in ihrer Kammer über dem Stall und ertappte sich dabei, wie sie mal wieder über die Zukunft orakelte: So wie dieser Tag sein wird, so wird das ganze nächste Jahr, beschloss sie. Aber es war kein Verlass mehr auf ihre Schicksalsgötter. Vor dem Schatten des herannahenden Unheils erstrahlte ihr Ehrentag zwar in einem ganz besonderen Glanz, aber hinterher kam alles ganz anders. Das Verzeichnis des unwiederbringlich Vergangenen wurde am 19. April 1945 um die letzte Feier ergänzt, die meine Urgroßeltern, meine Großeltern, Tante Manja, Gisa und Eva gemeinsam begingen. Wie es bei ihnen üblich war, zündeten sie morgens eine Kerze an, fassten sich an die Hände und sangen das schöne Lied: »So nimm denn meine Hände / und führe mich.« Auf dem Geburtstagstisch stand sogar leuchtend wie ein Osterei eine kleine, durch alle Kontrollen geschmuggelte Silberdose mit emailliertem Deckel. Meine Mutter wird sich nicht lange an ihrem Besitz erfreuen können.

2

Vierzig Kilometer von Ehrenberg entfernt, sammelten sich bereits deutsche Truppen. Am 21. April entfesselte die deutsche Wehrmacht ihre letzte blutige Schlacht. In der von den Nationalsozialisten zum »Bollwerk gegen die Alliierten« erklärten Stadt Bautzen leistete die 1. Fallschirm-Panzer-Division »Hermann Göring« und unter anderen die 20. und 21. Infanterie-

Divisionen sinnlosen Widerstand gegen die russische und polnische Armee, die Seite an Seite unter hohen Verlusten gegen die Deutschen anrannten. Ein Kampf um jeden Zentimeter Boden. Die Stadt selbst blieb bis zur Kapitulation am 8. Mai in deutscher Hand und wurde erst dann an die Siegermächte übergeben. In Ehrenberg aber hörten sie von Nordosten das Grollen der Frontlinie Bautzen-Niesky näherrücken.

Als wären sie ein zweites Mal aus der Heimat vertrieben, sahen sich die Langes drei Tage nach Evas Geburtstag wiederum auf die Straße geworfen, erneut verstoßen aus den Reihen der Menschen mit fester Bleibe. Ihre Bauernfamilie jagte das Federvieh und die Ziegen in die Wiesen, auch die Kaninchen und Katzen konnten sich selbst helfen. Aber was sollte mit den dreißig Stück Rindvieh geschehen, sie mussten doch getränkt und gemolken werden? »Wir können nicht weg!«, jammerten sie. »Unsere Tiere brauchen uns doch.« Die verstörte Bäuerin zerriss ihre Stapel mit Wäsche und plünderte die Speisekammer. Es war zum Erbarmen.

Eine versprengte Einheit der Kavallerie der deutschen Wehrmacht befreite sie endlich aus ihrer Not. In einer ebenso unwahrscheinlichen wie wunderbaren Wendung in der Fluchtgeschichte der Langes hatte es ein durchziehendes Pferdelazarett auf den Hof der Hentzschels verschlagen. Die abgekämpften Soldaten machten Halt, um ihre müden Tiere zu versorgen, und waren entsetzt, die Bewohner noch vorzufinden. Sie trieben sie streng zur Eile an. Sie sollten alles stehen und liegen lassen und sich sofort ihrem Tross anschließen.

Es war ein Anachronismus, dass 2,8 Millionen Pferde während des Zweiten Weltkriegs von der Wehrmacht eingesetzt wurden. Sie waren die treusten Kameraden der Soldaten, ihre Deckung, ihr Bett und ihre Mahlzeit. Pferde zogen die Kanonen und Wagen der Infanterie durch den Dreck und Schlamm der Schlachtfelder. Sie waren das Rückgrat der Wehrmacht – und trotzdem nur Kriegsmaterial, wehrloses Kanonenfutter. 1,5 Millionen Tiere kamen im Dienst der Menschen um. Ihre schweren Kadaver säumten als düstere Mahnung die Todesschneisen, die der Krieg durch die Länder Osteuropas schlug. Die Burschen hoch zu Pferde, gestiefelt und gespornt, erschienen den Fliehenden wie Sendboten der Rettung. Schnell brachten die Männer Ordnung in den Aufruhr. Die Urgroßeltern wurden auf ein strohgepolstertes Fuhrwerk gehoben, das dürftige Gepäck aufgeladen, und bald rollten sie südwärts Richtung Sudetengau im heutigen Tschechien. Eine langsame Abfolge hochbeladener Wagen, deren schwerfällige Bewegung etwas Beruhigendes hatte, ebenso das Knarren der Achsen, das monotone Klappern der Hufe auf dem Straßenbelag und das gleichmäßige Wiegen der glatten Pferdekruppen. Sie genossen den Anblick der schönen Tiere. Gisa und Eva stürzten sich trotzdem auf das Pferdehaschee, das der Spieß in der Feldküche schmorte. Über seinen Teller gebeugt, erzählte mein Großvater unpassenderweise, wie er sich 1910 während seines Studienaufenthalts in Paris einmal in einem Anfall von Großmannssucht Fohlenleber bestellt hatte. Noch lange habe er Reue über seine Extravaganz verspürt. Seine an der ungewohnt zähen Speise kauenden Töchter hatten nur wenig Verständnis für seine Beschämung. Aus Hunger hätten sie fast alles gegessen, und ohne zu zögern auch Fohlenfleisch.

Die Tage zählten sie schon längst nicht mehr. Die Nächte verbrachten sie im Freien, tief im Strohsack vergraben. Sie schlotterten trotzdem vor Kälte und vor Angst. Die langen Monate ihrer Flucht hatten sie nichts als graue Landschaften durchquert. Jetzt waren die Wiesen von kräftigerem Grün, auf den Äckern zeigte sich das erste Schimmern des Sommergetreides, die Hecken füllten sich mit samtigen Blättern und über den Kronen der Obstbäume standen Wolken aus weißen Sternen. Auch wenn es ihnen wie Hohn erschien, der Frühling ließ sich nicht aufhalten, doch sein Frohsinn spielte auf einem anderen Planeten. Das einzig ihnen noch bekannte Stück Erde war eine lange Straße, auf der sie immer weiter durch das Elbsandsteingebirge zogen, ohne zu wissen, wohin sie ihr Weg führen würde.

Die Soldaten nahmen die Route über Bad Schandau, um die letzte passierbare Elbbrücke zu erreichen. Aus Angst vor Beschuss durch tschechische Partisanen warteten sie bis zum Abend, dann überquerten sie die Elbe. Sie marschierten einzeln, zu ihren Füßen ahnten sie dunkel den Strom. Es kam ihnen wie ein Sieg vor, als sie drüben am anderen Ufer angelangt waren. Erst später würden sie einsehen, dass genau das Gegenteil der Fall war und das Missgeschick sie viel zu weit südlich verschlagen hatte. Auf diese Weise gerieten sie in den Mahlstrom der »wilden Vertreibungen«, die alle Deutschen aus dem Sudetenland hetzten.

Fürs Erste aber genügte es ihnen, dass sie den Marsch mit dem Pferdelazarett bis Gut Quiz im Böhmischen überhaupt durchgehalten hatten, um neue Kraft zu schöpfen. Sie hatten gelernt, sich mit dem Minimum einzurichten. Eine Ecke, um das Gepäck abzustellen, einen Strohsack, einen Sitzplatz an einem Esstisch. Mehr brauchten sie nicht, um es »eine kleine Heimat« zu nennen. Eine nichtige Hoffnung, wie sich herausstellte. Sie hatten kaum Zeit, sich einzugewöhnen. Da wurden sie durch eine Warnung wieder aufgestört. Es hieß: »Raus, die Russen kommen.« Sie fragten schon gar nicht mehr, woher, sondern waren in blinder Panik bereit, sofort aufzubrechen.

Weit weg, in einem fernen Ort namens Berlin-Karlshorst, wurde in der Nacht vom 8. auf den 9. Mai die Urkunde für Deutschlands endgültige Kapitulation unterzeichnet. Der

Zweite Weltkrieg war offiziell zu Ende, es wurde Salut geschossen. Am Nachmittag des 8. Mai, exakt um 16 Uhr, verließ ungefähr zweihundert Kilometer südlich eine Kolonne von Wagen den böhmischen Gutshof Quiz. Datum und Uhrzeit entnehme ich den Notizen meines Großvaters. Trotz hellen Sonnenscheins in ihre abgeschabten Pelze gehüllt, kauerten die Urgroßeltern reglos in sich versunken auf der Pritsche eines der Fuhrwerke des Pferdelazaretts, das mit ihnen in dieselbe Richtung davonknarrte, aus der sie vor Kurzem gekommen waren. Wieder hinausgejagt, harrten sie ergeben der Dinge, die da sein würden. Im Bann eines Fluches waren sie dazu verdammt, ruhelos umherzuziehen. Vor wem sie flohen? Sie wussten nicht einmal, ob es wirklich die Russen oder doch die Tschechen waren, die im Anmarsch waren. Noch weniger wussten sie, wohin sie eigentlich gehen sollten. Sie wussten nur, ihnen drohte Entsetzliches. Die Rache der Sieger an der deutschen Zivilbevölkerung im Osten würde furchtbar sein. »Europa«, berichtete damals das *Time Magazine* über die Menschenjagd der folgenden Monate, »war vom schrecklichsten Krieg der Geschichte in den furchtbarsten Frieden übergegangen.«

Man braucht nur die Landkarte des Gebietes zwischen Dresden und Prag zu studieren, um zu begreifen, wie lächerlich kurz die Strecken waren, die ihnen in ihrer Todesangst endlos erschienen. Ich suche die Orte, die heute keiner mehr kennt, weil sie andere Namen tragen. Tschechische oder polnische. An diesem Punkt machten sie Rast, verbrachten vielleicht dort eine Nacht, baten um etwas zu essen, und da war es, wo meine Mutter einen zerzausten Spielzeugteddy im Schützengraben fand. In der allerhöchsten Not, das Gesicht in den Boden gepresst, laut betend, dass der Tieffliegerangriff vorüberginge, umfasste ihre Hand etwas Weiches, Pelziges, fast, als wäre es lebendig. Es war das Zeichen, dass sie über-

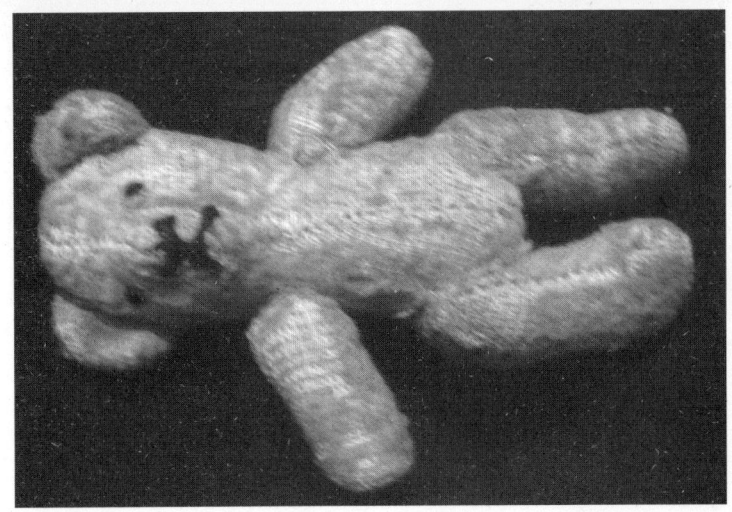

Der gerettete Teddy

leben würde. Sie ließ das Spielzeug nicht mehr los und hütet es noch heute.

Eingekreist von der Roten Armee, die am 9. Mai Prag befreite, ständig bedroht von tschechischen Milizen und polnischen Soldaten, irrten sie rechtlos durch ein Niemandsland. Die alten Grenzen galten nicht mehr, die neuen Demarkationslinien waren zwischen den Alliierten vorerst nur ungefähr abgesprochen. Das Ende war für die Flüchtlinge keine Befreiung, sondern die Auflösung im Nichts. Darüber stand der Maienhimmel in unerbittlichem Blau.

Sie reihten sich ein in die trübsinnige Prozession der vertriebenen Sudetendeutschen. Zusammen mit den besiegten Kavalleriesoldaten wollten sie sich nach Westen durchschlagen. Ihre Beschützer hatten ihre Uniformen vernichtet und sich Zivilkleidung erbettelt. Viele Menschen sind zu Fuß unterwegs, ziehen an Stricken die Koffer hinter sich her. Bald verstreut sich ihr Inhalt auf den Straßen und breitet sich unter den Füßen der Nachfolgenden aus. Der Bodensatz der Verzweiflung.

3

Meine Großeltern hatten einander geschworen, immer zusammenzubleiben. Umso härter traf sie, was einen Tag nach ihrem Aufbruch, also am 9. Mai, geschah. Sie waren so müde, sonst hätten sie bestimmt bemerkt, dass das Unglück sich schon eine Weile angekündigt hatte. Der Wagen, in dem meine Großmutter und Tante Manja Platz gefunden hatte, fuhr voraus, wurde gleichsam abgetrieben. Erst war nur ein Fuhrwerk zwischen ihnen und dem zweiten Wagen, in dem Gisa und Eva, mein Großvater und die Urgroßeltern saßen. Bald waren es aber drei, und dann – wie in einem Albtraum – entfernten sich meine Großmutter und Tante Manja trotz verzweifelten Rufens weiter und weiter, bis sie plötzlich aus dem Gesichtskreis der anderen verschwunden waren. Sie hatten einander verloren. Mein Großvater vermerkt es mit einem doppelten Ausrufungszeichen! Dabei hatten ihre Wagen beinahe wieder einmal die Elbe erreicht, in ihrer Vorstellung die rettende Furt nach Westen. Aber plötzlicher Tieffliegerbeschuss zwingt meinen Großvater umzudrehen. Meine Großmutter und Tante Manja hatten im letzten Augenblick die Brücke passiert, ihr Mann und die Töchter schafften es nicht. Sie weinten, als hätten sie ihr Liebstes für immer verloren. Ohne seine Trudl war mein Großvater ein geschlagener Mann. Er wartet und weiß nicht weiter, schließlich fährt er mit seinem Fuhrwerk schweigend mit Gisa und Eva und den Urgroßeltern ohne Pause die ganze Nacht nach Quiz zurück. Obwohl er sich vor dem alten bösen Drachen, der Gutsbesitzerin Frau Dornaus, fürchtete, war ihr Hof seine einzige Zuflucht.

Das Leben hatte Frau Dornaus hart gemacht. Zusammen mit ihrem Mann und der ältlichen Tochter hatte sie den Hof über den Krieg gebracht. Sie war die unumschränkte Herrscherin über ein Reich, das aus Waldungen, Wiesen, Obstgärten und einer Milchwirtschaft bestand. Für damalige Verhältnisse ein hochmoderner Betrieb mit Melkmaschinen und neuester Gerätschaft. Die Gutsfrau molk Milch und machte Butter, schon vor Morgengrauen kam das Molkereiauto von Pawlowitz durch den Laubwald gefahren, um die Kannen abzuholen. Die Alte war morgens als Erste auf den Beinen, mürrisch zündete sie das Herdfeuer an, als könne sie es nicht erwarten, mit dem Tagwerk zu beginnen. Von früh bis in die Nacht scharrte und schuftete sie in dem Verlangen, sich tief in ihr Land, das man ihr nehmen wollte, einzukrallen und immer mehr Geld und Vorräte anzuhäufen. Wie die böse Hexe im Märchen hatte sie nur noch einen Vorderzahn im Mund und murmelte ihre Befehle, denen die Flüchtlinge ebenso gehorchen mussten wie der Ehemann und die Tochter.

Meine Mutter glaubte, noch nie ein geizigeres Weib erlebt zu haben. Sie ergötzte sich sogar daran, den Habenichtsen, die bei ihr um jedes Stück Brot extra betteln mussten, die Speisekammer voll Geräuchertem und die Keller voll Eingemachtem vorzuführen. Gisa und Eva konnten der Versuchung nicht widerstehen. Während die eine Schmiere stand, klaute die andere Fett. Das Röhrchen, mit dem sie die Beute aus den Steinguttöpfen mit der säuernden Sahne saugten, hatte natürlich mein Großvater gebaut. Danach grausten sie sich noch stundenlang bei der Vorstellung, sie wären erwischt worden. Die Alte hätten ihnen mindestens den Kopf abgerissen. »Mindestens«, sagten sie triumphierend und kniffen sich gegenseitig in die Schenkel. Besonders stolz war die Dornaus auf die hohen Türme mit Aussteuerwäsche, die sie seit ihrer Hochzeit unbenutzt in den Schränken schonte, und ihre Hochzeit war weiß Gott schon ziemlich lange her. Meiner Mutter entging nicht, wie verschlissen die Hemden waren, die sie stattdessen trug.

Keiner durfte in ihre Küche. Nur Gisa wollte das so nicht stehen lassen und hatte die Alte mit ihrem Charme um den Finger gewickelt. Vor ihrer Schwester tat sie sich ziemlich dicke damit, dass sie und nicht Eva für alle kochen durfte. Sie strahlte und heimste bescheiden beim Essen Lob für das kleine Hausmütterchen ein, das von Frau Dornaus in die Raffinessen der böhmischen Küche eingeweiht wurde. Ich selbst habe mir hin und wieder von ihr die Hefeklöße wünschen dürfen, die sie damals an Frau Dornaus' offenem Herd über Dampf zu sieden lernte. Mein Großvater und meine Mutter dagegen verabscheuten die Dornaussche, deren Keller an Vorräten überquoll, und die sich trotzdem jedes Gramm Mehl bezahlen ließ.

Weit abgelegen von den Wirren des tschechischen Befreiungskampfes, waren sie auf einer Insel gestrandet, einer Insel im Böhmischen Wald. Etwas Unwirkliches umgab und schützte sie vor den schlimmsten Gewaltexzessen, die die selbsternannten »Revolutionären Garden« im ehemaligen Protektorat aus Hass unter den Sudetendeutschen anrichteten. Ihnen war Land und reiche Beute versprochen. Natürlich hatte es sich in der Gegend herumgesprochen, dass die Langes und eine wolhyniendeutsche Familie – sie stammten aus einem historischen Gebiet im Nordwesten der Ukraine – mit ihren drei Kindern bei den Dornaus' einquartiert waren. Und so kamen eines Morgens tschechische Milizen mit einem Lastwagen auf den Gutshof gedonnert und ließen die eingeschüchterten Bewohner in einer Reihe antreten. Die Milizen brüllten Kommandos, durchsuchten die Schlafräume und stocherten auf der Suche nach Waffen oder irgendetwas Wertvollem mit ihren Bajonetten in den Strohsäcken herum. Danach zogen sie unverrichteter Dinge wieder ab. Selbst die Dornaus' begriffen, was dieser Auftritt zu bedeuten hatte. Sie mussten bereit sein. Danach begannen sie ihr wichtigstes Hab und Gut im Garten zu vergraben. Sie taten es heimlich, nachts, und sprachen viele dunkle Beschwörungsformeln, damit niemand die Stellen entdeckte, wo ihre Schätze versteckt waren. Schon war ein regelrechtes Kunsthandwerk um das geschickteste Verbergen von Wertsachen entstanden. Doppelte Böden, ausgehöhlte Bücher, leere Särge, falsche Zöpfe, Babywindeln – nicht jeder hatte eine so gute Idee wie meine Großmutter mit ihrem Brot. Meiner Mutter, die zum Kinderhüten ins Dorf Pawlowitz abkommandiert war, führte die verunsicherte Bürgermeisterin sogar vor, wie sie Schmuck und ihr Silber in Geheimfächern vor den Plünderern geheim halten wollte. Das Katz- und Mausspiel gewannen aber meistens die Katzen.

Auf Gut Quiz hatten sie sich daran gewöhnt, jederzeit sprungbereit zu sein. Schneller als Militär auftauchen konnten, fanden die Geräusche, die sie verursachten, ihren Weg durch den Wald. Wenig später tauchten die ersten Russen auf. Die Existenz der beiden jungen Mädchen war ihnen nicht verborgen geblieben, und die Soldateska kam, um ihren Tribut einzufordern. So schnell sie nur vermochten, waren Gisa und Eva in den Garten gelaufen und hatten sich in die großen Büsche gehockt. Sie konnten gerade noch hören, was am Haus vor sich ging. »Gisa und Eva«, hörten sie meinen Großvater quäken, aber mit einer so sonderbaren Stimme, dass sie gleich verstanden, sie dürften auf keinen Fall ihr Versteck verlassen. Hinterher berichtete ihnen mein Großvater, dass die Soldaten ihn gezwungen hatten, nach seinen Töchtern zu rufen – und er gebetet habe, sie würden ihm nicht gehorchen.

Trotz mancherlei Aufregungen – einmal wurde mein Großvater wegen seiner Russischkenntnisse sogar als Spion verhaftet, aber gleich wieder freigelassen – glich ihr Aufenthalt auf Gut Quiz einer verzerrten Karikatur ihrer früheren Aufenthalte in der Sommerfrische. Bloß, dass sie diesmal die Frühsommerpilze wie Rotkappen, Pfifferlinge und Butterpilze nicht zum Vergnügen sammelten, sondern um keinen Hunger zu leiden. Doch ihnen wurde von der Natur reichlich beschert. Eva und Gisa hatten ihre alten Gewohnheiten aus Rogi wieder aufgenommen und trieben sich trotz aller Gefahr stundenlang in den Wäldern herum.

Der Urgroßvater wärmte seinen alten Leib in der Sonne und sprach noch weniger als sonst. Er hatte es aufgegeben, darauf zu hoffen, dass er Lodz noch einmal wiedersehen würde, aber damit aufzuhören, an früher zu denken, konnte er auch nicht. Schon vorigen Spätsommer hatte er die Wintervorbereitung seiner Bienen verpasst und ihre letzte Brut. Er hatte die Bienentraube in den Stöcken nicht kontrolliert und nach dem harten Winter die Völker im Frühjahr nicht durchgesehen. Er hatte die Königinnen nicht geprüft und auch nicht nachgesehen, ob Brut vorhanden war. Diesen Frühling hatte er versäumt, wie die Völker die erste Tracht eintrugen. Den Honig würde ein anderer ernten.

Die Urgroßmutter schlief neben Gisa auf dem Strohsack. Keiner verstand, wie sie es anstellte, aber sie war stets untadelig gekleidet. Zum Schlafen trug sie ein weißes Nachthemd, doch als Gisa dies einmal näher in Augenschein nahm, bemerkte sie, dass es über und über rot gesprenkelt war. Die Flöhe waren über meine Urgroßmutter hergefallen und hatten sie bis aufs Blut zerbissen. Die Not hatte Gisas und Evas Wahrnehmung geschärft. Es tat ihnen weh, zu beobachten, wie sie sich mühte, die Haut ihrer Hände zart zu halten und ständig ein Kügelchen Hirschtalg knetete. Oder wie sie mit ihren Chevraux-Lederschühchen draußen auf dem Hof im schlammigen Erdreich stand und in einer kleinen Schüssel Seifenlauge ihrem Mann die weißen Kragen wusch, auf die er auch jetzt nicht verzichten wollte. Man konnte nicht in die stillen Gesichter der Urgroßeltern schauen, ohne sich zu fragen, warum sie so enden musste. Arm, verlassen, erniedrigt und gedemütigt.

Johannistag war schon vorbei, unmerklich neigte sich die Sonnenbahn dem Winterhalbjahr zu, aber mein Großvater hatte noch immer keine Nachricht von seiner Gattin Trudl. Die Blaubeeren im Wald sind reif und körbeweise geerntet, verschwenderisch schüttet der Sommer immer noch sein Füllhorn voll Johannis- und Himbeeren über sie aus. Die Wolhyniendeutschen legen sie heimlich in Schnaps ein. Sie gaben sich ihren bescheidenen Vergnügungen mit einer Inbrunst hin, die Menschen eigen ist, die jeden Tag heiligen, weil sie nicht wissen, ob der nächste noch Schlimmeres bringt.

4

Der 7. Juli, das Datum entnehme ich wiederum einer Notiz meines Großvaters, brachte den Rauswurf. Die nächste Vertreibung nimmt ihren Lauf. Wie so oft hatten sie in die Stille gelauscht und auf das anschwellende Dröhnen der Militärlaster gewartet, jetzt war es ganz deutlich zu hören. »Vorwärts!« Mit vorgehaltenen Gewehren werden sie von den Milizen zum Mitkommen gezwungen. Nicht ein Stück Brot, nicht eine Konserve rückt die Dornaus aus ihren Vorratskellern für sie heraus. Wieder können sie nur das Allernotwendigste zusammenraffen, und sie können von Glück sagen, dass sie mit dem Lastauto zur Flüchtlingssammelstelle in Böhmisch Leipa, heute Česká Lípa, abtransportiert werden. Auf dem weiten Marktplatz dieses nordböhmischen Städtchens hatten sich im Monat zuvor entsetzliche Szenen abgespielt. Partisanen der »Svoboda Armee« hatten alle deutschen Bewohner vor der Kreuzkirche zusammengetrieben. Unstillbarer Hass entlud sich in einer Orgie schrecklichster Quälereien und Erniedrigungen. Frauen, Alte, Kinder fanden den Tod. Die Übrigen wurden mit nicht viel mehr als mit dem, was sie auf dem Leib trugen, in einem Triumphzug aus Böhmen vertrieben.

Es hatte sich bis nach Quiz herumgesprochen, was vor sechs Wochen geschehen war. Sie zitterten nicht, nein, sie waren starr vor Angst. Nur über dem linken Auge meiner Mutter klopfte eine Ader wie wild. Stundenlang, wie es ihnen schien, ließ man sie in der Sonne warten, in völliger Ungewissheit, was geschehen würde. Die Urgroßeltern kauerten reglos auf einem Bündel Decken. Wie eine Herde Schafe hatten sie sich zusammengeschart, hielten sich eng aneinander und beobachteten jede Bewegung ihrer Bewacher. Aus Langweile, so kommt es ihnen vor, schlendern die Milizionäre umher und suchen sich potenzielle Opfer aus. Sie richten das Bajonett auf sie und drohen mit Schlägen oder Schlimmerem. Alles, was die eingeschüchterten Menschen an Wertvollem noch besitzen, müssen sie hergeben. Dann sind die Langes an der Reihe. Während der Soldat sein Gewehr anlegt, fasste er sie mit der kühlen Grausamkeit des Siegers ins Auge, der die panischen Reaktionen seiner Opfer interessiert mustert, ehe er sie ausraubt und plündert. Meine Mutter nimmt ihren Peiniger mit einer solchen Überschärfe wahr, dass sich jede

Pore, jede Linie in seinem jungen Gesicht in ihr Gedächtnis einbrannte. Wann immer diese Episode später wieder in ihr auftauchte, ergab sich das Bild ihrer tiefsten Erniedrigung. Sie musste dem Milizionär ohne jede Gegenwehr ihr letztes Geld, die Geburtstagsdose, die blecherne Taschenuhr des Urgroßvaters und den heiß geliebten Pelikanfüller überlassen. Die Schreibgeräte zieht er ihr ungeachtet ihrer Bitten und Tränen aus der Tasche. Immer neue armselige Gestalten werden herangetrieben, dann setzt sich unter Peitschenhieben endlich ihr Elendszug Richtung Deutschland in Bewegung. Sie müssen durch ein Spalier von Milizionären gehen und ihr Gepäck vorweisen, aber man hatte ihnen ja schon längst alles genommen.

Sie glaubten, dass dies das Ende sei, trotzdem schleppten sie sich vorwärts, aufrechtgehalten von dem Einzigen, was ihnen noch geblieben war: die Hoffnung, den Grenzübergang zu erreichen. Mit der menschlichen Hoffnung hat es eine sonderbare Bewandtnis. Ob wir nun hoffen, Millionen zu verdienen oder dass man uns eine Stunde Aufschub gewährt, die Hoffnung selbst ist immer gleich groß.

Meine Mutter trug eine schwere Plaidrolle über den Schultern, den Rücken krumm unter dem Gewicht. Als hinge etwas davon ab, war sie dennoch ängstlich um einen aufrechten Gang bemüht, zu dem man sie immer ermahnt hatte. Ein Stück können die Urgroßeltern noch auf einem Karren mitfahren, ungefähr bis nach Dittersbach. Mein Großvater und seine Töchter gehen zu Fuß. Das heutige Jetřichovice erreichen sie nach einem Gewaltmarsch. Die folgende Nacht verbringen sie mit vielen Leidensgefährten im Freien. Danach lassen sie sich mehr oder weniger mechanisch vom Strom der Menschen mitreißen, der sich in die alte Böhmerstraße nordwärts ergießt. Sie war früher der Weg, den die fahrenden Handwerker Richtung Sachsen einschlugen. Von Dittersbach durch Laubwälder stetig aufwärts steigend, vorbei am Marienfelsen, der Wilhelminenwand, dem Rudolfstein, dem Forsthaus Balzhütte, dann durch Wälder dem sich allmählich zum Rabenstein absenkenden Steig folgend. Schließlich bis hinab ins obere Kirnitzschtal, wo bei den noch rauchenden Ruinen der zerstörten Kirnitzschschänke eine Brücke über den Fluss führte. Ungefähr 15, 5 Kilometer – oder rund 22 500 Schritte. Jeder einzelne musste von den Urgroßeltern mühsam zurückgelegt werden. Gisa führte meine Urgroßmutter, Eva musste meinen Urgroßvater stützen, er konnte kaum noch die Füße heben. Mit der linken Hand umklammerte er ihren Arm wie ein Schraubstock, während er sich mit der anderen schwer auf seinen Stecken stützte. So ging es vorwärts, langsam, ganz langsam, Trippelschrittchen für Trippelschrittchen. Ängstlich beobachtet von meinem Großvater und seinen Töchtern, die sich jeden Moment davor fürchteten, dass die hinfälligen Greise zusammenbrechen würden. Aber jedes Mal, wenn sie stockten und man schon meinte, jetzt ginge es einfach nicht mehr, mühten sie sich weiter, gehorsam ein Bein vor das andere setzend. Und keiner wusste, was schlimmer anzusehen war, die Qualen ihrer körperlichen Erschöpfung oder die Demut, mit der sie sich anstrengten, niemandem zur Last zu fallen.

Irgendwo hatten sie einen halb verrotteten Kinderwagen aus dem Graben gezogen, der ihnen das Vorwärtskommen ein wenig erleichterte. Mein Großvater lud einen Teil ihrer Koffer und Bündel auf ihn, fuhr ein Stück und lud die Sachen ab, fuhr zurück, lud den Rest auf und karrte ihn zu den anderen Sachen, lud wieder nur die Hälfte auf, schob den Karren vorwärts und so fort. Währenddessen konnten sich meine Urgroßeltern ein wenig ausruhen. In einem Leinensack hatten sie noch etwas trockenes Brot, das sie mit dem Wasser der

Kirnitzsch (Křinice) aufweichten, um es überhaupt kauen zu können. Sie hatten großen Durst, es kümmerte sie nicht, ob das Flusswasser sauber war.

Das »schöne, aber hungrige Kirnitzschtal« hat mein Großvater in seinen Aufzeichnungen die wildromantische Landschaft genannt, durch sie sich schleppten. Aber wenn man einen bildhaften Vergleich suchen würde für ihre Leidensfahrt, dann glich sie am meisten der Reise in Dantes *Göttlicher Komödie* zum Berg des Purgatoriums. Das gute Wetter, die malerischen Felsen, der munter rauschende Bach – all das summierte sich zu der surrealistischen Kulisse für ein Drama, das sich in diesem entfernten Winkel Böhmens abseits der Weltgeschichte ereignete.

Nach unendlichen Leiden erreichten die entkräfteten Menschen den unbedeutenden Grenzfluss und glaubten sich schon gerettet. Als ob die Naturschönheit sie überwältigte, verließen sie hier aber ihre letzten Kräfte, und viele kamen vor Angst und Erschöpfung zu Tode. Alte und Kinder traf es besonders. Gleichsam Schwemmgut des Flüchtlingsstromes, lagen ihre Körper in grotesken Verrenkungen am Rande des Uferwegs. Noch furchtbarer war der Anblick der Männer, die aus Verzweiflung über ihr Schicksal Massenselbstmord begangen hatten. Sie hingen zu Dutzenden in den Bäumen. In dem verspäteten Versuch, seine Kinder doch noch irgendwie zu beschützen, wollte mein Großvater seine Töchter vor diesen Bildern bewahren. Rief ihnen zu, in welche Richtung sie schauen sollten: »Links, rechts, nach unten.« Brav folgten die Mädchen seinen Anweisungen. Ihr Weg durch das Tal war ein Albtraum in undeutlichen Sequenzen.

Nach der dritten Nacht unter freiem Himmel wollte der Urgroßvater am Morgen nicht mehr aufstehen. Undeutlich murmelte er, sie sollten ihn einfach liegen und sterben lassen, sein krankes Bein mache nicht mehr mit. Sie konnten nicht zusammenbleiben, obwohl es ihnen das Herz zerriss. Gisa harrte tapfer bei den Urgroßeltern aus, Eva, die Ältere, sollte sich zusammen mit meinem Großvater die letzten zwanzig Kilometer nach Ehrenberg durchschlagen, um, wie sie hofften, Hilfe bei dem Bauern Hentzschel zu holen. Ein anderer Ausweg fiel ihnen nicht ein. Mehrmals blickten sie sich noch besorgt nach den dreien um, die sie auf einer großen Wiese zurückließen, bis sie ihre Gesichter im Gewimmel von erschöpften Menschen nicht mehr unterscheiden konnten.

Über Sebnitz gelangten sie nach langer Irrfahrt zurück nach Ehrenberg, an den Ort in Sachsen, von dem aus sie im Frühjahr geflüchtet waren. Hier erreichte sie auch endlich die erste Nachricht von meiner Großmutter aus Erfurt. Sie hatte an jede ihr bekannte Adresse geschrieben, um ihre Familie wiederzufinden. Aber es hätte auch ganz anders ausgehen können. Oft dauerte es Jahre, bis es dem Roten Kreuz über die Suchlisten gelang, Familien wieder zusammenzuführen.

Zwölf Millionen Vertriebene waren im Sommer 1945 auf den Straßen Deutschlands unterwegs. Dazu kamen die ersten Kriegsheimkehrer, die befreiten Häftlinge aus den Konzentrationslagern, die Heerscharen von entlassenen Zwangsarbeitern, elternlose Kinder und Jugendliche, auseinandergerissene Familien, Kriminelle und Wahnsinnige. Besonders auf den Bahnhöfen herrschten unhaltbare Zustände durch die zu Tausenden im Freien kampierenden Obdachlosen. Arno Schmidt, selbst Flüchtling aus Schlesien, hat in seinem Roman, der wie der sich bald einbürgernde Euphemismus für Vertriebene *Die Umsiedler* hieß, ziemlich drastisch die hygienischen Umstände beschrieben. Sie waren furchtbar, so viel sei versichert – über den Rest hülle ich den Mantel des Schweigens.

Ein Generalplan zur Verteilung der in der Sowjetischen Besatzungszone anbrandenden Menschenmassen sah vor, dass die aus den Gebieten östlich der Oder-Neiße-Linie stammenden Menschen bis nach Thüringen gelenkt werden sollten. Auf diese Weise war meine Großmutter zusammen mit Tante Manja nach Erfurt geraten, bei sich hatte sie noch immer das mittlerweile steinharte Brot mit seinem wertvollen Inhalt. Ein buntes Völkchen von Lodzern, die regen Umgang miteinander pflegten, hatte sich dort zusammengetan. Eisenbrauns, Kluckows, Oberländers und wie die feinen Familien alle hießen, die sich nun nicht mehr über Geldanlagen, sondern über Schwarzmarktpreise und Flüchtlingshilfen austauschten. Für meine gesellige Großmutter waren diese Bekanntschaften der triftigste Grund, um in Erfurt zu bleiben.

5

Zuerst reiste Gisa zu ihr. Nachdem sie die Urgroßeltern in einer kleinen Wohnung in Ehrenberg untergebracht hatten, folgten meine Mutter und mein Großvater nach. Aber Eva hatte sich verändert. Sie verspürte eine unerklärliche Entfremdung gegenüber meiner Großmutter, die nicht miterlebt hatte, was sie hatten durchmachen müssen, und schon bald sehnte sie sich nach den Urgroßeltern. Wieder zur Schule zu gehen, kam für sie nach allem, was passiert war, in diesem Moment noch nicht infrage. Sie wollte lieber bei Hentzschels auf dem Bauernhof in Ehrenberg bleiben und Kühe hüten. Hatte sie Durst, melkte sie sich etwas Milch in ein Emailletöpfchen, das sie immer bei sich trug. Am liebsten saß sie allein am Wegesrand, wedelte ab und zu mit einem Stecken und sang, über sich selbst zu Tränen gerührt, lauthals romantische Kunstlieder und Balladen: »Es war ein König in Thule...« Sie fühlte sich wie die Gänseliesel, die auf ihren Prinzen wartet. Ihre neue beste Freundin war die gleichaltrige Bauerntochter Renl, drall und lieb wie aus dem Lesebuch. Ohne Gisas Konkurrenz und zusammen mit Renl traute meine Mutter sich sogar zu, in die Tanzstunde zu gehen. Ein Andrang herrschte in dem großen Saal der Dorfkneipe, die meisten hatten das Gefühl, sie hätten viel versäumt, und genossen es, unter der spärlichen Dekoration die Augen zu schließen und eng aneinandergeschmiegt zu schwofen. Wurde es spät, knipste der Wirt die elektrische Funzel aus und ließ zu den Grammophonklängen von: »Guter Mond, du gehst so stille« ein Kürbisgesicht aufleuchten. Man muss es gesehen haben, um es zu glauben, aber sie waren für jedes Vergnügen dankbar. Das Kleid für den Abschlussball musste sich meine Mutter ausleihen. »Ein scheußliches, beigefarbenes Teil«, meint sie heute dazu, damals kam sie sich damit und mit der einreihigen Perlenkette ihrer Mutter um den Hals, »die, ich weiß nicht wie, die Flucht überstanden hat«, wunderschön vor.

Jeden Tag ging meine Mutter zu den Urgroßeltern und brachte ihnen etwas zu essen. Der Urgroßvater lag jetzt meistens im Bett, aber so gebrechlich er auch war, er war immer noch findig. Um nicht jedes Mal aufstehen zu müssen, wenn er den Lichtschalter betätigen wollte, hatte er sich mithilfe einer Schnur einen Zug konstruiert, mit dem er ganz bequem vom Bett aus das Licht löschen konnte.

Im November ging dann aber plötzlich alles ganz schnell. Schon länger benutzte er einen Katheter, nachlässig oder fahrig geworden, verletzte er sich dabei. Die Folge war erst Harnverhaltung, anschließend eine akute Urämie, schließlich fiel er ins Koma. Der Urgroßmutter blieb kaum Zeit, sich noch zu verabschieden, schon brachte ihn ein Krankenauto fort nach Neustadt ins Hospital. Er starb einsam, ohne dass er das Be wusstsein wiedererlangt hätte. Als meine Mutter am nächsten Tag zu Fuß die zehn, zwölf Kilometer von Ehrenberg nach Neustadt gelaufen kam, war er schon tot. Streng und abweisend lag er da, nach langer Flucht gestorben in einem anderen Land.

Die gleiche Strecke musste sie am nächsten Tag noch einmal hin- und wieder zurückmarschieren, um erst den Totenschein und danach einen Sarg zu besorgen. Sie war siebzehn und ganz allein. Aus Geldmangel wählte sie das einfachste Modell, eine Kiste aus Fichtenholz. Bei der Beerdigung im pflaumenblauen Novemberlicht standen sie zu fünft an seinem Grab auf dem Neustädter Friedhof: seine Ehefrau (meine Urgroßmutter), sein ältester Sohn (mein Großvater), meine zukünftige Mutter (seine Enkelin Eva) sowie die beiden alten Hentzschels. Die frühe Dämmerung schien aus der Grube zu kommen, das war das Ende des Webstuhlfabrikanten Wilhelm Lange, geboren 1856 in Warschau, gestorben 1945, wenige Tage bevor er mit seiner Emilie hätte Diamantene Hochzeit feiern können.

Auf dem evangelischen Friedhof in Lodz hatten die Langes ja jenes kleine Mausoleum besessen, aber nur ihre Jüngste, das Lenchen, war dort vor vielen Jahren zur Ruhe gebettet worden. Es war das Schicksal dieser getriebenen Familie, dass nun jedes ihrer Kinder an einem anderen Ort begraben liegt. Georg im Kaukasus, Hedwig in Helsinki, Manja wird in Adelaide in Australien beerdigt werden, und als Letzter Karl, mein Großvater, in Freiburg.

Alleine konnte man die alte Dame, meine Urgroßmutter, nicht in ihrer Wohnung lassen. Wieder halfen Hentzschels, und schließlich fanden sie nach einigem Suchen südlich von Pirna für »Milchen« einen privaten Stift in Zwiesel.

Weihnachten 1945 feiert meine Mutter bei Hentzschels. Den

Erwachsenen gegenüber begriff sie sich nicht in Feindschaft, aber sie hatte auch keine Hoffnung, Hilfe von ihnen zu bekommen. Sie hatte mehr Angst als Mut, aber wenn sie irgendwann einmal ein eigenes Leben führen wollte, musste sie sich wohl oder übel anpassen. Ihren Weg hinaus sah sie über die Schule – und meldete sich im Januar 1946 für die zehnte Klasse des Goethe-Gymnasiums in Erfurt an. Ihre alten Zeugnisse musste sie nicht vorlegen, 1946 stellte man in der Zone noch keine Fragen nach der Herkunft des Vaters. Ihre bürgerlichen Eltern spielen erst wieder eine Rolle, als sie sich um einen Studienplatz bewirbt.

6

Auf der Flucht hatte mein Großvater die Welt für sich neu vermessen. Seither folgte er einer anderen Geographie. Man braucht sie auf keiner Karte zu suchen. Es ist eine Geographie des Herzens, in seinem Adressbuch hielt er ihre Gebiete fest. Sie heißen: »Berlin«, »München«, »Erfurt«, »Lager«, »Ausland«, »Zone« und »übriges Deutschland«. Überall dorthin waren seine Freunde und Verwandten verstreut. Da es ihm an einem Adressbuch mit einem alphabetischen Register fehlte, verwendete er stattdessen einen abgegriffenen Schnellhefter, den er an den Kanten mit Packband verstärkte. Es war eigentlich ein Kassenbuch der Ciba und stammte aus den Beständen seines Schwiegervaters, der dem Schweizer Pharmakonzern eng verbunden war.

Die bräunlichen Seiten mit ihren feinen Linien und altmodischen Spaltenüberschriften wie »Datum«, »Gewicht« oder »Preis« verstärken beim Blättern den Eindruck, mein Großvater habe sich eigentlich eines geheimen Codes bedient, den es zu entziffern gilt. Das Papier ist übersät mit ausgestrichenen und übermalten Zeichen schemenhafter Leben in vergessenen Wohnungen, Häusern, Straßen. Telefonnummern ohne Anschluss. Sein Kampf um ein menschenwürdiges Dasein nach der Flucht währte über dreißig Jahre. Und weil er im Leben nichts ohne ironischen Kommentar stehen lassen konnte, versah er auch sein eigenes Buch mit einem Motto aus Wilhelm Buschs berühmter Gedichtsammlung *Kritik des Herzens*: »Die Selbstkritik hat viel für sich. / Gesetzt den Fall, ich tadle mich: / So hab ich erstens den Gewinn, / Dass ich so hübsch bescheiden bin; / Zum zweiten denken sich die Leut, / Der Mann ist lauter Redlichkeit; / Auch schnapp ich drittens diesen Bissen / Vorweg den andern Kritiküssen; / Und viertens hoff ich außerdem / Auf Widerspruch, der mir genehm. / So kommt es denn zuletzt heraus, / Dass ich ein ganz famoses Haus.«

Was sagen wohl diese Reime über den Besitzer des Adressbuches? Humor ist eine ernste Sache für den, der ihn hat. Ja, mein Großvater hielt nicht allzu viel von sich und seiner sittlichen Stärke. Aber um jeder Kritik an seiner Schwäche zuvorzukommen, verschanzte er sich gern hinter Wilhelm Busch, der das genauso sah wie mein Großvater.

In seinen Atlas der Heimatlosigkeit zeichnete er auf einer Extraseite auch die Route der Flucht ein. Dabei genügten ihm Stichworte, besonders beim Schreiben pflegte er stets eine Ökonomie der Sparsamkeit. Ich war überglücklich, als ich seine Notizen entdeckte. Mit ihrer Hilfe ließ sich die Flucht in allen Einzelheiten rekonstruieren. Ebenso präzise verfolgte er die Wege seiner vertriebenen Lodzer Freunde über alle Kontinente. Es verschlug sie nach Argentinien, Brasilien, in die USA. Seine Schwester, die Tante Manja, wäre niemals freiwillig in Deutschland geblieben. Noch 1945 ließ sie sich in Lodz zur Polin erklären und emigrierte zusammen mit ihrem Sohn, Onkel Tomek, nach Australien. Um sich die Aufenthaltsgenehmigung zu verdienen, verdingte sie sich in Adelaide als Arbeiterin in einer Fabrik. Tante Manja konnte zupacken, wenn es darauf ankam. Wahrscheinlich hat mein Großvater ebenfalls eine Weile mit dem Gedanken gespielt, auszuwandern, und zwar in die USA, denn er notierte sich die Adresse des »United Service for New Americans« in New York. Andere ließen sich in der Schweiz, in Frankreich oder in Belgien nieder. Mein Großvater hat dokumentiert, wo mein Vater arbeitete und wohin wir in die Ferien fuhren, sogar die Adressen meiner Schullandheime hat er sich notiert, samt den Namen meiner Freunde. Die *roadmap* eines Verlorenen, der jeden Ortswechsel seiner Lieben akribisch festhielt. Sein Adressbuch erzählt wahrscheinlich mehr über uns und was wir damals taten, als es eine ausführliche Geschichte jemals könnte.

Vielleicht war es seine Bestimmung, für immer unterwegs zu sein. Für den eigenen Bedarf stellte er eine Packliste mit folgenden Notwendigkeiten auf: »Rasierzeug / Hornlöffel / Adressheft / Luftpostpapier / Katapultensack / Stöcke / Medikamente / Bohrmaschine«. Allein diese Zusammenstellung entwickelt schon eine ganz eigene Zauberkraft. Uns mag es recht absonderlich erscheinen, auf Reisen Katapulte oder eine Bohrmaschine mitzunehmen, aber in seiner Vorstellungswelt gehörte diese Ausrüstung dazu, um einen gelungenen Aufenthalt zu garantieren.

Anfangs war seine persönliche Buchführung ganz offensichtlich von der Hoffnung getragen, sich neu zu orientieren. Immer zu Streichen aufgelegt, nahm er für »Berlin« die Adresse eines Geschäfts für Scherzartikel in sein Register auf, »Zauberkönig« am U-Bahnhof Leinestraße. Zunehmend aber wird das Heft ein Zeugnis für die Verwirrung, die später das Leben meiner Großeltern zersetzte.

Gegen Ende schleichen sich rätselhafte Notizen unter die Adressen, für deren Einträge er schon längst mehr als eine Zeile benötigte, als fehle ihm der Glaube, dass sie mehr waren als ein flüchtiger Aufenthaltsort der unsteten Menschen. Lieber als an sie, dachte er jetzt an Gesteinsarten wie Glimmer, wollte sich an ungewöhnliche Obstsorten erinnern. Hielt die Namen fest von diversen Medikamenten. Und auch seine gestochene Handschrift verwischt sich und zittert die Buchstaben auf das Papier. Sein letzter Eintrag: »*Hortensia Grandiflora*«.

Zehntes Kapitel

Heimkehr

1

Sie lebten jetzt schon viele Monate in Erfurt, fern von ihrem Land, ihrer Stadt, ihrem Haus, das in ihren Erinnerungen bereits zu verblassen begann wie ein schöner Traum, der am Morgen schnell verdrängt wird von den Erfordernissen des Tages. Umso unwahrscheinlicher erschienen ihnen in der Rückschau die Flucht und die Tatsache, dass sie überlebt hatten.

Zuerst waren sie dankbar gewesen für die eineinhalb Zimmer in ihrer Notunterkunft. Eva und Gisa hatten sich daran gewöhnt, dass sie zusammen in einem Bett unter einem roten Inlett ohne Bezug schliefen. Die Zudecke war morgens vor Kälte steif gefroren und von ihrer feuchten Atemluft mit einer Schicht weißer Schneekristalle überzogen. Meine Großmutter weckte ihre Kinder, indem sie ihnen aus einem Blechtöpfchen warmen Kleiebrei in den Mund träufelte, wie ein spätes Säugen ihrer halberwachsenen Fohlen. Mein Großvater war im milchigen Licht der Nacht als Erster aufgestanden und hantierte in der Küche. Mit dem Feuerhaken stocherte er im Ofen, ob er der weißen Asche noch einen Funken entlocken könnte. Ein sanfter Prometheus in langer Unterhose und Nachthemd, darüber trug er seinen einzigen Pullover. Mit klammen Fingern schärfte er das Messer, um Holzspäne zum Anfeuern damit zu schneiden. In ihre feine Qualität legte er seinen ganzen Ehrgeiz. Die Kohlen brannten schlecht und waren Mangelware im ersten Hungerwinter 1945/1946. Häufig wurde aus Energiemangel der Strom für Stunden gesperrt.

Wie meistens fühlte sich meine Mutter am meisten verantwortlich, also ging sie zum Kohleklauen. Obwohl es behördlicherseits nur sporadisch geahndet wurde, waren es dennoch hochgefährliche Ausflüge in die klirrenden Winternächte. Es hatte sich wie ein Lauffeuer herumgesprochen, dass eine Ladung Fettkohlen auf dem Bahnhof eingetroffen war. Kinder und Jugendliche strömten von allen Seiten herbei. Zuerst suchten sie nach herabgefallenen Briketts im Schnee. Weil die Ausbeute zu mager war, mussten sie doch hinüber zum Güterzug. Dunkel hob er sich gegen den Sternenhimmel ab. Die russische Wache tat so, als sähe sie nichts. Wie Tiere huschten sie über die verschneiten Gleise. Schmal wie Eva war, konnte sie mit Leichtigkeit unter den anderen stehenden Zügen durchklettern. Meine Mutter übertrieb es mal wieder: Als eine der Ersten war sie oben auf den Waggons des Güterzugs und füllte bereits ihre Taschen. Manchmal ruckten die Lokomotiven plötzlich an, einem Jungen wurden dabei die Beine abgefahren. Aber das Entsetzen über den Unfall hielt nicht lange vor, bald trieb sie die Kälte wieder hinaus zum Klauen.

Der Rucksack ist so schwer, dass sie fürchtet, ihr müsse das Kreuz brechen. Als sie nach kilometerlangem Marsch endlich die Blumentalstraße hochkeucht, sieht sie schon von Weitem ihre Eltern die Köpfe aus dem Fenster stecken. Besorgt haben sie nach ihrer Eva Ausschau gehalten, aber mit einer gewissen Bitterkeit registriert meine Mutter, dass trotzdem niemand sie begleitet hatte. Jetzt allerdings kommen sie ihr die Treppe entgegengestürzt, überschlagen sich darin, ihr den Rucksack abzunehmen, und klagen im Chor, wie sehr sich ihr armes Kind habe abarbeiten müssen. Vom Tragen hatte meine Mutter schwarze und blaue Flecken auf dem Rücken. Fünfzehn Zentner schleppte sie im Laufe der Zeit herbei, das Gewicht wurde von meinem Großvater stolz verbucht. Sie selbst brachte dagegen gerade zweiundvierzig Kilo auf die Waage.

Ohne meine patente Großmutter hätten sie diesen ersten Winter trotzdem nicht geschafft. Dank ihren Zehnfingerfertigkeiten an der Schreibmaschine und ihren vierhundert Silben Steno pro Minute war sie bei Ziegler, eine der größten Sämereien der Gartenstadt Erfurt, in der Registratur dienstverpflichtet worden. Was einem Sechser im Lotto glich. Ein Teil des Arbeitslohns wurde vertragsgemäß in Naturalien ausgezahlt. Jeden Mittag erhielt sie einen großen Schlag Erbsen- oder Linsensuppe. Eine Arbeitskollegin war eine »Russenbraut« und hatte es nicht nötig, sich mit Hülsenfrüchten den Magen zu beschweren. Gesegnetes Fräulein K., ihr Liebster versorgte sie so gut mit Essen, dass sie sich bei meiner Großmutter beklagte, ihr kneife schon der Rockbund – und ihre Portionen abtrat.

Jeden Mittag eilte also Gertrud Lange nach Hause, um ihre Töchter und eine ewig hungrige Schulkameradin aus dem Henkelmann zu versorgen. Bei der Dampfkost blieben Arme und Beine zaundürr, nur der Bauch in der Mitte war ein wenig aufgetrieben. Sie schlangen es gierig herunter, es war oft das Einzige, was sie am Tag bekamen. Aus Unkenntnis oder Unachtsamkeit waren ihnen die eingekellerten Kartoffeln erfroren und wegen ihres süßlich fauligen Geschmacks praktisch ungenießbar. Hielten Gisa und Eva es gar nicht mehr aus, machten sie sich aus Stärke und Saccharin einen Brei, mit dem sie sich den Magen zukleisterten. Das erklärt den einzigen Wunsch meiner Mutter zum achtzehnten Geburtstag: ein Dreipfundbrot ganz für sich alleine. Er wurde ihr erfüllt.

Der ewige Hunger führte ganz entschieden zu einer Verrohung der Sitten auch innerhalb der Familie. Wahrscheinlich hatte Eva ja recht, zornig zu sein, aber sie hätte es nicht so deutlich zeigen sollen. Es hatte nämlich Zuteilung von Marmelade gegeben, und sie, sparsam und umsichtig, hatte sich ihren Teil für einen besonderen Moment aufgespart. Allerdings nur, um nach Tagen mit einem Wutschrei festzustellen, dass das Glas inzwischen leer gegessen war. Als sie sich darüber beschwerte, hatte sie außer dem Schaden auch noch den Spott zu ertragen, wie kleinlich sie doch sei. Sie hat nie ganz genau herausgefunden, wer die Übeltäter waren. Aber bestimmt war es Gisa im Bund mit meinem unnützen Großvater, der das Wegnaschen der Marmelade einen wirklich herrlichen Streich fand. Meine Mutter kultivierte einen Habitus von Askese und redete sich ein, mit leerem Magen sei sie geistig besonders rege. Damals war sie Mitglied in einem Madrigalchor. Beim Singen hatte sie manchmal das Gefühl wegzufliegen.

Man merkte meiner Großmutter an, dass sie eine Frau aus besten Verhältnissen war, obwohl sie einen Mantel trug, an dem der Pelzkragen fehlte. Außer fließend Polnisch sprach sie auch ganz passabel Russisch. Dass sie sogar Musik in Leipzig studiert hatte, sprach sich unter den Ehefrauen der russischen Offiziere bald herum. Die saßen in den besten Wohnungen herum und langweilten sich furchtbar in der Kleinstadt Erfurt, in der es für sie nichts zu tun gab außer essen und tratschen. Irgendwie war es eine Zeit lang Mode, meine Großmutter als Gesellschafterin nachzufragen. Gegen Zigaretten und Schokolade übte sie Klavieretüden mit den russischen Damen und sang ihnen wie früher ihren Töchtern Schlager vor, zu denen sie sich selbst am Flügel begleitete. Ich weiß nicht, warum dieses schöne Intermezzo immer unterschlagen wird. Vielleicht deshalb, weil ihre Talente trotz allem an die Sprachbegabung meines Großvaters nicht heranreichten.

2

Karl Lange verließ jeden Morgen zur gleichen Uhrzeit das Haus. Er trug einen breitrandigen Hut, der schwere Mantel verdeckte den fadenscheinigen Anzug. Scheinbar ein gut situierter Angestellter auf dem Weg zu seiner Arbeitsstelle bei der Hauptverwaltung der thüringischen Eisenbahn gegenüber dem Hauptbahnhof. Tatsächlich ging er dort seiner Tätigkeit als Russischdolmetscher aber nicht freiwillig nach, sondern war von der sowjetischen Kommandantur angefordert worden. Aus dieser Zwangssituation ergab sich, dass mein Großvater, ich habe es eingangs schon erwähnt, im Alter von fast sechzig Jahren notgedrungen das erste Mal eigenes Geld verdiente. Ich nehme an, dass es nicht wenig war, denn die Sowjets brauchten Leute wie ihn, um die Gesetze und Direktiven des Alliierten Kontrollrats zur Entnazifizierung durchzusetzen. Ziel war das Auffinden und Bestrafen von Kriegsverbrechern sowie die Säuberung der Gesellschaft von nationalsozialistischen Funktionsträgern. Was meinem Großvater anfangs wie eine sinnvolle Aufgabe erschien, erwies sich jedoch schnell als ein fast unlösbares Dilemma für Menschen mit einem Gewissen. Er sah die Angst in den Augen der Lokführer, der Weichensteller, der Gleisarbeiter, der Schaffner, die seinen Blick suchten, wenn er die Antworten, die sie im Verhör gaben, in eine ihnen unbekannte Sprache übertrug. Und es gefiel ihm nicht, als jemand zu gelten, der zu den Sowjets hielt. Es ging um die Existenz dieser Eisenbahner. Von seiner Übersetzung konnte abhängen, ob das Frage- und Antwortspiel für sie mit dem Verlust ihres Arbeitsplatzes oder – schlimmer – mit Arbeitslager und der Verschleppung nach Sibirien endete: »Was haben Sie von den Judentransporten gewusst? Waren Sie Mitglied der Nationalsozialistischen Deutschen Arbeiterpartei oder einer ihr angegliederten Organisation? Haben Sie am Endkampf teilgenommen?« Noch wusste man nichts von der Rolle, die die Reichsbahn bei der Vernichtung der europäischen Juden gespielt hatte. Mit fortschreitender Zeit dienten die Verhöre mehr und mehr einem ideologischen Zweck, nämlich die Personen nach ihrer Haltung zum Kommunismus allgemein und der *Sozialistischen Einheitspartei* SED im Besonderen auszuforschen. Inzwischen hasste er die Position, in die das Schicksal ihn gestellt hatte. Er musste erleben, wie Kollegen ihre Haut durch falsche Anschuldigungen und Denunziation zu retten versuchten und Unschuldige in das Räderwerk der Sowjetischen Militäradministration in Deutschland (SMAD) gerieten.

Nichts und niemand, so lernte er, konnte man noch trauen. Ausgerechnet mein Großvater, das »Friedchen«, der immer Angst gehabt hatte, sich einzumischen, sah sich nun herausgefordert, für die Arbeiter Partei zu ergreifen. Aus Scham und Sorge konnte er nicht mehr essen, er konnte nicht mehr schlafen. Unmerklich erst, dann aber immer kühner, begann er die Aussagen der Deutschen zu ihren Gunsten zu verbessern. Schließlich wusste er ja inzwischen, worauf es ankam. »Ich habe nicht ›gedolt‹, erklärte er in einem Wortspiel seinen Töchtern, was für ihn »dol-metschen« bedeutete, »sondern »gematched« (von engl. *to match*, sportlich kämpfen). Schließlich aber flog die Sache auf. Eines Tages wurde mein Großvater auf die Kommandantur bestellt und nun selbst verhört. Er hatte sich bereits damit abgefunden, in den Gulag verschleppt zu werden. Fieberhaft überlegte er, was nun aus Trudl und den Kindern werden würde und wie er sie rechtzeitig benachrichtigen könnte. Ob er sie wohl noch einmal wiedersehen würde? Es mag viele Gründe gegeben haben, warum die Sache einigermaßen glimpflich für ihn ablief. Der wichtigste war wohl, dass die Russen ihn irgendwie als ihren Bruder sahen. Besonders sein Chef von der provisorischen Reichsbahnverwaltung mochte ihn und hatte nicht vergessen, dass er meinen Großvater mit »Herrn Professor« ansprach. In seinen Augen war er so gebildet, dass er auf alles eine Antwort wusste. Eine Strafverfolgung wurde deswegen niedergeschlagen, aber mein Großvater wurde zum Nachtwächter der Eisenbahndirektion degradiert. Tagsüber lag er in der ungeheizten Wohnung im Bett und wollte nicht mehr aufstehen. Ein wenig Trost gab ihm nur die vertraute Wärme seines Wollpullovers mit V-Ausschnitt. Es fiel ihm schwer, überhaupt zu essen oder sich zu waschen. Er, der Herr Lange, der sich sogar auf der Flucht regelmäßig rasiert hatte, ließ sich einen grauen Stoppelbart stehen. Er war so abgemagert, dass ihm die Kinder auf der Straße »Gandhi! Gandhi!« nachriefen. Das machte ihm nichts aus, mit dem Inder und seiner Idee vom gewaltlosen Widerstand konnte er sich gut identifizieren. Um die Rufer zu erschrecken, nahm er seine falschen Zähne aus dem Mund, wodurch seine Wangen noch mehr einfielen. Das Spiel mit seinem Gebiss hat er später auch mit mir versucht. Ich erschreckte mich aber überhaupt nicht, als Kind interessierte ich mich sogar brennend für die abrupte Veränderung in seiner Physiognomie.

Meine Mutter glaubt jedoch, dass seine Melancholie noch einen tieferen Grund hatte. Im Uranbergwerk Aue wurden damals händeringend Ingenieure gesucht. Das hatte mein Großvater von Helmut G., dem ersten Freund meiner Mutter, erfahren. Mein Großvater hatte immer die Tatsache herausgestrichen, dass er ein Fachmann sei, weil er ja sein Maschinenbaudiplom in Berlin erworben habe. Das weckte große Erwartungen, und die Familie drängte, er solle sich unbedingt für eine Stelle im Tagebau bewerben. Dabei hatte er seine Profession noch nie woanders ausgeübt als in der väterlichen Fabrik und fühlte sich solchen Anforderungen überhaupt nicht gewachsen. Ohne dass er es jemals direkt eingestand, wusste er mit absoluter Gewissheit, dass er niemals wieder mehr Verantwortung werde übernehmen können als ein Nachtwächter bei der Bahn. Und ich weiß nicht, was ihn mehr quälte, das Gefühl, die Seinen zu enttäuschen, oder der nagende Schmerz über das eigene Versagen.

3

Obwohl Helmut G. ein Profil hatte wie Hans Albers und auch sonst hochgewachsen und breitschultrig war, rechtfertigt das noch lange nicht die Rolle, die er in den nächsten Jahren in der Familie Lange einnehmen würde. Meine Mutter und er hatten einander beim Tanztee ins Auge gefasst. Er forderte sie ein-, zweimal zum Foxtrott auf, danach blieben sie zusammen. Sie mit Locken und Babyface, dazu ein Figürchen und Beine so schlank wie ein Junge. Sie musste sich beim Küssen auf die Zehenspitzen stellen, was ihm das Gefühl gab, ihr Beschützer zu sein. Er war unsterblich verliebt, ihr gefiel sein rotblondes Haar, bei der Riesenwelle am Reck fiel es ihm in die Stirn. In Sport hatte Helmut eine Eins, bei seinen übrigen Noten war es mehr als fraglich, ob er überhaupt das Abitur schaffen würde. Meine Mutter versuchte es mit Nachhilfe in ihren Starfächern Mathe und Physik. Vergeblich. »Du hörst mir überhaupt nicht zu«, klagte sie, aber das stimmte nicht. Er hätte sich jederzeit alles von ihr angehört, Goethes *Faust* etwa, den sie gerade las, oder meinetwegen auch die gesammelten Schriften von Karl Marx, aber Algebra wollte einfach nicht in seinen Dickschädel. Sie mussten es anders versuchen. Für ihren Plan brauchten sie nur einen Helfer. Der passte Helmut beim Gang zur Toilette ab. Und draußen vor der Schule wartete schon meine Mutter, dass der Zettel mit den Aufgaben durchs Fenster geflogen kam. Damit eilte sie in ein Café. Eine Stunde brauchte sie mit Logarithmentafel und Rechenschieber für die Lösung, Fehler wurden mit eingebaut. Sonst wäre der Schwindel bei Helmuts sonstigen Leistungen sofort aufgeflogen. Auf dem gleichen Weg, wie sie hinausgelangt war, wanderte die Abiturarbeit in Helmuts Klassenzimmer zurück. Er wurde mit einer Drei benotet, so wie es sein sollte.

Meine Großmutter blühte in dieser Zeit regelrecht auf. Der Grund war ein Kreis von jungen Leuten, die sich regelmäßig bei ihnen in ihren eineinhalb Untermietzimmern traf. »Wie ein Magnet«, meint meine Mutter noch heute, habe Gisa die Männer angezogen. Alibi und wichtigste Zerstreuung waren ausgedehnte, sich über Tage hinziehende Schachturniere. Die Mitspieler waren so eifrig bei der Sache, dass sie noch im Mantel zum Brett stürzten, um einen Zug auszuführen, den sie sich vielleicht schon während der vergangenen Nacht zurechtgelegt hatten. Meine Mutter entwickelte bei diesem Spiel einen ziemlichen Ehrgeiz, las Schachbücher und brütete oft stundenlang über Eröffnungen. Gisa und meine Großmutter dagegen genossen es, im Mittelpunkt männlicher Aufmerksamkeit zu stehen. Die beiden flirteten ganz offen, sie hatten ja so viel nachzuholen. Um etwas Wärme und ein paar Kalorien in den Magen zu kriegen, braute man dampfenden Fettschnaps, ein Gebräu aus erhitztem Zucker, Fett und Schnaps. Alle stießen auf den Frieden an. Das Zeug stieg einem blitzschnell in den Kopf und brannte im Magen. Gisa und Eva tranken aber fast nichts davon. Wurde es meiner Mutter zu laut und zu viel, konnte sie sich einfach aufs Sofa legen und einschlafen. Sie nahm die Schule ernst und musste früh aufstehen. Um sie herum feierten die anderen weiter. Nachts um drei stand meine Mutter auf und lüftete kräftig durch, leerte die Aschenbecher und räumte die Gläser weg. Danach machte sie sich an ihre Hausaufgaben. Ging sie morgens aus dem Haus, kehrte mein Großvater gerade von seinem Nachtwächterdienst zurück.

Vielleicht passierte es an einem dieser langen Abende, dass sich Helmut und meine Großmutter näherkamen. Die schlafende Eva neben sich, musterten sie einander nicht ohne Wohlgefallen und erzählten sich allerhand von früher. Helmut stammte aus Schlesien und war heimatlos wie sie. Sie war eine alternde Frau von Mitte vierzig, auf der Suche nach Liebe. »Siehst du eigentlich nicht, wie die beiden sich anschauen?«, zischte Gisa meiner Mutter zu. Jetzt, wo ihre Schwester sie mit der Nase drauf stieß, fiel es ihr wie Schuppen von den Augen. Ihre Mutter hatte sich in ihren Freund verliebt, der so jung war, dass er ihr Sohn hätte sein können. Eva war nur kurz eifersüchtig, im Gegenteil, sie spürte fast so etwas wie Erleichterung, da sie Helmuts große Liebe nicht wirklich erwidern konnte. Sie gönne ihrer Mutter ein paar schöne Stunden mit ihrem Geliebten, behauptete sie selbstlos. Vielleicht suchte er auch nur das Mädchen, das er liebte, im weichen Schoß der Frau, die sie vor langer Zeit geboren hatte. Meine Großmutter aber lernte eine Sehnsucht kennen, von der sie geglaubt hatte, sie längst vergessen zu haben.

Etwas stimmte nicht, als Eva von der Schule nach Hause kam. Meine Großmutter lag mitten am Tag im Bett, sie hatte die Augen verdreht, ihr Kopf hing merkwürdig schlaff auf der Seite. Während Eva sie schüttelte und aufgeregt rief: »Mutti, Mutti, was ist dir?«, fiel ihr siedend heiß das Veronal ein, das ihr eine Freundin besorgt hatte. Tatsächlich lag das leere

Röhrchen unterm Bett, meine Großmutter musste das Schlafmittel in der kleinen rosafarbenen Pappkommode gefunden haben, in der Eva es zwischen ihren Sachen versteckt hatte. Sie stand wie neben sich und beobachtete sich selbst dabei, wie sie mechanisch nach dem Puls fühlte und dabei auf das weiße Gesicht ihrer Mutter sah. Ihre Lippen waren blau angelaufen, ein wenig Schaum tropfte ihr aus dem Mundwinkel. Die Tochter empfand Angst – wie sollte es nun weitergehen? –, aber keinen Schmerz, während sie auf das Eintreffen des Krankenwagens wartete. Sie ertappte sich sogar dabei, wie sie meiner Großmutter im Geist vorwarf, dass sie ja gar nicht sterben wollte, sonst hätte sie die Medikamente nicht mitten am Tag genommen, wo sie sicher sein konnte, gefunden zu werden. Erst als die Sanitäter in ihren Stiefeln mit der Bahre über den Hausflur stapften, fiel ihr auf, dass meine Großmutter, bevor sie sich hinlegte, um zu sterben, noch die Dielen blitzblank gescheuert hatte, als ob sie sich von ihren Schuldgefühlen reinigen wollte. Jetzt kann meine Mutter endlich weinen. Warum nur wollte meine Großmutter sterben?

Wie die Madeleine aus Helmut Käutners Film *Romanze in Moll* habe sich ihre Mutti in die Ausweglosigkeit ihres Doppellebens mit Helmut hineingesteigert und am Ende den Freitod gewählt, behauptete Gisa zu ihrer Schwester. Sie meinte, ihre Mutter habe die Vorstellung, Helmut aufzugeben und den Rest ihres Lebens an der Seite meines egozentrischen Großvaters zuzubringen, als unerträglich empfunden.

Endlich brauchte Helmut aus seiner Zuneigung zu meiner Großmutter keinen Hehl mehr zu machen. Er rannte jeden Tag nach der Schule zu ihr ins Krankenhaus, in dem sie eine ganze Weile zur Erholung bleiben musste. Mein Großvater war dankbar dafür, dass der große Junge seine Frau, die still und mit entrücktem Blick in den Kissen lag, ein wenig aufmunterte. Helmut zog sein widerstrebendes »Evele« auf den Schoß, hielt ihre Hand und zwang sie, ihm in die Augen zu schauen, während er erklärte: »Ich habe jetzt zwei Evas, verstehst du, eine große und eine kleine.« Was hätte meine Mutter tun sollen? Angesichts des labilen Zustandes meiner Großmutter wagte sie nicht, sich zu widersetzen. Wieder einmal entschied sie sich dafür, eine gute Tochter zu sein – und verleugnete sich selbst. Für ihre Mutter blieb sie mit Helmut zusammen und spendierte ihr den Freund als Geliebten.

Ich vermute, dass ihr Selbstmordversuch mit dem Veronal meine Großmutter endgültig in die gedämpfte Welt der Barbiturate einführte. Deren Innenseite stelle ich mir mit lilafarbenem Samt ausgeschlagen vor, auf dem man sich ausstreckt, um endlich zu schlafen. Sie nahm die Tabletten ein und wartete auf die Wirkung. Ihr ganzer Schmerz und alle Ängste lösten sich in Nichts auf. Dankbar für die Entspannung, machte sie immer öfter Gebrauch von den Pillen, die die Doktoren ihr freizügig gegen ihre Schlaflosigkeit verschrieben. Regelmäßig und in zu hoher Dosis eingenommen, entfalten Barbiturate ein paradoxes Resultat. Sie euphorisieren den Süchtigen und muntern ihn auf. Für ihre Umgebung aber torkelte meine Großmutter herum und lallte wie besoffen. In der Familie war man eher bereit, von Depressionen zu sprechen als von einer Tablettensucht. Und als nach Jahren der Qualen ein Entzug zum Ausbruch von Paranoia führte, wollte man lieber glauben, sie habe sich in den Wahnsinn geflüchtet.

Im November 1948 starb meine Urgroßmutter Weber an Krebs. Meine Großmutter, die zeit ihres Lebens ein Mamakind gewesen war, heulte sich vor Kummer die Augen aus dem Kopf. Trotzdem tanzte sie am Abend auf einer ihrer improvisierten Partys ausgelassener denn je. Die Langes waren inzwischen in Erfurt in eine Neubauwohnung umgezogen. Das

Mietshaus gehörte einem kleinen Schieber, der die versprochene Tür zum Bad niemals einbaute. Legendär wurde der Warnruf: »Rotes Licht!«, wenn jemand hinter dem Vorhang auf dem Klo hockte. Obwohl ihre alte Vermieterin furchtbar geweint hatte, als sie auszogen, waren sie doch froh, jetzt zwei Zimmer für sich alleine zu haben. Es war Gisas achtzehnter Geburtstag, Freunde hatten ein aufziehbares Grammophon angeschleppt. Sie zählten schon gar nicht mehr mit, wie oft der weiche Tenor von Rudi Schuricke mit der Zeile einsetzte: »Wenn bei Capri die rote Sonne im Meer versinkt.« Da kamen weder Bully Buhlan noch Lale Andersen oder Evelyn Künneke mit. Meine Großmutter drehte sich den ganzen Abend mit geröteten Wangen in Helmuts Armen. Um ihr schlechtes Gewissen zu beruhigen, erklärte sie ihren Töchtern ihren plötzlichen Stimmungsumschwung: »Ich würde mein Mammale aus der Erde kratzen, wenn ich könnte, aber mein Mammale wollte immer, dass ich glücklich bin und mich amüsiere.« Mein Großvater hatte sich längst ins Bett verkrümelt.

Fast hätte man meinen können, meine Großmutter habe das Träumen aufgegeben. Arbeitete neuerdings in der Deutschen Handelszentrale (DHZ) und sorgte mit Bürotätigkeiten und Übersetzen für ihre Familie. Trug das Haar brav gescheitelt und ließ den weißen Kragen der Bluse aus dem Pullover schauen. Am Abend nach der Arbeit unterhielt sie sich häufig damit, zusammen mit meinem Großvater die Vergangenheit einer mehr oder weniger hoffnungsvollen Revision zu unterwerfen. Es drehte sich dabei immer um ihre Zeit in Lodz – und endete stets damit, dass sie gemeinsam in Erfurt an ihrem Küchentisch saßen. Siebzehn Jahre jünger, rechnete sie ihm vor, dass sie ihre Jugend an ihn verschwendet habe. Er dagegen führte auf, wie nachsichtig er gewesen sei.

Helmut, Helmut, Helmut. Ihr Liebesroman hatte noch ein

oder zwei Kapitel, auch wenn der Höhepunkt bereits überschritten war. Meinem Großvater machte Trudl vor, sie wolle nach Pirna, um von dort aus »Milchen« in Zwiesel im Altersheim zu besuchen. Er wurde nicht misstrauisch, obwohl er wusste, dass der angehende Volkspolizist Helmut in der Sächsischen Schweiz kaserniert war. Die Sportskanone machte in der Nähe bei der Volkspolizei eine Ausbildung zum Skilehrer. Mein Großvater war vielmehr froh, dass seine Frau ihm den längst fälligen Besuch bei seiner greisen Mutter abnahm. Monat um Monat hatte er es hinausgeschoben, sich mit ihrer Verlassenheit zu konfrontieren. Wie immer litt er lieber unter seiner Unfähigkeit, als sich etwas Unangenehmem auszusetzen.

Der Tod hatte meine Urgroßmutter Emilie in Zwiesel vergessen. Sieben Jahre musste sie ausharren, bis er sie endlich erlöste. Sie bete jeden Tag, dass Gott sie zu sich hole, das sagte sie jedenfalls zu meiner Großmutter, als sie nebeneinander auf der Bank im Garten des Privatstifts saßen. Trotzdem schien sie sich anfangs über die Besuche zu freuen. Auch wenn sie spüren konnte, dass meine Großmutter, kaum war sie eingetroffen, schon wieder wegstrebte. Sie konnte ja nicht ahnen, dass ihre Schwiegertochter mit jeder Stunde geizte, die sie mit ihrem jungen Geliebten verbringen wollte. Doch bald konnte sie den Schmerz über ihre Einsamkeit nicht mehr verbergen. »Komm lieber nicht«, sagte sie sanft, in dem Versuch, meine Großmutter nach Kräften zu verletzen. »Dann tut es nicht so weh, wenn ich wieder allein bin.« Meine Großmutter musste natürlich weinen, als sie es Gisa und Eva bei ihrer Rückkehr berichtete. So weit hatte der Krieg die Langes entfremdet, dass sie nur noch Schuldgefühle und ein schlechtes Gewissen füreinander empfanden. Mein Großvater, weil er sich dem Leben nicht stellte, meine Großmutter, weil sie Tabletten schluckte und ihren Mann betrog. Meine Mutter, weil sie immer Angst hatte, keine gute Tochter zu sein, und Gisa, weil sie gern von zu Hause weg wollte.

4

Was unbedingt noch geklärt werden muss: Was ist eigentlich aus dem Diamantring geworden, den meine Großmutter in einem Brot unter großen Gefahren die ganze Flucht hindurch gerettet hatte? Bei den Langes war nämlich plötzlich der Wohlstand ausgebrochen. Sie kauften Leder und Schmalz, und wenn Gisa und Eva hungrig waren, fuhren sie einfach mit dem Messer in den Topf mit Fett und leckten es von der Klinge ab. Mein Großvater warnte, sie sollten vorsichtiger sein und nicht so offen darüber reden, dass bei ihnen 300 000 – in Worten: dreihunderttausend – Reichsmark in zwei Schuhkartons unter dem Ehebett meiner Großeltern versteckt waren. Wie recht er mit seiner Vorsicht hatte, sollte sich schon kurze Zeit später erweisen. Eines Tages nämlich, meine Mutter lag nach einer Typhusimpfung mit hohem Fieber zu Bett, erscheinen plötzlich zwei Vopos (Volkspolizisten) in Begleitung ihrer Wirtin und suchen einen gewissen Egon W. Freundlich, aber bestimmt verlangen die Beamten von der Kranken, mit ihnen auf den Dachboden zu steigen und nach dem Gesuchten zu schauen. Hastig kommt sie der Aufforderung nach, bemüht, beim Aufstehen nicht nach unten zu schielen, um die Polizisten nicht auf das Versteck aufmerksam zu machen. Was wäre nahe liegender gewesen, als eine gesuchte Person unter dem Bett zu vermuten? Hinterher atmet meine Mutter tief durch, sie sind gerade noch mal davongekommen. Natürlich war niemand auf dem Boden. Ein Unbekannter war Egon W. bei ihnen aber durchaus nicht.

Die wenigsten Erfurter wollten mit den Vertriebenen etwas zu schaffen haben. Die Umsiedler wurden ihnen in die Wohnungen einquartiert, drängten sich nach den gleichen Arbeitsstellen wie sie, sollten mit Kleidung und Nahrung versorgt werden, wo sie doch selbst nichts hatten in den schlimmen Nachkriegsjahren. In der kalten Fremde hielten die Lodzer umso fester zusammen. Tauchte jemand Neues aus der Heimat in der kleinen Stadt auf, verbreitete die Buschtrommel sofort die Nachricht. Auf diese Weise stand eines Tages auch die Frau W. mit ihrem langen Egon in der Tür und wollte »nur mal guten Tag sagen«. In kyrillischer Schrift konnte man ihren Namen auch als »Bummke« lesen, die phonologische Übereinstimmung zu »bumsen« schien meinem Großvater ihre wahren Talente vortrefflich auszudrücken, worüber er nur allzu gern seine Witze machte. Tatsächlich war es ein offenes Geheimnis, dass sich diese schöne und elegante Frau von russischen Offizieren aushalten ließ.

Ihr Sohn hatte einen Wangendurchschuss, weswegen ein Mundwinkel schlaff nach unten hing. Vermutlich glaubte er, dass meine Mutter darum nicht auf sein Werben einging. Sie störte sich aber weniger an seiner Entstellung als an seiner mangelnden Bildung. Hieß seine Mutter bei den Langes nur die »Bummke«, so wurde ihr Sohn das »Phänómen« genannt, mit Betonung auf der zweiten statt auf der dritten Silbe. Diesen Spitznamen hatte er sich mit dem bewundernden Ausruf eingehandelt: »Eva, du bist ein Phänómen!« Sie musste sich auf die Lippen beißen, um nicht laut herauszulachen. Endgültig genug hatte meine Mutter von Egon, als er in Ermangelung jedweder Englischkenntnisse von einem Churchill erzählte, den er genauso aussprach wie man den Namen schreibt – was eher an eine Halskrankheit als an den englischen Premier denken ließ.

Er war ein Kleinganove, ein Schieber und Schwarzmarkthändler, und schleppte meinen Großvater nach Berlin, um dort mit ihm den Ring zu verkaufen. Sollte das Geschäft zustande kommen, war ihm eine saftige Provision versprochen. Angesichts ihrer miesen Lage war der geplante Verkauf ein überfälliges Geschäft. Sie fuhren mit der Eisenbahn. Mein Großvater kannte die Stadt, in der er studiert hatte, nicht wieder. Er hatte »Unter den Linden« residiert, sein Pferd war in der Nähe des Tierparks untergestellt gewesen, jetzt erstreckte sich zwischen Potsdamer Platz, dem Alex und dem Brandenburger Tor ein Niemandsland. Aber da war trotzdem Leben auf den gewaltigen Trümmerfeldern. In den Kellerlöchern, hinter den stehen gebliebenen Fassaden, unter notdürftig befestigten Planen hausen Menschen, florieren Bars und Bordelle, steigen Partys. Im Jahre null kannst du, wenn du Geld hast, alles kaufen in den Ruinen von Berlin. Liebe, Mörder, Panzer, Nähnadeln, Geheimdienstinformationen, NS-Devotionalien, Pässe, Identitäten. Was die Bevölkerung an Uhren, Ringen, Juwelen, Rasiermessern, Ferngläsern, Fotoapparaten, Pelzmänteln, Kleidungsstücken, Stiefeln, Strümpfen und seidener Damenwäsche noch hat, trägt sie zum Schwarzmarkt, der sich in der Mitte von Berlin immer weiter ausbreitet. Der Marktschrei der »Iwans«: »Uri, Uri!«, mit dem die Rotarmisten ihre goldblitzenden Unterarme entblößten, ist ebenso Legende wie die horrenden Preise für ein Pfund Brot, das bis zu 65 Reichsmark kostete (in etwa hundertmal so viel wie der amtlich festgesetzte Wert). Der Krieg hatte die Deutschen in eine Zeit zurückgebombt, in der der nackte Tauschwert regierte. Der Schwarzmarkt ist die Antwort der Massen auf Mangel und Restriktion. Über die Menschen war ein Rausch gekommen zu tauschen und zu handeln, um sich endlich wieder etwas zu leisten.

Ohne seinen Helfer wäre mein Großvater verloren gewesen. Egon lotste ihn zielsicher durch die dichte Menschenmenge zu einer abgelegenen, von Blicken weitestgehend geschützten Stelle. Vor einer unzerstörten Brandmauer hatten bärtige russische Händler einen Tisch aufgestellt. Mein Großvater erkannte sofort die Juden in ihnen. Eine sehr ernst dreinblickende Kommission hatte sich dort zur Bewertung von angebotenem Schmuck versammelt. Er konnte sich Gott sei Dank mit ihnen auf Russisch verständigen und legte seinen Schatz zur Begutachtung vor. Ein Juwelier holte Lupe und Waage heraus und bewertete die Qualität des Steines. Sie einigten sich über den Preis, und gemäß der alten Regel: »Erst das Geld, dann die Ware« übergab man ihm die geforderten 300 000 Reichsmark. Anschließend brachen die Händler den Stein sofort aus der Fassung des Ringes und warfen den Goldreif in eine getrennte Schachtel. Ihre Rohheit gab ihm einen Stich. Hätten sie damit nicht warten können, bis er ihnen den Rücken gekehrt hatte?

Nachträglich fühlte er fast so etwas wie Reue und fürchtete, dass er das Letzte, was ihm von früher geblieben war, viel zu billig verschleudert habe. Sein Unbehagen löste sich erst auf, als er, nach einer ungestörten Bahnfahrt wieder zu Hause angekommen, vor der erwartungsvoll dreinblickenden Frau und den Töchtern wie ein Zauberer den Kofferdeckel öffnete. Eine reichlich bizarre Reminiszenz an die alten Zustände in Lodz, als sie das Geld verachten, weil sie sich nie darum hatten kümmern müssen. »Nur die Lumpen sind bescheiden«, hatte mein Großvater stets – dem Motto Goethes folgend – gepredigt.

Auch jetzt, im Herbst 1946, hatten sie mehr Geld, als sie ausgeben konnten. Sie unterstützten Freunde, für sich selbst erstanden sie, in dem Versuch, im bürgerlichen Leben wieder Fuß zu fassen, eine falsche, echte Perserbrücke, außerdem die Aussteuer eines ältlichen Fräuleins, darunter diverse Kristallgläser und eine Nussholzbüchervitrine. Der Verkauf des Ringes war das letzte große Geschäft, das mein Großvater in seinem Leben abschloss. Aus heutiger Sicht eine echte Pleite, sie hätten in Aktien investieren können und wären reich geworden, stöhnte später mein geschäftstüchtiger Vater. Doch damals tat es den Langes einfach gut, dass sie nur unters Bett greifen mussten, wenn sie Geld brauchten. Was die Inflation von dem Ringgeld übrig gelassen hatte, war nach der Währungsreform im Westen im Juni 1948 sowieso fast weg. Der Osten zog sofort nach. Der Umtausch der alten Reichsmark erfolgt im Verhältnis eins zu zehn. Wegen Papiermangel können in der Sowjetischen Besatzungszone nicht einmal neue Banknoten gedruckt werden, die alten Scheine werden mit Coupons beklebt und werden spöttisch »Klebemark« genannt.

An einem Sonntag im Herbst hatten sie ein ungewöhnlich gutes Essen mit Schweinefleisch und Kartoffelklößen gehabt, und meine Mutter hatte sich länger mit dem Abwasch zu schaffen gemacht, als vielleicht nötig war. Jedenfalls hatte mein Großvater eine Weile auf seine Tochter warten müssen, bis sie zu einem gemeinsamen Spaziergang durch das herbstliche Erfurt aufbrechen konnten. Vielleicht ließ er sich deswegen zu einem seiner folgenschweren Appelle an seine Erstgeborene hinreißen. »Kümmere dich nicht um die Küche, das ist nicht dein Metier. Du wirst später immer so viel Geld haben, dass du dich bedienen lassen kannst.« Es roch nach Regen, und der Rauch der Herdfeuer steuerte eine herbe Note bei. Sie spürte seine unausgesprochenen Erwartungen und wusste nicht, wie sie es anstellen sollte, seine Wünsche zu erfüllen. Noch nicht einmal der angestrebte Studienplatz in Chemie war in Sicht.

Den Tag ihres Abiturs hatte meine Mutter mit Bangen erwartet. Ihr war zumute wie früher dem kleinen Mädchen, das mit den Eltern von einer Einladung im Auto nach Hause zurückfuhr. Mit dem Plaid gut zugedeckt, hatte sie es warm und behaglich, während draußen die Lichter vorbeizogen. Und sie wünschte sich, dass der furchtbare Moment, in dem sie ihre Höhle verlassen und aussteigen müsste, niemals kommen würde. So sieht man sie heulen, als ihre Schulzeit vorbei ist und sie sich zusammen mit Gisa, mit der sie in einer Klasse war, zu der zwanzigköpfigen Mädchenschar gesellt, um aus den Händen des Direktors des Erfurter Goethe-Gymnasiums ihr Reifezeugnis zu empfangen.

Zwei Mädchen aus gutem Hause, Gisa und Eva, sie wurden einander zum Schicksal. Die eine war der Gegenentwurf der anderen, aber sie kamen nicht voneinander los, denn gemeinsam blieben sie auf ihre Vergangenheit bezogen. Manchmal frage ich mich, ob mein sonst so intelligenter Großvater überhaupt die Folgen bedachte, als er seine Töchter auf ihre Rollen festlegte. Man musste kein Psychologe sein, um das zu bemerken. Meine Mutter war der Junge von den beiden. Damals trug sie die Haare noch lang, aber später, in der Heide, ließ sie sich von einem erstaunlich geschmackssicheren Friseur einen Kurzhaarschnitt verpassen, der, wie sich herausstellte, in seiner androgynen Anmutung ideal für sie war. Nicht nur aus der Ferne wurde sie deshalb häufig für einen Buben gehalten. Sie genoss es einerseits, immer noch so jung auszusehen, andererseits nahm sie die Verwechslung zum Anlass, sich in Szene zu setzen. Den verdutzten Leuten, die sie gerade noch geduzt hatten, rieb sie kokett unter die Nase, dass sie Mutter von drei Kindern sei und wohl etwas Respekt verdiene.

Im Grunde bezog sie viel Anerkennung aus der Tatsache, dass sie äußerlich irgendwie zwischen den Geschlechtern stand. Sie hatte sich jedenfalls schon immer für alles Technische interessiert, und in Erfurt trat sie wie selbstverständlich in die Fußstapfen ihres Vaters und vor allem meines Urgroßvaters. Während die weiblichere Gisa geschickt mit der Schere umging und nur so zum Spaß die filigransten Scherenschnitte schuf, einen Nähkurs besuchte und ausgezeichnet kochte, entschied sich meine Mutter für die Naturwissenschaften. Aus dieser Planung könnte man voreilig den Schluss ziehen, dass sie vielleicht die Selbstbewusstere war, aber genau das Gegenteil war der Fall. Während sich meine Mutter damit abmühte, den Erwartungen meiner Großeltern zu genügen und auch nach der Flucht durch ein naturwissenschaftliches Studium noch zu beweisen, dass sie durchaus in der Lage gewesen wäre, die Fabrik zu übernehmen, hatte Gisa gelernt, auf sich selbst und ihre Ausstrahlung zu vertrauen.

Meine Mutter hofft auf einen Studienplatz für Chemie in Jena, wird aber wegen ihrer großbürgerlichen Herkunft abgewiesen. Stattdessen belegt sie einen Schulhelferlehrgang für Chemie und Mathematik. Ihren Probeunterricht hält sie vor einer Jungenabiturklasse im Erfurter Gutenberg-Gymnasium, das 2002 durch den Amoklauf eines ehemaligen Schülers traurige Berühmtheit erlangte. Trotz ihrer Spitzennoten soll sie fern von der Stadt irgendwo auf dem flachen Land eine Stelle als Hilfslehrerin antreten. Die bloße Vorstellung, in einem thüringischen Dorf zu versauern, macht ihr solche Angst, dass sie sich entschließt, nach Weimar zu fahren, um sich im Kultusministerium vom Dienst suspendieren zu lassen. Im Ministerium erscheint sie in Ringelsöckchen, flachen Schuhen und mit offenen Haaren. Ihre Tränen erweichen das harte Herz der Ministerialbeamten, die sie wegen angeblicher psychischer Probleme freistellen. Stattdessen tritt sie eine Stelle in einem privaten Chemielabor in Erfurt an.

Ihre beruflichen Anfänge in der sich als Staat erst formierenden DDR geben einen Einblick in die Kulturgeschichte der Planwirtschaft, der es gewiss nicht an surrealen Zügen mangelt. Die Klitsche, die sie engagierte, hatte nämliche eine Marktlücke entdeckt und ein sogenanntes Brotlabor gegründet. Unter dem Vorwand, die Art der Backtriebmittel und die Zusammensetzung der Zutaten auf ihre Bekömmlichkeit zu untersuchen und womöglich ein Gütesiegel zu erteilen, schwärmten die Mitarbeiter in jede Bäckerei der Stadt aus und ließen sich ein Brot aushändigen. Im Labor wurde eine Probe gemacht – und das Brot anschließend zum privaten Verzehr mit nach Hause genommen. Es dauerte viele Monate, bis der ganze Schwindel aufflog. Meine Mutter kam weitestgehend ungeschoren davon.

Von der Seite meines Vaters kann ich auch eine Geschichte aus der Arbeitswelt der Zone anfügen. Er hatte in Leipzig Abitur gemacht und wartete ebenfalls auf einen Studienplatz. Als Intellektueller wurde er in einer Druckerei zum Arbeitseinsatz abkommandiert. Seine Aufgabe bestand darin, auf Gruppenfotos mit Stalin Trotzki wegzuretuschieren. Er rechnete es sich später als besonders subversive Aktion an, dass er stattdessen dem Diktator Stalin Brille und Rauschebart angemalt hatte. Ich malte mir gerne aus, dass ich irgendwann einmal ein altes Buch aufschlage und auf ein von meinem Vater verziertes Werk stoße.

Meine Mutter hatte sich abermals in Jena beworben – und wurde erneut abgewiesen. Sie hatte so sehr an einen Studienplatz geglaubt, dass sie sich sogar schon ein Zimmer gesucht hatte. Immerhin wurde sie für eine Praktikumsstelle bei dem umbenannten »Funkwerk Erfurt« berücksichtigt. Sie erhielt einen weißen Kittel, der fast bis auf den Boden reichte, und durfte sich mit Elektrolyse beschäftigen. Es ging um die Erforschung der Lebensdauer von Leuchtfäden in Glühbirnen. Zwei Damen wurden ihr extra zugeteilt, sie mussten Drähte für sie feilen. 1950 erwies sich meine Mutter als eine echte Lange und machte als blutjunge Praktikantin eine kleine Erfindung, mit der man die Qualität von Metallfäden bestimmen konnte. Später wird sie ihr Patent für 20 Mark an ein Institut der Technischen Universität Berlin verkaufen. Im Osten hätte es ihr auch als Bürgerkind den Anspruch auf ein Stipendium für die Universität gesichert, sie hätte sich im Gegenzug nur verpflichten müssen, nach dem Studium beim »Funkwerk« einzutreten. So stolz mein Großvater auch auf seine Älteste war, die jeden Monat 150 Ostmark nach Hause brachte, er verstand doch, dass sie nach vorne dachte. Mit einem Koffer verließ meine Mutter im Frühsommer 1950 Erfurt und setzte sich mit ein paar Mark Erspartem in der Tasche nach Berlin ab, um endlich zu studieren. Die erste Nacht verbrachte sie auf einer Bank im Bahnhof Zoo. Sie wusste nicht, was die Zukunft bringen würde, aber wie ein mäandernder Wasserlauf hatte das Schicksal sie bis nach Westberlin transportiert. Sie war zweiundzwanzig Jahre alt. Das Leben fing erst richtig an.

Was danach folgt, ist schon der Epilog zu meiner Geschichte. Der Umzug meiner Mutter nach Berlin animierte Gisa, die inzwischen in Wehr wohnte und sich dort langweilte, ein Jahr später ihrer Schwester zu folgen. Meine Mutter, mittlerweile fest mit meinem Vater liiert, besorgte ihr sogar ein Zimmer. Für einen Tag soll sich mein Vater angeblich in seine unwiderstehliche zukünftige Schwägerin Gisa verliebt haben. Dann kehrte er reumütig zu meiner Mutter zurück. Über ihn lernte Gisa auch ihren späteren Mann kennen, jenen Schlacks, der Deutschlands jüngster Mathematikprofessor werden sollte.

1952 feiern meine Großeltern noch in Erfurt Silberhochzeit. Danach setzen sie sich unter erneuter Zurücklassung ihrer gesamten Habe nach Westberlin zu ihren Töchtern ab. Von ihrer ersten Zeit in einem Flüchtlingsdurchgangslager finden sich letzte Spuren im Adressbuch meines Großvaters. Sie reisten nur mit zwei Koffern, sie hängten ihr Herz nicht mehr an Materielles. Damals meinten sie, in Charlottenburg noch einmal von vorn anfangen zu können. Aber sich selbst und ihre Geschichte schleppten sie immer mit.

5

Wir wünschen uns immer, dass Geschichten ein richtiges Ende haben. Welchen Sinn sollte denn eine Abfolge von Ereignissen auch für uns haben, wenn sie nicht wenigstens schlecht oder gut ausgeht. Aber in Wirklichkeit finden die wenigsten Dinge einen echten Abschluss, höchstens durch Verlust oder Tod. Das meiste bleibt irgendwo auf der Strecke, dem Leben geopfert auf dem unendlichen Feld des Vergessens. Ich hatte Freunde, von manchen erinnere ich nicht einmal mehr den Namen, was ist aus ihnen geworden? Ich hatte rote Schuhe, die ich sehr mochte. Sie sind nicht mehr da, warum habe ich sie weggeworfen? Eben noch waren unsere Kinder klein, wann sind sie herangewachsen?

Vladimir Nabokov schreibt, dass die Figur der Spirale den Lauf der Dinge am besten ausdrücke. In der Mitte beginnend, ist alles, was geschieht, immer auch schon die Voraussetzung für das nächste Ereignis, das sich am gegenüberliegenden Bogen als Antithese des Ersten entfaltet. Oder anders gesagt: In einer in der Zeit wachsenden Spirale ist das Ende immer zugleich ein neuer Anfang.

Ich hatte es nicht geplant, aber im Sommer 2008 kehrte

ich an den Anfang zurück. Einen Ausflug nach Soltau in der Lüneburger Heide nehme ich spontan als Anlass, um an den Ort meiner Kindheit zurückzukehren, nach fünfunddreißig Jahren. Früher fuhren wir manchmal mit unseren Eltern in die Stadt, und obwohl wir meistens neue Schuhe oder ein neues Kleidungsstück bekamen, sehnten wir uns schon bald wieder zurück aufs Land, wünschten uns, die unbequemen Röcke auszuziehen und die frischere Luft einzuatmen. Auf der Rückfahrt begrüßten wir freudig die Zeichen, die unsere Heimkehr ankündigten. Die Kreuzung der Bundesstraße 75 mit der Bundesstraße 3, wo meine Eltern einmal eine ganze Nacht in einer Schneeverwehung festsaßen und auf das Räumfahrzeug warteten. Der unbeschrankte Bahnübergang bei Sprötze, das lange dunkle Waldstück, und endlich das Strohtor, an dem wir links abbogen und in den düsteren Waldweg eintauchten. Danach noch zweimal um eine Kurve fahren, anhalten, um das Gartentor zu öffnen. Diese Hinweise, um unser altes Grundstück wiederzufinden, existieren nur noch in meinem Gedächtnis. Ich trage eine Landkarte in mir, aber sie gibt die Heide wieder, wie ich sie vor fünfunddreißig Jahren verlassen habe.

Als ich jetzt einen Zugang zu meiner Kindheit suche, glaube ich zunächst, mich geirrt zu haben, kehre um, versuche es erneut, lasse schließlich das Auto vor einem Gartenzaun stehen und wende mich in die vermutete Richtung. Im Traum war ich diese Wege schon oft gegangen, aber sie waren viel breiter gewesen, auch habe ich die unbestimmte Empfindung, die Welt, die damals unermesslich war, sei bedeutend flacher geworden. Wo waren die Hügel, die ich atemlos hinuntergerannt war? Jetzt waren es höchstens Maulwurfshügel. Wo die gefährlichen Abhänge, die ich kaum wagte, mit dem Fahrrad hinunterzufahren? Mit einer gewissen Verunsicherung stelle ich fest, dass jenes grenzenlose Reich, über das ich einmal souve-

rän geherrscht habe, kaum größer war als eine Fläche von ungefähr einem Quadratkilometer. Und auch für dieses Gebiet
gilt: Je weiter ich mich seinem Rand nähere, desto mehr setzt
meine Erinnerung aus. Ich habe das Gefühl, an einem ganz
fremden Ort zu sein. Mit dem menschlichen Verstand scheint
es ja so bestellt zu sein, dass der Eindruck von Unendlichkeit
nicht in den Ausmaßen einer Sache, sondern in der Fülle ihrer Details liegt.

Nicht alles ist verschwunden. Was die Orte der Vergangenheit betrifft, ist das, was später hinzugefügt wird, meistens
der größere Verlust. Die stärkste Veränderung betrifft die Ge-
filde meiner Einsamkeit. Aus dem entlegenen Flecken Erde ist
ein zersiedelter Vorort von Hamburg geworden. Die großen
verwilderten Grundstücke wurden geteilt und abermals geteilt, eine Häuslersiedlung banalsten Zuschnitts ist entstanden. Blautannen, Lebensbaumhecken, Bambusgehölze – das
mir verhasste Inventar deutscher Vorgärten. Damals war eine
Baugenehmigung nicht zu erhalten, jetzt entdecke ich Villen
mit kiesbestreuten Auffahrten.

Der blaue Zaun, der einmal die Grenze markierte zwischen
uns und der Welt, ist ebenfalls fort, ersetzt durch eine wack-
lige Begrenzung. Die Spirale hat mich hierher zurückgetragen.
Wieder stehe ich an einem Gartentor und schaue durch die
Zeit zurück auf die Vergangenheit. Diesmal auf ein blondes
Mädchen von fünfzehn, das sich an seinem Geburtstag von
seiner Kindheit verabschiedete. Die Vorsehung wollte es, dass
unser Umzug ausgerechnet auf meinen fünfzehnten Geburtstag fiel. Der nahe Abschied hatte mich schon aus dem Zustand
der Unschuld vertrieben, und deshalb war der letzte Blick, mit
dem ich mir meine Lieblingsplätze einprägte, bereits ein anderer geworden. Wehmütig spürte ich damals, dass ich inmit-
ten von dem Vertrauten bereits eine Erinnerung vor mir hatte.

Jahrelang hatten wir von unserem Grundstück auf eine Erhebung geschaut. Er war eines der letzten zusammenhängenden Heidegebiete und wurde im Sommer regelmäßig von einem Schäfer mit seinen Heidschnucken beweidet. Nur wegen solcher urwüchsigen Flächen durfte man überhaupt noch »Heideparadies« sagen. Ich liebte den Anblick zweier einsamer Birken, die sich dunkel von dem Hügel abhoben.

Ich suchte den vertrauten Horizont – und erkannte den Himmel von einst nicht wieder. Hohe Kiefern waren gewachsen und verstellten mit ihren Wipfeln den freien Blick.

Ich starrte in den Wald, um endlich zu begreifen. Diese Bäume enthielten das Geheimnis der Zeit. In fünfunddreißig Jahren wächst ein Wald.

Die Protagonisten

Friedrich (Frederyk) Lange, mein Ururgroßvater, ca. 1815 geboren, vermutlich in Borodino, in Bessarabien, gelegen am Schwarzen Meer. Begann mit einem Kleinbetrieb für Webutensilien. Hatte viel vor im Leben, begründete 1844 in Lodz eine Maschinenfabrik und damit die Lange-Dynastie.

Czarlotta Lange, geborene Albrecht, meine Ururgroßmutter. Mutter der »Gebrüder Lange«. Eine Frau von eiserner Konstitution. Mit angeblich hundertdrei Jahren starb sie nach Ende des Ersten Weltkriegs hoch angesehen in Lodz.

Friedrich Lange, mein Urgroßonkel, Jahrgang 1850, der Ältere der »Gebrüder Lange«. Die Seele der »Webstuhl- und Maschinenfabrik«; als begnadeter Geschäftsmann, beliebt und hochrespektabel, hätte auch er das bittere Ende nicht verhindern können.

Bertha Lange, geborene Czanko, Friedrichs Ehefrau; meine Urgroßtante, kurz Tante Bertha. Modern, belesen, technisch interessiert. Förderin und Gönnerin der jüngeren Generation der Langes.

Wilhelm Lange, mein Urgroßvater, geboren 1856 in Warschau. Fabrikant und Erfinder. Die prägende Gestalt der Lange-Dynastie. Er verbesserte den Jacquard-Webstuhl. Das machte ihn zu einem der reichsten Männer von Lodz.

Emilie Lange, geborene Keilich, Wilhelms Ehefrau und meine Urgroßmutter. Bankierstochter. Jahrgang 1865. Brachte die damals unvorstellbare Mitgift von 10 000 Goldrubel in die Ehe mit. Als der Erste Weltkrieg vorbei ist, leben nur noch zwei ihrer fünf Kinder. Ungebeugt trotzt Emilie allen Schicksalsschlägen. Sie stirbt verarmt und einsam in der DDR.

Karl Lange, mein Großvater, der älteste Sohn von Emilie Lange. Geboren 1886, zum Naturwissenschaftler und Erfinder bestimmt, musste er den Fabrikdirektor geben. In dieser Rolle ein Totalversager. Klein, witzig, sportlich, genügsam. Er war die kuriose Mischung aus einem Privatgelehrten und einem Bastler.

Gertrud Lange, die tolle Trudl, geboren 1904, meine Großmutter, heiratete mit zweiundzwanzig einen siebzehn Jahre älteren Mann, meinen Großvater Karl Lange, den sie für steinreich halten konnte. Sexy, zupackend, hochmusikalisch, ein wenig ordinär, passte sie nur schlecht in die vornehme geldaristokratische Familie Lange. Zunehmend dem Leben nicht gewachsen, verfiel sie in Tablettensucht, verübte mehrere Selbstmordversuche und starb 1976 in der Psychiatrie. Aus ihrer Ehe gingen zwei attraktive Töchter hervor:

Eva Lange, 1928, meine Mutter, und **Gisa Lange**, 1929, ihre Schwester. Eva der Blaustrumpf, Gisa der Vamp – Rollenmuster, die sich nie änderten. Fest verstrickt in ihre verhängnisvolle Konkurrenz, hielten sie auf der Flucht trotzdem fest zusammen. Fünfzehn- und sechzehnjährig alleine auf die große

Reise geschickt, schlugen sie sich über Prag und Hamburg bis nach Erfurt durch. Im Gepäck nicht nur die letzte Habe, sondern die ganze Tragödie ihrer Familie.

Hedwig Lange, die älteste Tochter meiner Urgroßeltern Emilie und Wilhelm Lange. Jahrgang 1888, eine Schönheit und begabte Pianistin, die eine internationale Karriere anstrebte. Hatte den Ruf, über seherische Fähigkeiten zu verfügen. Den Ersten Weltkrieg verbrachte sie mit ihrer Mutter und ihrer Schwester in einem Grand Hotel in Kopenhagen. Kurz nach dem Ersten Weltkrieg springt sie wegen ihrer gescheiterten Ehe in Helsinki aus dem Fenster ihres Hotels.

Manja Dorn, geborene Lange, Jahrgang 1890. Die zweite Tochter meiner Urgroßeltern Emilie und Wilhelm Lange. Frühzeitig verwitwet, zieht sie ihren Sohn **Tomek** allein groß. Exzentrisch, spielsüchtig, hasst sie die Deutschen aus tiefster Seele, hat Kontakt zum polnischen Widerstand. Nach dem Krieg wandert sie mit ihrem Sohn nach Australien aus.

Tomek Dorn, Manjas einziger Sohn, baute zusammen mit seiner Mutter ein erfolgreiches, kleines Unternehmen in Adelaide auf. Lebt noch heute in Australien.

Georg Lange, geboren 1892, der jüngste Sohn meiner Urgroßeltern, das Gegenteil von seinem Bruder Karl. Männlich, soldatisch, verschwenderisch. Russischer Offizier, diente am Hof des Zaren in Petersburg. Es gab Fotos, die ihn beim Blindekuhspielen mit den Zarentöchtern zeigten. Fällt 1914, im Dienst des russischen Herrschers nach Eintritt Kongresspolens in den Ersten Weltkrieg, im Kaukasus.

Lenchen (Helene Lange), 1903 geboren. Geliebter Nachzügler meiner Urgroßeltern. Sie stirbt mit sieben an Hirnhautentzündung.

Erwin Weber, mein Urgroßvater Weber, ca. Jahrgang 1874. Jovialer Biedermann und genialer Kaufmann, der stolz darauf war, seinen Reichtum selbst erarbeitet zu haben. Kirchenvorstand. War wegen seiner Korrektheit als ehrenamtlicher Treuhänder und Testamentsvollstrecker gefragt.

Ida Weber, Erwin Webers Frau, geborene Engel, ca. Jahrgang 1872; meine Urgroßmutter Weber. Das dreizehnte von fünfzehn Kindern des in Lodz legendären Pastor Engel. Intelligent, humorvoll, mit ihrer Energie war sie der eigentliche Motor des Erfolgs. Ihre vier Kinder der Reihe nach:

Eugen Weber, Jahrgang 1902

Gertrud Weber, meine Großmutter, Jahrgang 1904

Edith Weber, geboren 1907

Illy (Ilse)Weber, Jahrgang 1913

Literatur

Derrida, Jacques: Die Schrift und die Differenz. Frankfurt am Main 1997

Ehemaliges Bundesministerium für Vertriebene, Flüchtlinge und Kriegsgeschädigte (Hg.): Die Vertreibung der deutschen Bevölkerung aus den Gebieten östlich der Oder-Neiße. 3 Bde. Augsburg 1995

Foer, Jonathan Safran: Alles ist erleuchtet. Frankfurt am Main 2002

Ginzburg, Natalia: Mein Familienlexikon. Olten/Freiburg im Breisgau 1965

Gräbner, Ernst: Die Weberei. Leipzig 1951

Heike, Otto: Aufbau und Entwicklung der Lodzer Textilindustrie. Mönchengladbach 1971

Loewy, Hanno, und Gerhard Schoernberner (Hg.): »Unser einziger Weg ist Arbeit«. Das Getto in Lodz 1940–1944. Eine Ausstellung des Jüdischen Museums. Frankfurt am Main 1990

Nasarski, Peter E., zusammen mit Edmund Effenberger (Hg.): Lodz, »Gelobtes Land«. Von deutscher Tuchmachersiedlung zur Textilmetropole im Osten. Berlin/Bonn 1988

Landmann, Salcia: Der jüdische Witz. Olten 1960

Nabokov, Wladimir: Erinnerung, sprich Wiedersehen mit einer Autobiographie. Reinbek 1999

Reymont, Władysław Stanisław: Das gelobte Land. Leipzig
   1984
Roth, Joseph: Hotel Savoy. Roman. München 2003
Schlögel, Karl: Promenade in Jalta und andere Städtebilder.
   München 2001
Sebald, W. G.: Die Ausgewanderten. Vier lange Erzählungen.
   Frankfurt am Main 1994
Stadt Bauwelt 48: Reise nach Lodz. Dezember 1997, 88. Jahr-
   gang

Dank

Dieses Buch verdankt seine Entstehung vielen Zufällen, aber noch mehr der Hilfe und Unterstützung von Menschen, die an mich glaubten.

Als Erstes möchte ich Jürgen Schreiber nennen. Er brachte mich überhaupt zum Schreiben. Über Jahre war er Gefährte und Gesprächspartner, der mich auf vielen Umwegen begleitete und stets ermunterte, in die richtige Richtung weiterzugehen. Sodann Margit Ketterle, sie hörte sich meine Ideen an und half mir, daraus ein richtiges Exposé zu machen. Der Filmemacher Hartmut Schwenk erkannte glücklicherweise, was »da drinsteckt«, und gab mir mit seiner Begeisterung den Glauben an ein Projekt zurück, das schon viele Monate auf meiner Festplatte ruhte. Als meine Freundin Maria Koettnitz auf das Thema einstieg, war ich derart beflügelt, dass ich mich an die Arbeit zum ersten Kapitel machte. Das wiederum gefiel meinem Agenten Matthias Landwehr so gut, dass er den Verleger Georg Reuchlein für mich gewann. Für ihr Vertrauen in eine für sie Unbekannte schulde ich besonderen Dank. Auch meine Lektorin Claudia Negele beim Goldmann Verlag gab mir durch ihre Anerkennung den Halt, den ein Autor braucht, der sich durch hundert Jahre Geschichte kämpft. Danken möchte ich ferner meiner Familie, besonders »Tante Ina«, ihr verdanke ich meinen Namen, und sie steuerte wichtige Einzelheiten zur Geschichte der Langes bei.